『名将言行録』に学ぶ
リーダー哲学
続篇

川﨑　享

東洋経済新報社

はじめに

井坂 康志

武将の名言を好む経営者は多い。座右の銘をそこに求める経営者も少なくはない。

今日の課題に『名将言行録』は役に立つのか。それをもって自社を変えられるのか。改めてそれらに触れるとき、現代の知的領域ではとうてい収まり切れない第一級の思想と行動の原型をいくつも認めることができる。今もなお武将が決定的瞬間に何を語り、何を行ったかは現代という乱世にも普遍性を持つのだ。本書には、現代の「リーダーたるもの」が取り組まなければならない問いや挑戦が豊富に例示されている。

それらは私なりに表現すれば、血で書かれた叡智の言葉である。

その特徴はおそらく遅効性にある。遅効性とは、「後になって効いてくる」ということだ。

『名将言行録』は、その種の叡智に満ちている。現代参照されることの少ない著作であるだけに、価値はきわめて高い。前著とともに目を通すときに感じるのは、「なぜもっと早く出会えなかったのだろう」という思いである。

私としては、三〇代から四〇代にかけての方々、すなわち仕事や人生の決定的な瞬間に立ち会っている方々にぜひ手に取っていただきたいと思う。いわば急峻な登山の上り坂のとりわけきついポイントに差し掛かった方々だ。

仕事や人生をどうとらえるかは人それぞれだが、あくまでも私の印象からすれば、その多くは苦悩である。生きるとは、常に好天に恵まれるわけではなく、時にはとんでもない災難に見舞われることもある。

ぎりぎりの選択を迫られる。

武将たちは、「それが通常なのだ」と教えてくれている。反対に言えば、常時苦悩していないのならば、何も考えていないに等しい。そそり立つ絶壁の前に呆然としなければならない一時期なのだ。

孤独なのは言うまでもない。過去の経験や栄光など遥か彼方に退き、とても役に立ってくれそうには見えない。日は暮れて道は遠い。

問題は順境にはない。逆境にある。逆境をどうしのぐかにある。不安に包まれた一時期にあってこそ、頼りになる導き手がほしい。そう考えるのは誰しも同じである。

そんなときに、本書の言葉に耳を傾けてみてほしい。それは遠い雄叫びである。その声は語っている。

「生きた。そして戦った」と。

遥か歴史の星霜を超えているのに、なぜか近しい。耳元に吐息さえ感じる。この本が語っているのは、そんな生身の武将たちが残した肉声だ。

何より歴史の試練を経て、現代に残ってきたにまさる真実性の指標など存在しない。逆に言えば、歴史の検証を経ない発言は、いかに説得力やリアリティがあるように見えても、その真実性はいくぶん疑わしいと見るべきだ。

ページを繰っていただければわかるはずである。そこにあるのは、今を生きる人間に突き付けられた重たい一つひとつの指針である。ぎりぎりの命のやりとりの中で研ぎ上げられた鋼のごとき問いである。その声は静かに問うだろう。

「では、あなたはどうするのだ」と。

わずかに触れただけで血しぶきの飛び散る問いである。この問いが、日々の羅針盤になってくれるはずである。

何より私たちは生き延びなければならない。命を失ってしまうわけにはいかない。そして、周囲の大切な人たちにも生き延びてもらわなければならない。できるなら、自分らしく、日本人らしく、この生をまっとうしなければならない。

武将たちの言動は、値千金の教えとして、仕事と人生の伴奏者になってくれることだろう。

いくらスマートフォンで検索しても、自分の問いだけは自分の手によってしかどうにもならない。腰を据えて、古くて新しい精神に触れてみてほしい。

現代の武将たちの魂の滋養を獲得されることを確信する。

ものつくり大学教養教育センター教授・NPO法人ドラッカー学会共同代表

『名将言行録』に学ぶリーダー哲学　続篇◉目次

目次

2 組織の未来を見通す力

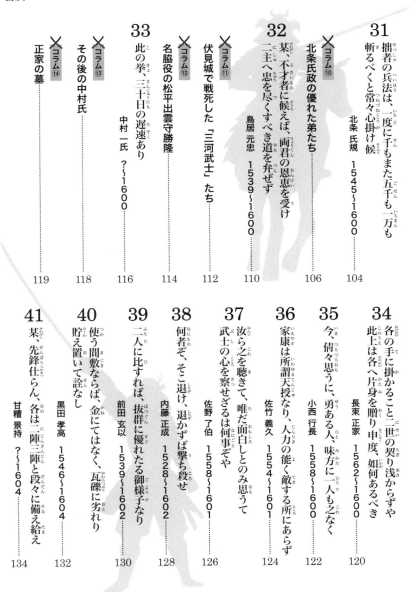

3 日々を完全燃焼して生きる

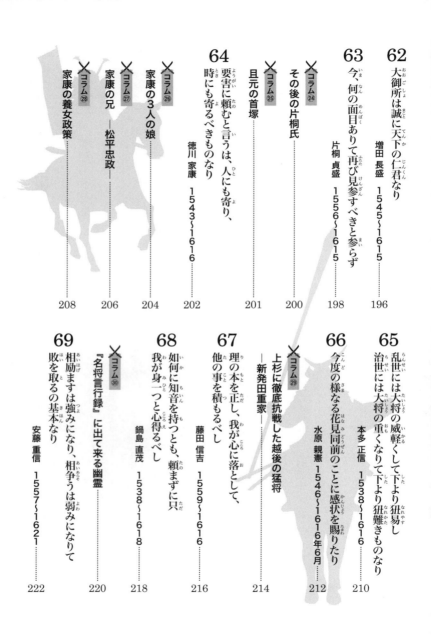

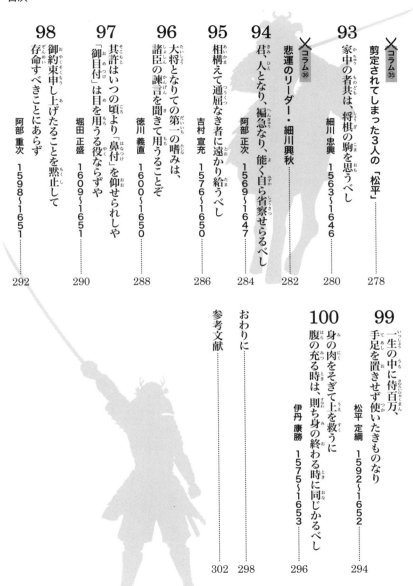

▲島津義弘（鹿児島県日置市・伊集院駅前）

▲徳川家康騎馬武者像（愛知県岡崎市・東岡崎駅）

▲小西行長の像（熊本県宇土市・宇土城跡）

▲加藤清正の像（熊本県熊本市・熊本城）

1
名将と愚将の差

01

気合いで勝機をつかめ

善《よ》く兵《へい》を用《もち》うる者《もの》は兵《へい》の多少《たしょう》に寄《よ》らず勢《いきお》いに乗《じょう》ずるものなり

【太田 資長　1432~1486】

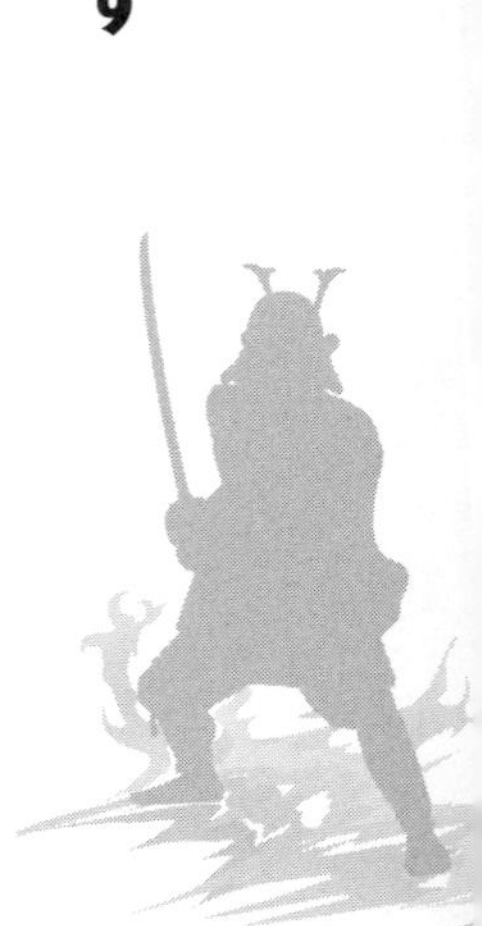

戦国時代の「文武両道の鑑《かがみ》」たる名将中の名将と言えば、**太田備中守資長**《おおたびっちゅうのかみすけなが》、法名・**道灌**《どうかん》でしょう。関東管領《かんとうかんれい》・上杉《うえすぎ》氏の家宰《かさい》・武蔵守護代《むさししゅごだい》（関東地方のCOO）として、関東8ヶ国中を縦横無尽に駆け巡った道灌が、組織のために粉骨砕身して力を尽くしながらも、それを妬んだ狭量なトップ・上杉定正《うえすぎさだまさ》によって暗殺されてしまうという悲劇的な生涯に対して、虚しさや儚さに共感を覚える現代の組織人やOBも多くいるはずです。

しかしながら、道灌に縁《ゆかり》の神社仏閣が関東に130ヶ所近くも現代にまで残されていることは、歴史は「リーダーたる者」の正義を決して忘れることはないということではないでしょうか。

道灌は単に博覧強記《はくらんきょうき》の人であったばかりでなく、和歌や漢籍に深く通じて得たその知識と情報を消化し、応用・実践したことで「リーダーたる者」の地位を不動なものにしています。

「衆寡敵《しゅうかてき》せず」という言葉がありますが、少数では多数に立ち向かっても勝ち目がない「多勢に無勢」のことです。『三国志』魏書・張範伝が出典とされますが、元々は孟子が説いた言葉です。

人数や力量が揃っている相手に対して、少数で立ち向かうことが難しいと指摘した孟子ですが、

中文 善用兵者不依赖兵力多寡，而是顺应形势。

別の所で次のような言葉を述べています。

——智恵《ちえ》ありと雖《いえ》ども、勢《いきお》いに乗《じょう》ずるに如《し》かず。

どんなに知力に優れたトップが大組織を率いても、「勢い」に乗るものには及ばないということです。タイミングと「気合い」があれば、強敵や数で勝る相手にも立ち向かうことが出来るということを道灌は実戦で学び、そして本項フレーズで指摘している訳です。

——主《しゅ》が勝利《しょうり》を得《え》られるために、兵《へい》の数《かず》の多少《たしょう》は問題《もんだい》でない。

『旧約聖書』サムエル記上14：6に、古代イスラエル王サウルの息子・ヨナタンの言葉があります。ペリシテ人が戦車3万、騎兵6000、浜辺の砂より多い兵士でイスラエルに攻めて来た時、サウル王と共に満足な武器もない600人の民という圧倒的な兵力差の中、従者と二人で敵に立ち向かったヨナタンが、兵の数ではなく、「勢い」と「気合い」、ここでは神の理想の統治と正義を実現するという宗教心たる信念によって、敵兵を圧倒してイスラエルに勝利をもたらしました。

▲太田資長の供養塔
（神奈川県鎌倉市・英勝寺）

数や力量の差にかかわらず、如何なる困難な状況に直面しても、自分の信念や戦略に基づいた気合い、即ち「勢い」に乗ずることは、道灌の言葉に通じるものがあります。

戦国時代と同じく激しい競争に晒《さら》されている現代社会においても、経営でも政治でもスポーツの世界であっても、多数の競合相手に対して自分の信念を曲げずに、「衆寡敵せず」の精神でチャレンジすることが、**「リーダーたる者」**に求められているマネジメントの極意なのではないでしょうか。

英文 An effective leader who uses troops well does not depend on the number of troops, but take advantage of the momentum.

02

所信表明に見えた覚悟

国主《こくしゅ》の為《ため》には、民《たみ》は子《こ》なり、国主《こくしゅ》は親《おや》なり 是《こ》れ私《わたくし》にあらず、古《いにしえ》より定《さだ》まれる道《みち》なり

【北条 長氏 1456~1519】

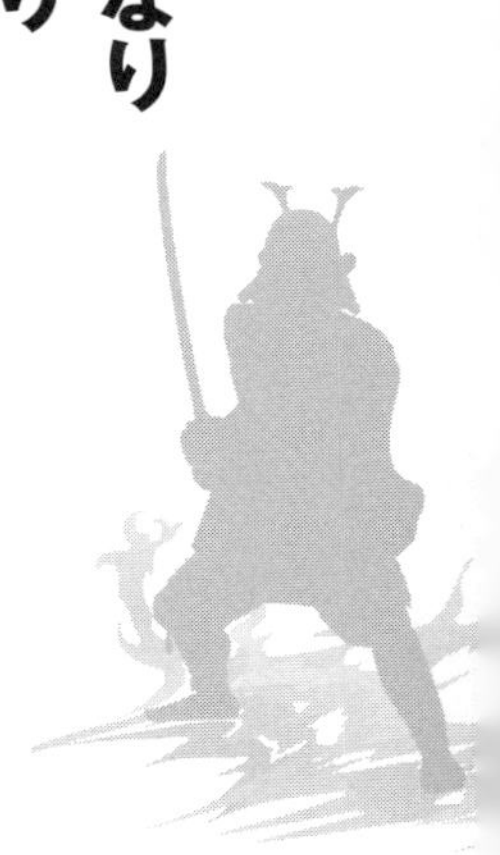

戦国時代から江戸時代初期までに活躍した優れたリーダーたる者192人が、収録されている『**名将言行録**』第一巻の筆頭を飾るのは、一介の素浪人から相模《さがみ》の国主にまで昇り詰めた「最初の戦国大名」と見なされている**北条早雲**《ほうじょうそううん》こと**伊勢新九郎長氏**《いせしんくろうながうじ》です。

近年の歴史研究において、長氏は単なる浪人などではなく、室町幕府の高級官僚を輩出する伊《い》勢《せ》氏の一族で、実は父の伊勢盛定《いせもりさだ》も幕臣でした。8代将軍・足利義政に仕え、その弟の義視《よしみ》の申《もうし》次衆《つぎしゅう》、即ち秘書室に仕えていたのが、長氏とされています。

応仁元(1467)年に**「応仁《おうにん》の乱」**が起こり、京の都が焼け野原となりました。家を失って苦しむ人々に加え、飢饉で餓死者も溢れる状況を目の当たりにした若き長氏は、幕府権力の無力さに虚しさを覚えて、幕府の役人を辞めて浪人となります。この時の長氏の目に焼き付いた光景が、後に相模国主となった長氏が発した本項フレーズ、つまり長氏の「リーダーたる者」としての哲学の素になったのではないでしょうか。

大志を持って豪傑たちと交友関係を結んだ若き長氏は、ある時、

中文 对于国主来说，百姓如同孩子，国主则如同父母。这不是我个人的观点，而是自古以来就确立的道理。

――天下《てんか》の事《こと》を考《かんが》うるに、功名《こうみょう》を成《な》し、富貴《ふうき》をとるは今《いま》に在《あ》り。

主《トップ》がいない隙を狙って「関東」を奪取しようと、仲間たちに次のように呼び掛けます。

――機《き》に因《よ》り変《へん》を制《せい》し、功名《こうみょう》を立《た》たんと欲《ほっ》す。諸君《しょくん》、豈《あ》に意《い》なきや。

備前《びぜん》（岡山県）にある実家の300貫の領地を売却して元手にした長氏は、6人の仲間を連れて姉の嫁ぎ先の駿河《するが》の今川氏を頼ります。今川氏は当主の義忠《よしただ》が討死にし、二つの勢力に分かれて争っている最中でした。その争いに介入する上杉政憲《うえすぎまさのり》や太田道灌《おおたどうかん》を相手に長氏は、今川氏という組織を取りまとめました。長氏自身の見事な手腕は、足利将軍家より「お墨付き」を持参して、その権威を背景にしたので、その力を発揮できたと今日では言われています。

しかしながら、この時のチャンスを長氏は逃さず、自らの甥である今川の幼い当主・氏親《うじちか》の後見人となり、駿河の東境の守りである興国寺《こうこくじ》城を任せられます。

明応2（1493）年、今川氏に何かと干渉する隣の伊豆《いず》にいる堀越公方《ほりこしくぼう》・足利政知《あしかがまさとも》が死ぬと、直ちに攻め入ってその長男・茶々丸《ちゃちゃまる》を襲撃し、伊豆を平定します。そこで本項フレーズで所信表明を行った長氏は、集めた地元の古老や有力者を一気に心服させせます。

▲北条長氏の供養塔
（岡山県井原市・法泉寺）

「国主にとっては民は我が子であり、民から見れば国主は親である。これは個人的な意見ではなく、昔からの原理・原則である」

この2年後、隣国・相模《さがみ》の有力者である大森藤頼《おおもりふじより》を討って小田原城を奪取して、伊豆・相模を支配する大名に成り上ります。以来、小田原城は後北条氏5代の本拠地となりました。

英文 For the ruler of the country, the people are the children, and the ruler is the parent. This is not my personal opinion, but a path that has been established. since ancient times.

03

トップを改心させた言葉

戦場《せんじょう》にて死《し》するも、今《いま》、諫言《かんげん》して死《し》するも同《おな》じなり

【板垣　信形　1489?~1548】

重臣たちと企てたクーデターによって父の信虎《のぶとら》を駿河《するが》へ追放して、甲斐《かい》の国主になったのが19歳の**武田晴信《たけだはるのぶ》**、後の**信玄《しんげん》**でした。晴信はトップとなるとそれから3年ばかりは、日中でも座敷の奥に籠り、美男美女を集めて昼夜の区別なくドンチャン騒ぎに遊び惚けるようになりました。晴信が私室から出るのは、僧侶たちと詩作に興じる会の時だけでした。

恐ろしいトップの信虎を追放し、甲斐へ侵攻する信濃《しなの》の諸将を撃退した若い晴信は、成功体験に有頂天になり、傲慢になって仕事そっちのけで遊びに嵌《はま》ってしまったのです。

やがて晴信の乱行が近隣諸国へ漏れ出し、チャンスとばかりに信濃の村上義清《むらかみよしきよ》らが甲斐へ攻め込んで来ます。その時、国境を守り抜いたのが、**板垣駿河守信形《いたがきするがのかみのぶかた》（信方）**でした。晴信の傅役《もりやく》であり、信虎追放劇の首謀者、即ち甲斐武田氏という組織の筆頭幹部です。

組織の将来への不安とトップへの不安を抱える武田に仕える者たちを代弁して、晴信に説教をすることが期待された信形ですが、病を理由に自分の屋敷に引き籠るようになります。実はその間に詩文に巧みな僧を屋敷に招き、猛特訓を受けました。ひと月あまりして、中年の手習いながらも一通り詩作が出来るようになってから、信形が晴信の詩会に現れました。

中文 在战场上死去，和现在因进谏而死，其实是一样的。

「多少の読み書きが出来る者でも詩作は無理なのに、文盲の信形に何が出来るのか」と嘲笑する晴信が詩のお題を出しました。すると信形が見事な詩を立て続けに5首も詠むので、大いに驚いた晴信は、自分の歓心を得るために努力した信形の忠義を誉め讃えて自己満足に浸っていると、信形がハラハラと涙を流しました。嬉し泣きかと晴信が尋ねると信形は、

「トップの好む事はそこに仕える者も学ぶべきだと思い、家庭教師を雇って習得致しました。非道な父君を追放し、誰もが新しいトップに期待していたところ、3年間遊び惚け詩歌ばかり楽しむのは、父君以上の最悪のトップではないでしょうか。既に近隣諸国へ噂は広がり、心ある家臣たちは武田を見限ろうとしています。某《それがし》の言動に間違いがおありと思われるならば、早々と首をお刎《は》ね下さい」

と前置きして本項フレーズで諫めました。今度は晴信が涙を流して、忠臣としての信形の諫言に対して感謝しました。寵愛する美女たちを直ちに追い出し、行状を改めてマネジメントに精を出すようになった晴信は、「リーダーたる者」として目覚めて、歴史に名を残すことになりました。

▲板垣信形の墓
（長野県上田市下之条・板垣神社）

愚かな若きトップが年長者の諫言で自らの態度を改め、自ら律して大成した努力と覚悟にこそ、「リーダーたる者」の条件があるということではないでしょうか。

信玄を支えて武田氏という組織に重きをなした信形ですが、天文17（1548）年、村上義清《むらかみよしきよ》との**「上田原《うえだはら》の戦い」**で晴信が敗れた時、晴信を守って忠義の臣として見事に戦死しています。

英文 Dying on the battlefield is the same thing as dying after reprimanding.

04

下克上ヒーローの慧眼

身《み》を捨《す》てて、この世《よ》の他《ほか》に生《い》きる世《よ》なし いづくか終《つい》の住処《すみか》なりけぬ

【斎藤　利政　1494?〜1556】

僧侶から還俗《げんぞく》して一介の油売りとなり、その才覚と奸智によって一代で成り上がって守護の土《と》岐頼芸《きよりのり》を追放して美濃を簒奪した**道三**《どうさん》こと、**斎藤山城守利政**《さいとうやましろのかみとしまさ》は、北条早雲《ほうじょうそううん》、松永久秀《まつながひさひで》と共に戦国時代の「三梟雄《きょうゆう》」の一人として「下剋上《げこくじょう》」のヒーローと長らくされていました。

しかしながら、近年の研究成果から、早雲も久秀も教養溢れる人物であることが明かされ、道三の一生も、長井豊後守《ながいぶんごのかみ》と道三の親子二代分であることが、見付かった史料によって定説となっています。

京都のイケメン油売りの西村勘九郎が、妙覚寺で修行した仲間の日護《にちご》上人が住職となっている岐阜へ流れ、上人の兄である美濃の「国人《こくじん》」長井利隆《ながいとしたか》に取り入って武士となり、後に主人に取って代わって長井新九郎となり、新左衛門尉、豊後守を称し、天文２（１５３３）年くらいに亡くなりました。その跡を継いだ道三が、美濃守護代《みのしゅごだい》・斎藤氏を乗っ取って**斎藤左近太夫秀龍**《さいとうさこんたゆうひでたつ》を名乗り、天文11（１５４２）年に土岐氏を追い出して美濃を簒奪して「下剋上」を完遂したそうです。

徒手空拳から出世の階段を上って美濃の国主となった出世物語はあまりにも盛沢山でしたの

中文 舍弃性命，除了今生再无他世可活。哪里还有什么最终的归宿呢？

で、親子二代の業績であるとすれば、辻褄も合って納得が出来る話です。

土岐《とき》頼芸《よりあき》の愛妾《あいしょう》で絶世の美女と伝わる深芳野《みよしの》が、道三の側室となって産んだ子供が、斎藤義龍《さいとうよしたつ》です。「自分の父親が頼芸なのか、道三なのか」と悩んでいた義龍は、父の道三が弟を後継者に指名しようとしたことから決起し、弘治2（1556）年の「**長良川《ながらがわ》の戦い**」で道三を討ち取ってしまいました。本項フレーズは、その道三の辞世の句です。

『**名将言行録**』には、道三の行跡が記されていますが、

――山城《やましろ》が子供《こども》、たわけが門外《もんがい》に馬《うま》を繋《つな》ぐべき事《こと》、案《あん》の内《うち》にて候《そうろう》。

という若き織田信長の器量と才能を見抜いた有名な道三のフレーズは、実は同書には掲載されていません。宿敵である織田と同盟を結ぶために娘・帰蝶《きちょう》を信長に嫁がせる際、道三が会見した後、岐阜へ帰還する際に自分の家臣が、評判通りの信長の「うつけ」ぶりを笑った時に、それを制して道三が、自分の子供たちは、その「うつけ」の家来になるだろうと予想した逸話です。

道三が長良川で討死する前日、「美濃は信長に譲渡致す」という遺言状を信長に送ったと言われています。義龍は美濃に信長を寄せ付けることなく守り抜きますが、33歳で病死しました。

▲斎藤利政の供養碑
（岐阜県岐阜市・常在寺）

義龍の息子・龍興《たつおき》は、信長に美濃を奪取され、越前の朝《あさ》倉義景《くらよしかげ》の庇護を受けて美濃奪回を目指しましたが、天正元（1573）年の「**刀禰坂《とねざか》の戦い**」の際に信長に敗れて27歳で戦死しました。歴史は敗者に対して厳しく、4代にわたる斎藤氏の戦国時代における業績は、未だ正しく評価されていません。

英文 There is no other world to live in than this one. Where will my final home be?

05

将来を危惧した悲劇の名将

第一《だいいち》為《な》すべき文武《ぶんぶ》を二《ふた》つながら廃《はい》せり 今之《いまこれ》を改《あらた》めずんば、国覆《くにくつがえ》り家滅《いえめつ》せんこと必定《ひつじょう》なり

【今川 義元　1519～1560】

戦国時代を飾る最も有名な合戦と言えば、誰もが永禄《えいろく》3（1560）年の「桶狭間《おけはざま》の戦い」を真っ先に脳裏に浮かべるでしょう。若き織田信長《おだのぶなが》が寡兵《かへい》をもって乾坤一擲《けんこんいってき》の奇襲を行って、敵の大将・**今川治部大輔義元**《いまがわじぶのだいふよしもと》を討ち取ったという有名な一戦です。

しかしながら、最近では色々と研究が進み、合戦自体はそれ程ドラマチックな奇襲ではなかったことや実際の野戦より情報戦の勝利について強調され過ぎるきらいがあることが明かされ、そして何よりも不覚にも首を取られてしまった義元の名誉も回復されつつあります。

義元が戦死したのは40歳を超えたばかりで、トップとしてもこれから脂が乗るところでした。隣国の北条氏康《ほうじょううじやす》や武田信玄《たけだしんげん》と覇を競い合いながら、巧みな外交を駆使した義元は、東海道に割拠する邪魔な勢力を硬軟合わせて取り込み、上洛を果たして将軍を助けて足利幕府の権威を回復することを目指していたと言われています。

義元は「東海一の弓取り」と称えられた名に恥じない武将で、決して無能なトップであった訳ではありません。その証拠に義元が戦死した時、多くの家臣たちが奮戦して共に死んでいます。

中文 首要实现的文武二道被废弃，如果现在不改正这一点，国家和家族必定灭亡。

足利将軍の一門として天下の輔弼《ほひつ》を目指した義元は、成り上がりの荒々しい戦国大名とは違って、室町幕府の権威を重んじる正統派の守護大名でした。いつの時代にも「保守」と「革新」の二つの流れが競い合うものですが、義元は革新的気質を備える保守派の代表でした。

義元は長男でなかったことから仏門に入れられ、京の建仁寺《けんにんじ》、妙心寺《みょうしんじ》で修行して高い教養やマナーを身に付けました。また義元の母・寿桂尼《じゅけいに》は藤原北家の名門・従一位権大納言《ごんだいなごん》の中御門宣胤《なかみかどのぶたね》の娘でしたので、義元自身はバリバリの京都人と自認していたでしょう。

寿桂尼は今川氏親《いまがわうじちか》の正室で、氏親《うじちか》、氏輝《うじてる》、義元《よしもと》、氏真《うじざね》の今川4代を補佐して、北条政子《ほうじょうまさこ》と同じく「尼御台《あまみだい》」と呼ばれて、駿河一国のマネジメントを統轄しました。公家の娘とは思えない、まさに「女戦国大名」でした。義元は兄の氏親の早死にで駿河の国主として呼び戻されなければ、京都で優れた高僧として人生を全うして名を残したはずです。

義元の妻は梟雄《きょうゆう》・甲斐《かい》の武田信虎《たけだのぶとら》の娘でしたので、その嫡男・氏真《うじざね》には猛々しい武将のＤＮＡが受け継がれてしかるべきでしたが、何故か文化人気質だけが強く出てしまいました。子供の頃から変わらずに闘鶏やドッグレースに熱中している息子のことを嘆いて、義元は本項フレーズで**「国と家が滅んでしまうぞ」**と忠告しています。その後も氏真は生活態度を改めることなど些かもなく、遂には駿河の国主としての今川氏を滅亡させてしまいました。

前項の道三の斎藤氏と同じく、歴史には敗者に対して厳しく、今川父子への酷評しか書き残されていませんが、義元には義元なりの言い分が大いにあるはずです。

▲伝・今川義元の首塚
（愛知県西尾市・東向寺）

英文 You have abolished the two things that should be done first, the literary and military arts. If you don't change this now, the country and the family will surely perish.

コラム① 今川氏真と早川殿

「平時のリーダー」タイプの者に、覚悟もなく準備不足のままに突然トップの座が回って来て、図らずも大組織を率いることになり、結果として組織を崩壊させてしまったという典型例が、**今川《いまがわ》治《じ》部大輔氏真《ぶだいふうじざね》**（1538~1614）であろう。

父は駿河の国主の今川義元《いまがわよしもと》、母は甲斐《かい》の国主の武田信虎《たけだのぶとら》の娘というDNA的には大組織のトップとして全く不足がないはずの氏真に、どんな突然変異が起きたのであろうか。後天的な学習と経験によってのみ、「リーダーたる者」の才能とは開発されるものなのだという悪い見本となっている。

父の義元が織田信長に「**桶狭間《おけはざま》**」で討たれた後、氏真は今川氏という組織や駿河《するが》・遠江《とおとうみ》・三河《みかわ》の領内を取りまとめて復讐戦を試みることが出来ず、逡巡している間、言い換えれば「検討」している間に、組織内が分裂して離反を招き、最終的にトップの座を失ってしまった。

後に京都において、父の仇《かたき》である信長の前で、得意の蹴鞠《けまり》の技を披露して褒められた逸話が嘲笑と共に残されているが、氏真には自己をアピールすることが出来る手段は、最早その他には残されていなかったのであろう。またそれが恥辱であるという感覚自体が、氏真には端から無かったのかも知れない。もし氏真が江戸時代の中期、即ち「平時」のトップであれば、教養ある文化人大名、名君として歴史にその名を記されたはずである。

トップの座を追われた氏真は、妻の実家である小田原の後北条氏を頼り、小田原城下の「早川《はやかわ》」に移った。実家に出戻った形の妻は、以後「早川殿」と呼ばれている。氏真は舅の北条氏康が亡くなると、折り合いの悪い義弟の北条氏政を嫌って京へ上った。失業した夫が様々なご縁を辿って顧問職のような「捨扶持《すてぶち》」を与えられて転々としながらも、早川殿がダメな亭主を最期まで見捨てることはなかった。女の意地を感ぜずにはおられないが、流石《さすが》は名将・北条氏康《ほうじょううじやす》の娘だという血筋だけのことはある。

早川殿が生んだ範以《のりもち》は早世したが、孫の直房《なおふさ》は徳川秀忠に気に入られて高家旗本となり、現在の東京都杉並区荻窪《おぎくぼ》から鷺宮《さぎのみや》辺りに領地を与えられた。現在でも「今川」という地名が残っている。

戦国時代の東国の覇者を争った北条・武田・今川も、かろうじて江戸時代に命脈を残し伝えたものの、この三家はいずれもかつての大大名としての面影は無く抜け殻を世に晒した。

早川殿が亡くなった翌年に家康が死に、その翌年の元和2（1616）年に氏真が、77歳の喜寿で亡くなった。氏真が詠んだ1700首もの和歌の最後、つまり、辞世の句は次の一首である。

――なかなかに　世《よ》をも人《ひと》をも　恨《うら》むまじ　時《とき》に合《あ》わぬを　身《み》の咎《とが》にして

氏真自身が流転の人生に苦悩して生きた果て、晩年に至って戦国の世が自分の性格に馴染まないことを達観してようやく悟ったことが窺える悲哀を覚える一句となっている。

▲左・早川殿　右・今川氏真の墓
（東京都杉並区・観泉寺）

▲今川一族の墓（東京都中野区・萬昌院）

▲今川廟（静岡県静岡市葵区・臨済寺）

06

勇者が見せた愛妻家の一面

蛇《へび》は人《ひと》に逢《あ》ては強《つよ》けれども、なめくじに逢《あ》うては致《いた》し方《かた》なし

【原 虎胤 1497~1564】

武田信玄に所縁《ゆかり》ある名将たちのうち『**名将言行録**』に収録されている者が、10名以上もいます。つまり、後に「武田二十四将」と呼ばれた程の甲斐武田氏が、如何に人財豊富な組織であったということを容易に察することが出来ます。

その武田氏という組織の中で**原美濃守虎胤**《はらみのかみとらたね》は、甲斐の出身ではなく下総《しもうさ》（千葉県中央部）の「国人《こくじん》」の一族出身という珍しい背景の持ち主です。虎胤が千葉介勝胤《ちばのすけかつたね》に仕えていた頃、近隣の常陸《ひたち》の水谷勝俊《みずたにかつとし》と小競り合いが起きた際、ケガをした老齢の武士を捕えました。「首を取れ」と言うその老将の助命を勝胤が決めると、虎胤が敵方まで送り届けると大胆にも申し出ました。その老将を背負って虎胤が敵の領地へ深く入ると、老将が次の言葉で虎胤を讃えました。

――歳《とし》、若《わか》しと雖《いえど》も、勇武《ゆうぶ》、関東《かんとう》に比類《ひるい》あるべからず。

以来、常陸の敵は虎胤を見ると「千葉の勇士なり」と刀を収めるようになったそうです。

虎胤は父の友胤《ともたね》と共に守る下総小弓《しもうさおゆみ》城が、古河公方《こがくぼう》・足利政氏《あしかがまさうじ》の息子・義明《よしあき》によって攻め落とされた後、遠く甲斐《かい》へ落ち延びて父子共々で武田信虎《たけだのぶとら》に仕えることになりました。原父子は信虎の下で多くの合戦で武功を挙げます。永正18（1521）年の「**飯田河原**《いいだかわら》**の戦い**」の際には、駿河《するが》

中文 蛇遇到人很强大，但遇到蛞蝓却无能为力。

の今川氏親《いまがわうじちか》が派兵した1万5000の大将・福島正成《くしままさしげ》と激しい一騎打ちを演じて虎胤は、見事に討ち取って、甲斐の武田に大勝利をもたらしました。この正成の遺児が、後の北条綱成《ほうじょうつなしげ》（20項）です。

虎胤は10人の足軽を100人のように使いこなし、いつも先陣を切って突撃し、手傷を負えば塩を塗り込んで平然とし、生涯で全身に50ヶ所以上もの疵を合戦で負った程の勇猛さから、いつしか「鬼美濃《おにみの》」と敵味方から称されて恐れられました。後にこの「鬼美濃」という綽名《あだな》は、その武功と名声と共に武田の名将・馬場信春《ばばのぶはる》に引き継がれています。

その武勇が近隣諸国に轟いていた虎胤は、大変な愛妻家であったそうです。

虎胤は本項フレーズを例にして「弱き者は強きに勝つという道理」と同じで、

――**強《つよ》き者《しゃ》に出逢《であ》うては、鬼《おに》とも組《く》まんと勇《いさ》めども、あの女房《にょうぼう》の弱々《よわよわ》としたる風情《ふぜい》にて、我《われ》は向《む》かう時《とき》は蛇《へび》なれども、なめくじに輪《わ》をまわさるるが如し。**

一見するとこのフレーズでは、虎胤が恐妻家のように思えますが、これは「鬼美濃」と呼ばれた名将のノロケ話で、さぞ自慢の美しい妻であったのでしょう。

▲原虎胤の墓
（長野県長野市・原立寺）

「ヘビはカエルを一飲みにする。カエルはナメクジを食べる。そのナメクジはヘビの身体を粘液で溶かして丸飲みする」という「三すくみ」の言い伝えですが、蛇の身体はナメクジの粘液では溶けることは実際になく、単なる迷信に過ぎません。

英文 A snake is strong when it encounters a person, but it can't do anything when it encounters a slug.

07

部下を奮起させた魂の訴え

敵《てき》を討《う》つこと忠《ちゅう》と云《い》い、義《ぎ》と云《い》い、士《サムライ》たる者《もの》の本望《ほんもう》なり

【宇佐美 定行　1489?~1564】

永禄《えいろく》4（1507）年、越後《えちご》の守護《しゅご》・上杉房能《うえすぎふさよし》の婿である上杉定実《うえすぎさだざね》は、何系統にも分かれた上杉氏末流の出身でしたが、守護代《しゅごだい》の長尾為景《ながおためかげ》に担がれて「下剋上《げこくじょう》」、即ちクーデターによって舅の房能を自害に追い込んで守護に収まりました。しかしながら、実権は為景が握り続けたことから、定実は永正6（1590）年、重臣・宇佐美房忠《うさみふさただ》とその息子・**宇佐美駿河守定行《うさみするがのかみさだゆき》（定満《さだみつ》）**と共に挙兵します。為景軍は精強で、定実を擁護する宇佐美一族は越後小野《えちごおの》城で直ぐに籠城戦に追い込まれます。将兵も兵糧も少なく、形勢は極めて不利な中、その時に若い定行が、皆を集めて本項フレーズで「武士の本分」について呼び掛け、

「この戦で討死にして名を残そう。自分も皆と共に屍《しかばね》を晒《さら》すまで戦う」

と涙ながらに訴えると、そこにいた者たちは奮い立って一致団結して戦い抜くことを誓います。やがて弟・房能の敵討ちを大義名分に関東管領《かんとうかんれい》・上杉顕定《うえすぎあきさだ》が、武蔵鉢形《むさしはちかた》城から越後に出撃して為景を粉砕し、定行らは助かりました。

顕定は引き続き越後の平定を試みますが、「国人《こくじん》」たちの支持を得ることが出来ず、永正7（1510）年に**「長森原《ながもりはら》の戦《たたか》い」**で為景に敗れて自害します。復権した為景に定実は幽閉され

中文 讨伐敌人叫做忠，叫做义。这是武士的夙愿。

ますが、定行は関東管領を継いだ上杉顕実《うえすぎあきざね》に与《くみ》して越後《えちご》松ノ山《まつのやま》城に籠って10年以上に及んで為景と対峙します。大永元（1521）年になり、関東管領・上杉憲房《うえすぎのりふさ》（顕定の従弟で養子）と越後守護・上杉定実の斡旋によって、定行と為景は和睦をします。以来、定行は為景に従いながらも上杉氏に尽くし、後に憲房の跡を継いだ息子・憲政《のりまさ》から為景の末息子である景虎《かげとら》への上杉氏家督と関東管領職の継承に繋がることになります。

天文9（1540）年、為景の嫡男・晴景《はるかげ》が守護代となりますが、守護・定実と共にリーダーとしての求心力に欠けたことから、その間隙を縫って越後の「国人」たちが反乱を起こします。その鎮圧に活躍したのが、晴景の弟である景虎、後の上杉謙信《うえすぎけんしん》です。

天文17（1548）年に「国人」たちの支持を受けた謙信が守護代となると、定行は謙信の参謀役《アドバイザー》として活躍します。武田信玄《たけだしんげん》との**「川中島《かわなかじま》の戦い」**の際、信玄は負けぬ戦に備えていることを見抜いた定行は、一気に雌雄を決しようと戦いを望む者たちの意見を抑えて、

——先《ま》ず小戦《しょうせん》して後《あと》を謀《はか》ることの手段《しゅだん》、大切《たいせつ》なり。

とアドバイスして、信玄の罠に嵌って大きく戦力の損なうことを回避させています。

▲宇佐美定行の供養塔
（新潟県南魚沼市・雲洞庵）

謙信の姉婿・長尾政景《ながおまさかげ》は、謙信を脅かす組織内の実力者でした。将来の禍根を除くために老齢となった定行は、永禄7（1563）年に現在の野尻湖《のじりこ》へ釣りに政景を誘い、湖底深くに引き摺り込んで共に溺死しています。この政景の息子が、謙信の養子となって後継者となった上杉景勝《かげかつ》です。

英文 Defeating the enemy is called loyalty and righteousness. This is the true desire of an effective leader.

08

トップだけが知る孤独

天下《てんか》の治乱盛衰《ちらんせいすい》に心《こころ》を用《もち》うる者《もの》は世《よ》に真《まこと》の友《とも》は一人《いちにん》もあるべからず

【毛利 元就　1497〜1571】

中国地方の一介の「国人《こくじん》」から、一代で山陽山陰11ヶ国の太守となった**毛利陸奥守元就**《もうりむつのかみもとなり》が、ある時にホロ酔い加減で柱に寄りかかりながら、本項フレーズをボソッと述べて、トップの孤独についての本音を覗かせました。

兄の興元《おきもと》が酒の飲み過ぎのアルコール中毒で早死にしたことから、元就は子供や家臣たちに常に酒害を戒めている言葉を残しており、自分はたまたま酒に弱いので、鯨飲することなく長生き出来たと述懐している人物の言葉には重みがあります。また、トップを極める「リーダーたる者」に「孤独のすすめ」をする元就は、本項フレーズに続けて、

「過去千年、未来千年の間にこそ真の友である」

と述べています。自分が千年に一人の逸材であると決して自慢しているのではなく、知力が他人より優れて生まれたならば、常に歴史を鏡にして自分の役割や使命についての覚悟、つまり歴史観を備えることが志ある者、つまり「リーダーたる者」の心得としています。

また、真の友とも言うべき器量のある者が、同世代に生まれれば、殺し合いになるだろうし、

中文 关心天下兴衰盛亡之事者，这世上一个真正的朋友也没有。

もし「志《こころざし》」を同じくして世の中を治めることが出来れば、万民の安堵、四海の太平はいともたやすいことだとも指摘しています。

元就は一芸に秀でたという者がいると聞くと、必ず召し出して、辞を低くしてその教えを乞うたそうですが、それにハマったり凝ったりすることはなく、極めて淡泊だったそうです。

「小技を好んではならない」と技芸を嗜んだり、楽しんだりしている暇があれば、

——ただ武略を積み、慎んで忘れることのないように。

と「仕事人間であることを徹底せよ」と言っています。現代ならば異論が多く出るでしょう。しかしながら、古今東西で大出世した人は、若い頃に寝食を忘れて身命を掛けて本業に精を出した人たちばかりです。その他に方法や秘訣などないでしょう。

▲毛利元就を祀る神社（山口県山口市・豊栄神社）

12歳の元就が厳島《いつくしま》神社へ詣でた際、お供の者たちに何を願ったのかと尋ねました。

「若様が中国全部を平定されますようにと祈りました」

と側近が気を遣って答えると、

「中国全部とは愚かなこと。日本全土を持つようにと祈るべきであろう。日本国中を取ろうとすれば、中国は取れる。中国だけを取ろうと思えば、どうして中国が取れようか」

と述べて感心させています。500年も前に元就は

「銀メダル狙いであれば、メダルはおろか入賞ランク外だ」

と同じ真理を指摘している訳です。

英文 The ruler who cares about the rise and fall of the organisation will have no true friends in the world.

09

我慢を続け、その時に備える

某《それがし》、斯様《かよう》に財産《ざいさん》を貯《たくわ》えしは明日《あす》にも御馬《おうま》を出されん時《とき》、御用《ごよう》を達《たっ》せんが為《ため》なり

【鳥居　忠吉　?〜1572】

徳川家康の父・松平広忠《まつだいらひろただ》が天文18（1549）年に病没後、竹千代と幼名で呼ばれていた家康が駿河《するが》で人質となっている間、駿河の今川義元から松平氏の岡崎には、城代が派遣されていました。その下で「総奉行」という役職で松平領のマネジメントを任されていたのが、家康の祖父・松《まつ》平清康《だいらきよやす》の代から筆頭重臣として仕えた**鳥居伊賀守忠吉**《とりいいがのかみただよし》です。

竹千代が帰還出来る日を希望にして、領内の人々をまとめ、質素倹約にして蓄財に励んだ忠吉は、質実剛健にして忠誠心溢れる「三河武士」のプロトタイプであると言っても過言ではない人物です。

この気質は徳川家康が江戸幕府を開いて近世日本をつくったこと、また三河《みかわ》（愛知県西部）を本拠地とするトヨタ自動車が日本最大の世界に冠たる企業となったことから、その現場で生み出されたトヨタ生産方式（ＴＰＳ）、日本式の企業マネジメントにおける特性として世界の製造現場に広がりました。

質素・倹約を旨として愚直にして地道な質実剛健のマネジメントは、この忠吉が開祖ではない

中文 我之所以这样积累财产，是为了明天出征时能派上用场。

でしょうか。

ある時、竹千代が岡崎城に立ち寄ることを許された折、文字通り「爺や」であった忠吉は、竹千代の手を引いて蔵に連れて行き、今川へ納める年貢を少しずつ掠めて、皆で爪の先に火を灯して蓄えた米銭を見せながら、本項フレーズでその経緯を説いて、少年・竹千代を感激させています。心細い人質生活を強いられていた子供にとっては、まさに「現地・現物」で見せられた「現実」に、我慢を続けて生きるための大きな希望と目標が、心に突き刺さる思いであったはずです。

永禄3（1560）年に「**桶狭間《おけはざま》の戦い**」で今川義元が討死した後、三河岡崎城へ帰還することが出来た松平蔵人佐元康《まつだいらくろうどのすけもとやす》と名乗る凛々しい若武者となった竹千代を迎えた忠吉は、以前に見せた城内の蔵以外に、今川氏の代官の目を盗んで更に蓄えてつくった数多くの土蔵に案内して、山のように積んである兵糧を見せながら、

▲鳥居忠吉の菩提寺（愛知県西尾市・不退院）

——士《サムライ》、余多《あまりおお》く御扶持《おふち》なされ、御手《おて》を広げらるる時《とき》の御用意《ごようい》と存《ぞん》じてなり。

と単に独立するための立ち上げ資金だけではなく、大きな勝負をするための人財を抱えるための資金まで準備したと説明しました。

既に80歳を越え、恐らく忠吉自身もよもや存命中に、人質となっていた幼君が松平氏の新しいリーダーとして帰還することを見届けることが出来るとは、思ってもいなかったのでしょう。この時、涙を浮かべて爺・忠吉に感謝した竹千代改め松平元康には、後に征夷大将軍・徳川家康として天下人となる器量と人格が、つくり定められたのではないでしょうか。

英文 The reason why I am saving up assets like this is so that it will be useful when my young master goes to war tomorrow.

仲間を愛する熱い心

10

蠢愚《しゅんぐ》の誹《そし》りを恥《は》じて忠孝《ちゅうこう》の重《おも》きを忘《わす》るるは武勇《ぶゆう》とするに足《た》らず

【甘利　晴吉　1534～1572】

武田信虎《たけだのぶとら》の時代に「武田四天王」、信玄《しんげん》の時代には「武田二十四将」の一人とされ、同じく名を連ねる板垣信形《いたがきのぶかた》（3項）と共に「両職《りょうしき》」という武田氏の最高幹部ツートップを務めた甘利虎泰《あまりとらやす》は、天文19（1548）年に信濃《しなの》の村上義清《むらかみよしきよ》との「上田原《うえだはら》の戦い」で、信形らと共に信玄を守って戦死しました。この虎泰の嫡男が、**甘利左衛門尉晴吉《あまりさえもんのじょうはるよし》**です。

信玄の下で晴吉は、信形の息子・板垣信憲《いたがきのぶのり》と共に「両職」を継承すると、父と同様に多くの合戦で親衛隊を率いて活躍して信玄を支えます。

永禄5（1562）年、上杉憲勝《うえすぎのりかつ》の守る武蔵松山《むさしまつやま》城を信玄が攻めた際、晴吉の同心頭《どうしんかしら》（小隊長）の米倉丹後守重継《よねくらたんごのかみしげつぐ》（後に足軽大将）の息子である彦次郎《ひこじろう》という若い武士が、鉄砲で撃たれます。やがて腹部に腹水、つまり内出血によって血が溜まって瀕死の重傷となります。

医学が未発達の戦国時代、呪《まじな》いのような民間療法により、かえって症状を悪化させてしまうような措置が取られていました。槍傷には塩を塗り込んだり小便で洗ったり、鉄砲傷には馬糞を塗り込むのが良いとされていました。特に鉄砲傷によって腹に溜まった血を排出させるためには、

中文 因为愚昧之人的诽谤而感到羞耻，忘记忠孝的重要性，这不是勇武之人所为。

葦毛の馬の糞水汁を飲むことが最も有効であるとされていました。

確かに戦国時代では、戦場でなくとも日常の生活の中にも、馬糞はそこら中にあり、調達が容易であったでしょう。また現代と比べても、その臭気もそれ程に気になるものではなく、むしろ生活の中に溶け込んでいたはずです。晴吉が腹水の溜まった瀕死の彦次郎にそれを飲ませようとします。すると彦次郎は、

「武士が戦場で死ぬことは本望。さりながら、糞水汁まで飲んで嘲笑われたくない」

とそこまでして生き永らえたくないと拒絶しました。すると晴吉は本項フレーズで、

「他人の嘲笑を恐れて、主君への忠義、父母への孝行を忘れるような者は、勇士ではない」

と諭して、自らが糞水汁を柄杓《ひしゃく》で掬《すく》って二口ばかり飲み、舌打ちしながら、

——風味《ふうみ》能《よ》きぞ。

と言って自ら柄杓を渡します。彦次郎は涙を流して自分の浅はかさを詫び、晴吉の行為を「たとえ死んでも未来永劫、忘れることはありません」と感謝して、柄杓を額に押し頂いて受け取り、一気に一滴も残さずに飲み干しました。程なくして回復して、彦次郎は一命を取り留めました。

▲甘利晴吉の墓
（山梨県北杜市・大輪寺）

この話を聞いた信玄は、晴吉の仲間を愛する「リーダーたる者」の「志《こころざし》」に大いに感心したそうです。猛者《もさ》揃いの武田氏を支える諸将の中で、1、2を争う程の名将の器と期待されていた晴吉ですが、31歳で惜しくも早世しました。晴吉には、昌忠《まさただ》、信忠《のぶただ》という諱《いみな》も伝わっています。

英文 It is not a brave person who is ashamed of the insults of foolish people and forgets the importance of loyalty and filial piety.

11

部下を束ねる繊細なマネジメント

善《ぜん》を挙《あ》げ用《もち》うることを専《もっぱ》ら心《こころ》に掛《か》けるべきことなり

【武田 晴信 1521~1573】

新羅三郎義光《しんらさぶろうよしみつ》の曾孫・武田太郎信義《たけだたろうのぶよし》は、平安時代末期の東国において、源頼朝《みなもとのよりとも》、木曽義仲《きそのよしなか》と肩を並べる源氏の棟梁として都にまで知られていました。頼朝と義仲が対立すると、信義は頼朝の傘下に入り、源範頼《みなもとののりより》や源義経《みなもとのよしつね》に従って「**義仲《よしなか》の追討**」「**一《いち》の谷《たに》の戦い**」「**壇ノ浦《だんのうら》の戦い**」で武功を挙げ、「鎌倉殿（頼朝）の御家人」として甲斐武田氏の初代となりました。

武田氏10代の当主・信満《のぶみつ》は、舅である関東管領《かんとうかんれい》・上杉禅秀《うえすぎぜんしゅう》の乱に加担して応永23（1416）年に自害しました。甲斐の守護の地位を巡って多くの「国人《こくじん》」が争う戦国時代に突入します。それを勝ち抜き甲斐一国を平定したのが、15代当主の武田陸奥守信虎《たけだむつのかみのぶとら》でした。まさに「勝ち戦《いくさ》」の連続で、甲斐統一の直前に生まれた嫡男に信虎は、勝千代《かつちよ》と名付けました。後の**武田大膳大夫晴信《たけだだいぜんのたいふはるのぶ》**、法名・**徳栄軒信玄《とくえいけんしんげん》**です。

天文10（1541）年、重臣たちの支持を受けた信玄は、父の信虎をクーデターで駿河《するが》へ追放して甲斐の国主となり、信濃《しなの》平定に邁進して上杉謙信と戦い、西上野《にしこうずけ》を巡って北条氏康《ほうじょううじやす》、駿河へ侵攻して今川義元《いまがわよしもと》と争いました。まさに信玄は、戦国武将を代表する名将でした。

永禄12（1569）年、今川義元の後継者である氏真《うじざね》を滅ぼして駿府《すんぷ》を占領し、信玄は上洛を

中文 应当专心致志以善为先。

志すようになり、織田信長《おだのぶなが》と対立します。

以前より信長は、当時最強の騎馬軍団を擁する信玄を恐れ、丁重な手紙や品を季節ごとにおくり、姪を養女にして信玄の息子勝頼に嫁がせ、更には嫡男・信忠《のぶただ》に信玄の四女・松姫《まつひめ》と婚約させている程の気の遣いぶりでした。同時代の記録であるポルトガル人宣教師のルイス・フロイスの『日本史』には、信長が常に恐れていた敵として、信玄の名が記されています。

非常に強いリーダーシップを持った信玄でしたが、実は父の信虎が強引に甲斐の「国人」たちを傘下に収めたことから、独立心と自己主張の強い家臣団で構成された組織において微妙なバランスの上に乗ったトップでありました。そのために信玄は家臣たちの心の深い奥底の動きを常に観察し、その心を繋ぎ留めることに腐心し続けたことから、自然と「人間学」を磨き、組織マネジメントに関わる含蓄ある名言を多く残しました。晴信は、

「負けるはずのない軍が負け、滅ぶはずのない家が滅ぶことを天命と言うが、自分はそれは天命だと思わない。全てマネジメントが悪いからだ」と喝破して何事も、

——万事小《ばんじちいさ》きより次第々々《しだいしだい》に組《く》み立《た》て、後《のち》には大《おお》きくなる事《こと》も成《な》り、能《よ》く之《これ》あり。

と全てのことは「チリも積もれば山になる」と指摘して、人財育成も同じで小身の人を少しずつ育てて大身の者とするのが良く、その為にはトップ自らが身を正し、法度《ルール》を守り、正義を大切にして、本項フレーズで人財登用することが肝要であると説いています。

▲信玄塚(長野県下伊那郡根羽村)

英文 Anyone should focus exclusively on using the good first.

12

歴史が示す組織運営の真理

民《たみ》を得《え》ずして能《よ》く久《ひさ》しく地《ち》を有《たも》つ者《もの》は華《か》夷《い》に掛《か》けて聞《き》きも及《およ》ばず

【真田 幸隆　1513～1574】

天文10（1541）年に甲斐《かい》の武田信虎《たけだのぶとら》が、村上義清《むらかみよしきよ》などの信濃《しなの》の有力者と共に信濃の佐久《さく》郡・小県《ちいさがた》郡に攻め込みました。この「**海野平《うんのだいら》の戦い**」で敗れた小県郡の「国人《こくじん》」である**真田弾正忠幸隆《さなだだんじょうのじょうゆきたか》**は、一族と共に上野《こうずけ》箕輪《みのわ》城主・長野業正《ながのなりまさ》を頼って亡命しました。

この時の合戦から甲斐へ凱旋帰国して得意の絶頂にあった信虎は、息子の晴信《はるのぶ》（後の信玄）とその支持者たちによるクーデターによって駿河へ追放されてしまいます。父の信虎とは違うマネジメント方針を打ち出した晴信は、山本勘助《やまもとかんすけ》の推挙で幸隆を呼び戻して旧領を回復させ、武田の信濃先方衆《さきてしゅう》（他国の「国人」で服属した者）としました。

晴信の信濃平定の先鋒を務めて活躍して「武田二十四将」の一人にも数えられた幸隆は、宿敵の村上義清を越後へ駆逐し、信濃北部を晴信から任されることになります。永禄2（1559）年に晴信が出家して信玄となるのに従い、幸隆も出家して**一徳斎《いっとくさい》**と名乗ります。「**第4次川中島《かわなかじま》の戦い**」の際には、幸隆は嫡男の真田信綱《さなだのぶつな》と共に出陣し、この戦いの結果、信濃北境の向こうに謙信を追い払うことに成功した信玄は、新たに幸隆を信濃に隣接する上野《こうずけ》西部の攻略を命じました。

中文 没有得到人民的支持，就无法长久地保有领地，这一点在外国也未曾听说过。

▲真田幸隆の墓
（長野県上田市真田町・長谷寺）

永禄6（1563）年に上野《こうずけ》吾妻《あずま》郡の占拠に成功した幸隆は、上野《こうずけ》岩櫃《いわびつ》城の城将に任ぜられます。永禄10（1567）年、信綱に家督を譲った幸隆は、上野《こうずけ》吾妻《わがつま》郡羽尾《はお》という地に隠居し、旧恩を謝するために上野《こうずけ》箕輪《みのわ》城主の長野業正を訪ねます。既に病の床にあった業正は、箕輪城の北東に位置する北関東の要衝である上野《こうずけ》沼田《ぬまた》城の占拠を幸隆に勧めました。それ以来、越後の上杉謙信と小田原の北条氏政の争奪戦の的となっていた沼田城を攻略すべく、幸隆は虎視眈々とチャンスを窺うようになります。

謙信の後ろ盾を得て勇将として名高い沼田《ぬまた》上野介《こうずけのすけ》顕泰《あきやす》（景康《かげやす》）が、沼田城主となっていましたが、疫病や飢饉で疲弊する人々を救おうとしないマネジメントぶりの噂を聞いた幸隆は、**「民は国の本。顕泰は遠からず滅ぶであろう。謙信や氏政といった優れた武将がたとえ運よく沼田を得ても、人々の心を得ることが出来なければ同じだ」**と述べて、**「人を大切にしないトップが成功した例は外国でもない」**と本項フレーズで指摘しました。**「20年以内に沼田は真田の手に落ちるだろうが、人心を失えば百年も保つことは出来ない」**と予言して幸隆は、天正2（1574）年に病で亡くなります。実際に天正8（1580）年、幸隆の三男・昌幸《まさゆき》が沼田城の攻略に成功して真田領となりますが、昌幸の曾孫、即ち幸隆の玄孫の信澄《のぶずみ》（信利《のぶとし》）は、天和元（1681）年に沼田藩3万石を悪政を理由に改易となりました。その時、誰もが幸隆の言葉を思い出したそうです。

英文 There is no one who can hold territories for a long time without the people's support.

コラム②

真田幸隆と上杉謙信の邂逅《かいこう》

真田《さなだ》幸隆《ゆきたか》は嫡男の源太左衛門信綱《げんたざえもんのぶつな》と共に、「武田二十四将」名を連ねている。父子で選ばれているのは、他には小幡虎盛・昌盛だけだ。その信綱にある時、幸隆が語った言葉がある。

「自重《じちょう》して敵《てき》の変《へん》を伺《うかが》うことは、甲軍数年《こうぐんすうねん》の間《あいだ》に熟練《じゅくれん》せし所《ところ》なれば、更《さら》に危《あぶ》なげなし」

と前置きしてから、ゆったり構えて敵に向かって、士気を高めるために太鼓を打ち鳴らして変化をさせようとするのは、越後勢の得意とするところであり、信濃の諸将はこのことはよく知っているので、今後もそのことを心得て対陣して、短慮な謙信を怒らせれば、十分に勝機は常にあると教えている。上杉謙信は他国にも知られる程、怒り易かったようだ。実際に幸隆とこの謙信の狸の化かし合いのような逸話が、**『名将言行録』**に記されている。

「海野平《うんのだいら》の戦い」も終わって、武田勢も甲斐へ引き上げると、幸隆は自分の岩尾《いわお》城に帰る振りをして秘かに山伏のなりをして、上杉謙信の将兵が引き上げて行く「北国街道」を追って、越後への潜入を目指すことにした。関山《せきやま》から松崎《まつざき》を越えて春《かす》日山《がやま》の近くまで来た時、出遭った老婆に春日山への道を尋ねると、その老婆がジロジロと見ながら、

「昨日の夕暮れにもお前さんのような山伏が、春日山への道を尋ねてきたが、この先で斬られておった。悪いことは言わんが、早く国へ帰ったほうがええ、命あってこそじゃろ」

と教えてくれた。幸隆はこれを聞いて、

「ワシは春日山の毘沙門天《びしゃもんてん》へ参詣する旅の者なので、何とかして辿り着きたいもんじゃ」

と惚けていると、眼光の鋭い立派な騎乗の武士が向こうの方から近付いて来た。

「御坊《おぼう》は甲州からの間者《スパイ》か。本当に参拝者ならば、毘沙門天への供え物を持参しているであろう。見せてみよ」

と脅すので、幸隆は兼ねてから用意していた封をした金銀を懐から取り出して見せると、その立派な武士は、

「おぉ、真《まこと》の参拝者であったか。疑って悪かった。

ならば某《それがし》が案内してやろう」

　と言って春日山まで先導して毘沙門堂まで案内してくれた。幸隆が金銀の奉納をして参拝を終えると、

「遠くからわざわざ参詣に来られたので、この城も見て行かれると良いだろう。某についてくれば、問題ない」

　との誘いに応じると、門番の誰も見咎めることがなく、城の隅々まで見学することが出来た。そこで幸隆は図々しく、

「念願かなって毘沙門天に詣でて、大変に満足しました。羽黒山に年籠りをするのですが、これから柿崎《かきざき》や針崎《はりさき》を回る予定です。もし可能であれば、ご案内願えませんか」

　と申し出ると、その武士は声を低くして、

「よく化けたと思うなよ。越後には盲人ばかりと思っているのか。戯《たわ》けもいい加減にせい」

　と言い放つや、駆け去って行ってしまった。何事が起きたのかと当惑しながらも幸隆は、野尻の里まで戻って来た頃に、数人の兵士が追い掛けて来るのが見えた。幸隆はとっさにマズイと感じて畑に隠れて、側に立っていた案山子に自分の着ていた山伏の服を着せ、石を重しにして近くの沼に沈めた。案山子に着せられていた百姓着と蓑を被って小唄を歌っていると、兵士たちは沼の中の人影を見て、逃げ切れないと思って山伏は入水したのかと言って帰って行った。

　しばらくして幸隆が岩尾城へ帰り着くと、「真田《さなだ》弾正忠殿《だんじょうのじょう》」と書かれた手紙が越後から届いていた。誰からの手紙かと思いながら封を開けてみれば、

「山伏姿にて我が国へ見物にお越しになられ、お疲れでござった。某も春日山城に似たところをご案内差し上げたが、毘沙門堂も偽物の故、奉納されたお供えはお返し申す」

　と書かれていた。幸隆が奉納した金銀も丁寧に封をして添えられていた。案内をしてくれた武士が尋常な者ではないとは思っていたが、まさか上杉謙信、その本人であるとは幸隆も思わず、流石に噂通りの勇将と感心した。そこで幸隆は悪戯心を起こし、この手紙を元のように封をして、もう一通の手紙を添えて、飛脚を春日山に走らせた。秘かに別の者に後を追わせて、野尻辺りでその飛脚を殺

させて打ち棄てさせた。その飛脚の死体を村人が見付けて春日山城へ届けると、飛脚が運ぶ手紙箱の中に、宇佐美《うさみ》駿河守《するがのかみ》宛の手紙が入っていた。

「主人宛に書状が届きましたが、幸隆は未だ越後にいるらしく、岩尾には帰って来ておりません。恐らくそちらへ休息に寄るかと存じますので、その際にこの手紙をお渡し下さい」

と書かれていた。激怒した謙信は股肱の重臣が裏切るはずはないと思いながらも、2、3日は悶々と過ごした。7日ばかり経ってから、謙信は突然に手を打って、

「あぁ悔しい、真田に計られたか。ワシが真田如きに騙されて、老臣の宇佐美を疑うとは情けなし。ワシは弓矢をとって真田などに劣ることはないが、智謀においては7日の遅れがあるのか。真田が生きている限り、信濃を平定することは出来ない。どうにかして真田を滅ぼしてやる」

と地団太を踏んだという。

「武田二十四将」に名を連ねた信綱《のぶつな》、兄に劣らぬ武名を馳せた次男の昌輝《まさてる》が共に「**長篠《ながしの》の戦い**」で惜しくも戦死してしまったが、三男の昌幸《まさゆき》が「真田」の家名と共に、幸隆の智謀も見事に受け継いで、真田伝説の新しい章が開かれることになった。

▲春日山城跡
（新潟県上越市・春日山城跡）

▲春日山城本丸跡から佐渡島への眺め
（新潟県上越市・春日山城跡）

▲上杉謙信の像
（新潟県上越市・春日山城跡）

▲上杉謙信の騎馬像
（新潟県上越市・林泉寺）

▲要害な春日山城跡
（新潟県上越市・春日山城跡）

▲復元された毘沙門堂
（新潟県上越市・春日山城跡）

13

義を重んじるフェア精神

その孤《こ》、何《なん》ぞ我《われ》に仇《あだ》を為《な》さんや 若《も》し為《な》さば即《すなわ》ち是《こ》れ天命《てんめい》なり

【上杉 謙信 1530〜1578】

天正元（1573）年4月12日、上洛戦の途上にあった武田信玄《たけだしんげん》が、三河《みかわ》と信濃《しなの》の境・浪合宿《なみあいしゅく》にて逝去し、信玄の遺命に従って喪を発することをせず、急ぎ遺体を守護した武田軍は甲斐へ引き上げて行きました。3年はその死を隠すというのが遺命でしたが、早くも5月7日には小田原の北条氏政《ほうじょううじまさ》の使者が、越後の**上杉弾正少輔輝虎《うえすぎだんじょうのしょうすけてるとら》**、後の**不識庵謙信《ふしきあんけんしん》**の許《もと》に宿敵・信玄の死の報せを伝えています。その報せを聞いた時、食事中の謙信は箸を捨てて手を打ち、

「合戦のよき相手を失い、とても残念である。信玄は世に稀なる名将であった」

と言って落涙しました。信玄の死を知った上杉の家臣たちは、

「この虚を衝いて信濃にご出陣あらば、武田領の全土がお手に入ります」

と目を輝かして進言します。しかしながら、謙信は全く耳を貸さず、

「若い勝頼が、父の後を継いだばかりの時機を狙って攻めるのは、大人気のないことだ」

と出陣はしませんでした。**「長篠《ながしの》の戦い」**でその勝頼が大敗北を喫した時、同じく家臣たちが改めて武田攻略を勧めますが、

中文 那孤儿会来为我报仇吗？如果他这样做，那就是天意。

「今、出陣すれば、甲斐まで取れるであろう。人の落ち目を見て攻め取るのは本意にあらず」

と謙信は出兵を拒んでいます。

義を重んじた謙信は、現代で言うところのフェア精神を戦《いくさ》の世界に持ち込んだ「リーダーたる者」でした。常に信義を重んじ、仮にも偽ることを恥として、人を欺くことがなく、敵が降伏した時にも、人質を差し出せとケチなことを求めることもありませんでした。

足掛け12年5回に及んだ**「川中島の戦い」**、永禄4（1561）年の第4次**「川中島の戦い」**の翌年、上野厩橋《こうずけうまやばし》城主の従弟・長尾小平次景連《ながおこへいじかげつら》こと謙忠《けんちゅう》が、小田原の後北条氏に通じた謀反の嫌疑で誅殺されました。母親の実家に右馬助《うまのすけ》、右京亮《うきょうのすけ》という幼子が匿われていることが判明し、家臣が処刑するかどうか尋ねます。すると謙信は本項フレーズを述べました。続けて、

「その子供たちが成人して、自分の命を狙って父の恨みを果たせても、果たせなくとも、それは自分とその子供たちの運次第であって、12、3歳ならば逆心などないであろう」

▲上杉謙信の墓（新潟県上越市・林泉寺）

と全く意に介さず、助命した上で金銀米銭まで与えています。この二人はその恩義を感じて上杉氏に仕え、景勝の代に加賀市橋《かがいちはし》城で戦死しました。

これが他の武将であれば、敵将の子供は乳飲み子であっても間違いなく処刑したでしょうが、謙信の格好良さは「義」を守るというフェア精神にあることです。非情な戦国時代にこのことを信条としたことは、謙信が仁将であると今日まで名を遺した最大の理由に違いありません。

英文 Will that orphan take revenge on me? If that happens, it's destiny.

14

トップを支える功労者の役割

武田勢《たけだぜい》は強《つよ》し、必《かなら》ず味方《みかた》の負《ま》けたるべし 然《しか》れどもご出馬《しゅつば》、然《しか》るべし

【佐久間 信盛 1528〜1582】

織田信長の父の代からの宿老で、信長の合戦全てに参加して、各地を転戦した筆頭重臣である**佐久間左衛門尉信盛**《さくまさえもんのじょうのぶもり》は、信長より7歳年長で、「退《の》きの佐久間」と称される程、戦で最も難しい撤退時の最後尾を担当する部隊、即ち「殿《しんがり》」を任されてこれを得意としました。信盛は、天下人となる信長を支えた最大の功労者にして恩人とも言うべき存在です。

またイエズス会の宣教師であるルイス・フロイスからは、

「佐久間に勝る教養人は、畿内では見たことがなく、礼儀正しい勇士である」

と高い評価を受けています。

天正3（1575）年の「**長篠**《ながしの》**の戦い**」の際、徳川家康からの援軍の要請を受けた信長は、加勢すべきかどうか逡巡しました。まず武勇の誉《ほまれ》高い毛利河内守秀頼《もうりかわちのかみひでより》に尋ねたところ、

「武田勢一人につき味方は10人と見積もっても、必ず味方が負けるでしょう。ご出馬には及びません」

と秀頼は即答しました。信長に意見を求められた信盛は、本項フレーズで秀頼に異を唱えました。

中文 武田的军队很强大，我方一定会败北。但即便如此，也应该出击。

「三河での合戦で家康が負ければ、家康は武田の先鋒となって織田の敵となって攻めて来るのは必定。これだけを見ても、たとえ負けても出馬されるべきです」

この理由を聞いた信長は、その見立てに「面白い」と応じます。すると信盛は、

「もしお勝ちになりたくば、必ず勝たせます。某《それがし》にお任せ下さい。一案がございます」

と言って信長の一任を得ます。早速に信盛は武田勝頼の寵臣《ちょうしん》・跡部《あとべ》勝資《かつすけ》と長坂《ながさか》光堅《みつかた》に対して、自分が内通すると約束した書状と脇差を送ります。これをすっかり信じ込んだ跡部と長坂が、勝頼に決戦を勧めたことから**「長篠の戦い」**の火ぶたが切られました。しかしながら、合戦の最後までついぞ信盛の寝返りはなく、武田軍は歴史的な大敗北を喫することになりました。

その信盛も天正8（1580）年、信長から突如として19ヶ条にわたる折檻状《せっかんじょう》を突き付けられ、筆頭家老の地位を解任されて、嫡男と共に高野山へ上らされました。明智光秀による讒言《ざんげん》とも言われていますが、父・信秀以来の30年にわたる宿老としての信盛自身の賞味期限も切れていたのでしょう。実は、信盛の将兵は全て光秀の配下となり、信盛の追放から半年後に起きた**「本能寺の変」**で信長討伐の中核部隊になったとも言われています。

▲佐久間信盛の墓
（和歌山県十津川村内）

信長の命で高野山からも追放された信盛は、現在の奈良県十《と》津川《つかわ》村まで彷徨した後、天正10（1582）年1月にそこで客死しました。既に重い病にかかっていたそうです。

南北朝の名将・楠木《くすのき》正成《まさしげ》の孫・正勝《まさかつ》の墓の後手に、小さな信盛の供養塔があります。現代でも、最も到達することが難しい地にある名将の墓の一つとなっています。

英文 The Takeda army is strong, so our side will definitely lose. However, we should still sortie.

15

戦略的に追従する

我《われ》、態《わざ》と倒《たお》れしなり。主人《しゅじん》の目利《めき》き違《たが》えるは何事《なにごと》につけても悪《あ》しきことなり

【森　長康　1565~1582】

前項の佐久間信盛《さくまのぶもり》が織田信長《おだのぶなが》に追放されて、非業の死を遂げてから、僅か半年後に起きた「**本能寺の変**」で、主君である信長に最期まで従って、二人の弟・坊丸長隆《ぼうまるながたか》と力丸長氏《りきまるながうじ》と共に戦死したのが、**森蘭丸長康**《もりらんまるながやす》です。

イケメンにして気配りの良さと頭の切れが抜群の蘭丸は、13歳にして信長の小姓となり、極めて神経質な主人によく仕えました。信長には三つの自慢があり、信長は事あるごとに次のように自賛していたそうです。

「第一は奥州から献上された白鷹、第二は如何なる砂浜石原を乗り越える龍馬、第三が忠功で世に知られる長康なり」

蘭丸の父・森三左衛門可成《もりさんざえもんよしなり》は、美濃守護《みのしゅご》・土岐《とき》氏に先祖代々から仕えていましたが、土岐氏が斎藤道三《さいとうどうさん》に滅ぼされると信長に仕えて「**桶狭間《おけはざま》の戦い**」を含めて尾張・美濃の各地を転戦して活躍し、信長の上洛の際には先鋒を務め、近江宇佐山《おうみうさやま》城主にまで出世しました。元亀元（1570）年に浅井長政《あさいながまさ》・朝倉義景《あさくらよしかげ》の連合軍と延暦寺の僧兵に攻められた可成は、得意の槍を振るって大奮

中文 我是故意倒下的。不管什么事情，辜负主人的眼光都不好。

戦しましたが、長男・可隆《よしたか》と共に近江坂本で討死にしました。

蘭丸の信長に対する忠勤ぶりを示す逸話はいくつか残されていますが、ある時に沢山の蜜柑を載せた台を蘭丸が運んでいると、それを見咎めた信長が、

「その方の力では危ない、倒れるぞ」

と注意をするや、案《あん》の定《じょう》、蘭丸が座敷の真ん中で転んで、蜜柑が散乱してしまいました。

――我《わ》が目利《めき》き違《たが》わず。

と信長は大喜びしたそうです。翌日に同僚たちが蘭丸に昨日の失態について慰めると、本項フレーズで平然と蘭丸は答えました。痩せ我慢であったかも知れませんが、徹底した戦略的な追従は、厳しいトップに仕えるため、秘書としての最も重要な心得でしょう。

蘭丸は**「本能寺の変」**以前から、明智光秀の逆心を見抜いていたそうです。信長に対して幾度も諫言しましたが、ついぞ取り上げられることなく悲劇を迎えることになりました。

「本能寺の変」の際、明智光秀の家臣で信長を槍で刺した安田作兵衛国継《やすださくべえくにつぐ》によって、蘭丸は討ち取られました。享年18。その槍は肥前唐津《ひぜんからつ》城の復興天主守内に展示されています。

因みに蘭丸の末弟の仙千代《せんちよ》も小姓として出仕していましたが、同僚と喧嘩しているところを信長に見咎められて、「未だ子供」と実家に帰らされたことから**「本能寺」**での難を逃れました。

「小牧《こまき》・長久手《ながくて》」で次兄の長可《ながよし》も戦死したため、末弟ながら仙千代が家を継いで森忠政《もりただまさ》と名乗り、後に美作津《みまさかつ》山《やま》藩18万石の藩主にまで出世しました。

▲森長康の墓
（岐阜県可児市・可成寺）

英文 I fell down on purpose. Doubting my master's judgment is a bad thing no matter what.

16

予測不能のリーダーシップ

武士《ぶし》は手《て》の外《ほか》を致《いた》し、下《した》より積《つ》もられぬは、真《まこと》の大将《たいしょう》なるぞ

【織田 信長 1534~1582】

女性の歓心を買うためには「サプライズ」のギフトや演出は必須で、世の男子たる者、あれやこれや知恵を巡らすものです。女心を得るためだけなく、やはり特別感と演出された「サプライズ」効果は、老若男女問わずして組織マネジメントにおける人心収攬のテクニックの基本中の基本です。天下人・**織田《おだ》右大臣《うだいじん》兼《けん》右近衛大将《うこんえのたいしょう》平《たいらの》信長《のぶなが》**は、

「リーダーたる者は、ありきたりの手段を取らずに、組織のメンバーたちから予想されないのが、トップリーダーである」と本項フレーズで指摘しています。

ある時、信長が後継者である信忠《のぶただ》の人柄について家臣たちに尋ねました。するとある者が、「信忠様は器用な方」と答えると、誰もが同調したので、信長がその理由を重ねて尋ねます。

「信忠様が褒美を与えられる際、誰もが予想する通り、常に公平に相応になされますから」

との答えを聞いた信長は、見る見るうちに顔色を変えて落胆しながら、

「そんなことは器用とは言わない、器用というのは他人の思惑の逆をする者のことだ」

と述べてから、信忠には自分の後継者は到底務まることがないであろうと嘆息しました。

「誰もが刀を与えられるだろうという者には、小袖や馬を与えたり、そんなに報償が重くないと

中文 不为外物所动，不被下人轻视，才是真正的领袖。

思われる者に、たっぷり金子を与えたりする」

という「サプライズ」が出来る者こそが「国主」の資格、つまり大組織のトップリーダーになれる条件だと信長は説いています。

「敵が待ち構えている所にピッタリ兵を出したりせず、まさかここからは攻めて来ないだろうという所から攻めたりしなければ、戦には勝つことは出来ない」

と他人の思惑の逆を行く発想こそが、「リーダーたる者」の条件であるというのが、信長の信条でした。確かに、信長が日本全国で知られた「**桶狭間の戦い**」で功名を挙げたのは、まさにこの「サプライズ」力に「集中」と「スピード」の二つの要素が加わった成果でした。

人は誰しも何か事を起こす時、思案の末に躊躇するものです。あれやこれや損得を考えれば、足が止まるのも当然ですが、「リーダーたる者」は「気をてらう」ことを常に意識して、リーダーシップを発揮するところに成功と魅力を生み出すことが出来るのです。

——常《つね》に心掛《こころが》けている武辺《ぶへん》は、生《う》まれついての武辺《ぶへん》に勝《まさ》る。

と信長は表現しています。「武辺《ぶへん》」というと槍や剣術の稽古、現代でいえば筋トレに精を出すようなイメージが湧きますが、「常在戦場」の意識を持って組織のマネジメントに励む者は、自身の生まれや資格などによって担保されたマネジメント職にある者より、優れた成果を出すことが出来るということを指摘しているのでしょう。

▲織田信長の供養塔
（富山県高岡市・瑞龍寺）

英文 An effective leader is someone who can exceed the expectations of his staff members.

コラム③

織田家の人々①
信長の弟 ―織田上野介信包―

織田《おだ》信秀《のぶひで》の四男にして兄の信長と同母の弟である織田上野介信包《おだこうずけのすけのぶかね》（1543〜1614）は、甥の信雄《のぶかつ》や信孝《のぶたか》と違って「**本能寺の変**」の後、羽柴秀吉と対立することなく、早いうちからその傘下に加わっている。

秀吉が信長の小物だった頃から、信包とは決して悪い関係でなかったのか、そもそも信包は穏やかな人物であったのかも知れない。後に信包の娘が秀吉の側室に上がっていることも勘案すれば、秀吉から特別な配慮を得ていたことが想像される。

秀吉の筆頭側室である「淀の方」は、信包の妹である「お市の方」の長女であり、近江小谷城《おうみおだに》が落城した後は、母と娘三人は信包のもとに保護されたとも伝わる。「浅井三姉妹」の末娘のお江は、三度の結婚をしたことで知られるが、最初の夫である**佐《さ》治与九郎一成《じよくろうかずなり》**は、信包の妹である「お犬の方」の息子である。つまり、この従兄妹同士は、信包にとっては甥と姪であり、離縁した後の一成は、実は信包の家老として生涯を終えている。

「石庭」で有名な京都・龍安寺《りょうあんじ》は、室町幕府の管領・細川家の菩提寺として、細川勝元《ほそかわかつもと》によって建立されたものだ。現存している方丈《ほうじょう》は、慶長11（1606）年に娘の追善のために信包が建立した塔頭《たっちゅう》・西源《せいげん》院本堂《いんほんどう》で、確かに方丈の解説には信包が「龍安寺を再興して建立した」と書かれている。実は信包の妹である「お犬の方」は佐治信方《さじのぶかた》と死別した後、細川右京大夫信良《ほそかわうきょうたゆうのぶよし》（昭元《あきもと》）と再婚している。信良は細川勝元の直系の子孫だ。

方丈の西の竹藪の中にひっそりと、信包・信則《のぶのり》父子らと一族の五輪塔が佇んでいる。そこから少しばかり離れた墓地には、佐治一成の墓もある。一成はお江と離縁された後、信長の娘と再婚した。龍安寺が織田一族と密接な縁があることは、今日では忘れ去られている。

信包とその弟の長益《ながます》こと織田有楽斎《おだうらくさい》、そして甥である信雄《のぶかつ》は、秀吉の亡き後の大坂城に座す淀殿・秀頼母子を大坂城内で支えている。秀頼の父親が誰であろうとも、この母子は信包らにとっては間違いなく一族の血を引く者であった。

信包は**「大坂冬の陣」**の直前に、饅頭を食べて嘔吐して三の丸にある屋敷に帰ってにわかに亡くなった。片桐且元《かたぎりかつもと》や大野治長《おおのはるなが》に毒殺されたとも言われているが、没年が67歳とあることから、病死であったことも否定することは出来ない。ただ、3万600石を領する信包は、大坂城内の宿老では3万石の片桐且元を凌ぐ地位であり、目障りであったことも事実だ。

▲織田信包一族の墓（京都市右京区・龍安寺）

信包は姪のお江を通じて徳川家康とは縁戚であり、親しい付き合いがあった。家康の長女・亀姫と奥平信昌《おくだいらのぶまさ》の息子である松平下総守忠明《まつだいらしもふさのかみただあき》は、家康の一番上の男子の孫であり、家康は自らの養子にして可愛がっていた。**「大坂の陣」**後に忠明は、摂津《せっつ》大坂《おおさか》城10万石を与えられた。

3代将軍家光の時代に幕府大老に任ぜられた忠明の妻は、信包の三女・お市である。

▲松平忠明の供養塔
（和歌山県高野町・高野山奥之院）

コラム④

織田家の人々②
―織田岐阜宰相秀信―

僅か3歳の時に父と祖父を同時に失った三法師《さんぼうし》にとって、父のような存在は、左も右も分からぬ自分を政治利用して、天下人の地位を奪取した豊《とよ》臣秀吉《とみひでよし》ではなかったであろうか。

天正16（1588）年に9歳で元服した後の**織田《おだ》岐阜宰相秀信《ぎふさいしょうひでのぶ》**（1580～1605）は、従四位下侍従と任官し、更に朝鮮在陣中に病没した豊臣秀《とよとみひで》勝《かつ》の遺領である美濃岐阜《みのぎふ》城13万石を与えられて、従三位中納言《ちゅうなごん》に叙任した。この異例の優遇を受けた任官は信長の孫であることもさりながら、秀吉が可愛がっていた証拠であろう。秀信が物心ついた時から、秀吉に感謝することはあっても、恨むことは些かもなかったに違いない。

徳川家康の「**会津征伐**」に従軍するべく、秀信は岐阜城で自らの甲冑と煌びやかな軍装を整えるのに手間取っているうちに、石田三成が挙兵して真っ先に秀信へ使者を寄越して来た。美濃・尾張の二ヶ国の恩賞で誘われて応じた代償は大きく、家康に与《くみ》する福島正則《ふくしままさのり》・池田輝政《いけだてるまさ》らの先鋒軍によって、秀信は「**関ケ原の戦い**」前の血祭りに上げられる羽目に陥った。

岐阜城は輝政の居城であったことから、アッという間に攻略されてしまった。落城の際に秀信は、ギリギリまで自ら筆をとって、奮戦した家来たちに感状を書き続けたという逸話がある。家臣たちの再仕官先を心配したからだ。

秀信が助命されて出家と決まって城を出た時、正則らの将兵の中を歩いて行く様は、

――さすが信長の嫡孫。

と正則らが感嘆する程、堂々としたものであったという。

高野山へ追放処分となった秀信が、信長の「**高野《こうや》山《さん》攻め**」の怨みを忘れない僧侶たちからは歓迎されるはずもなく、程なくして高野山からも追放されて山麓の向副村《むかそい》（和歌山県橋本市向副）へ下山した。そこで病死したとも自害したとも言われている。未だ26歳であった。

向副村は高野山へ入山する前、秀信が待機・蟄

居させられていた場所らしく、その地の郷士の娘との間に秀信は子を儲け、子孫が現在まで伝わっている。秀信の墓が向副の地を通り抜ける国道371号線沿いの善福寺跡にある。村人が自然石を目印として、代々墓を守って来た。

秀信が住んだ向副村から高野山までの山道は、大きな岩石が剥き出した河原が続く中を透き通った水が流れる川に沿って、くねくねした国道371号という細い隘路、車でも1時間の距離を慎重に登らねばならない。そこを寒い風が吹き始めた秋であれば、一往復もしないうちに、青年・秀信の心が容易に折れたことは想像に難くない。

高野山に登ってから助命された者は少なくないが、ペドロという洗礼名を持つ熱心なキリシタンでもあった秀信にとっては、色々な意味で高野山には長居が出来なかったはずである。

▲織田秀信の墓
（和歌山県橋本市向副・善福寺跡）

▲岐阜城から見下ろす長良川
（岐阜県岐阜市・金華山）

17

与えられた命を全うする

人間《にんげん》は百歳《ひゃくさい》までは生《い》きぬぞ、いざ掛《か》かりて討死《うちじに》せよ

【中川 清秀 1542~1583】

一説によると、戦国時代の平均寿命は、武士が40歳、庶民が30歳くらいだったそうです。栄養事情が十分でなく医療が発達していない時代では、幼児の死亡率が高いことから、自然と平均寿命も短くなります。武士が庶民より長生きなのは、日常生活のレベルと質に恵まれていたこともあるでしょうが、戦場で死すべきことに価値を置いた人々は、病気で亡くなることを恥と考えたことから、名誉と価値ある死のために、よく生きる心掛けがあったからではないでしょうか。

長命な武将を『**名将言行録**』から拾えば、真田信之《さなだのぶゆき》の93歳、85歳の島津義弘《しまづよしひろ》、84歳の尼子常久《あまごつねひさ》、84歳の宇喜多秀家《うきたひでいえ》、83歳の細川忠興《ほそかわただおき》、81歳の鍋島直茂《なべしまなおしげ》に続いて79歳の本多正信《ほんだまさのぶ》、78歳の島津義久《しまづよしひさ》らがいて、75歳で亡くなった毛利元就《もうりもとなり》、徳川家康《とくがわいえやす》、藤堂高虎《とうどうたかとら》がいます。しかしながら、多くの武将は50歳に満たず亡くなっています。

足利義輝《あしかがよしてる》の奉公衆だった和田惟政《わだこれまさ》は、三好三人衆《みよしさんにんしゅう》によって義輝が暗殺された後、その弟で仏門に入っていて覚慶《かくけい》と名乗っていた足利義昭《あしかがよしあき》とその側近の細川藤孝《ほそかわふじたか》らを救い出し、織田信長に従います。やがて信長の支援によって義昭が室町幕府15代将軍となるや、惟政も信長によって摂津《せっつ》高《たか》槻《つき》城を与えられます。

中文 人的寿命不会活到100岁，就让我们在这里出征，潇洒地死去吧。

摂津の守護には「国人《こくじん》」の池田勝正《いけだかつまさ》と伊丹親興《いたみちかおき》に加えて、惟政の3人が任ぜられます。勝正が亡くなって息子の池田知正《いけだともまさ》が当主となると、信長に反旗を翻し、その矛先が摂津の「国人《こくじん》」出身では無い惟政に向かいます。池田の重臣である荒木村重と**中川《なかがわ》瀬兵衛《せいべえ》尉《のじょう》清秀《きよひで》**は、元亀2（1571）年、現在の大阪府茨木市で茨木川を挟んだ白井河原《しらいかわら》で惟政と対陣します。惟政の兵が少ないのを見た村重は、別動隊の伏兵を恐れます。その時に清秀は、

「惟政は勇将なので、伏兵など置かないでしょう」

と言って直ちに攻撃を進言します。同意をした村重は一計を案じて、故意に敗走して精強な惟政の軍を味方深くに誘い出します。その横っ腹を目掛けて清秀が大音声で本項フレーズを叫んで、鬨《とき》の声を上げさせて全軍で突撃し、大激戦の末に清秀自らが惟政を討ち果たして大勝利を得ました。信長は新たに摂津の国主に村重を任じ、茨木《いばらき》城主に清秀を取り立てました。

天正6（1578）年、今度はその村重が信長に背きます。清秀は信長の恩は大きいとして村重を諫めて翻意を促しますが、村重は摂津有岡《せっつありおか》城に籠り、清秀と袂を分かちました。

▲中川清秀の墓
（大阪府茨木市・梅林寺）

村重が滅んだ後、清秀は従弟の高山右近《たかやまうこん》と共に**「本能寺の変」**後の**「山崎の戦い」**で活躍し、翌年の**「賤ケ《しずが》岳《たけ》の戦い」**では大岩山《おおいわやま》砦を守り、佐久間盛政《さくまもりまさ》に攻撃されても一歩も引かず見事に戦死しました。100歳の半分にも満たない享年42でしたが、清秀は戦国時代の平均寿命を少しばかり超え、尚且つ名誉ある武士としての死を全うしたのでした。

英文 Humans are not meant to live up until 100 years old, so let's go on a sortie, and die gracefully.

18

抗わないという生き方

由来《ゆらい》、運《うん》は天《てん》にあり

【荒木 村重 1535~1586】

明智光秀《あけちみつひで》が「**本能寺の変**」で見事に織田信長《おだのぶなが》を討ち果たすのに成功を収めたのは、信長に「主君殺し」の大悪人と名指しされた松永弾正久秀《まつながだんじょうひさひで》、信長が剣先に突き刺した饅頭を大きな口を開けて一口で食べた**荒木摂津守村重**《あらきせっつのかみむらしげ》の失敗から多くのことを学んで決行したからでしょう。決して絶妙なタイミングと偶然の巡り合わせが重なったのではありません。

この3人には共通点があります。正確な素性が不明ながらも京都での暮らしで磨いた洗練された教養と智略があり、武将としても行政官としてもマネジメント力が高く、まさに「文武両道」のリーダーたる者であったことです。「使える者は身分や来歴にかかわらず、誰だって何だって使う」という合理的な発想の信長が好む人物像というものが、この3人に凝縮されています。

村重は天正６（１５７８）年に突然、信長に対して反旗を翻して摂津有岡城《せっつありおか》に籠城します。前年に大和信貴山城《やまとしぎさん》に籠城して自害した久秀と似ていますが、村重は1年に及ぶ籠城戦に耐え、密かに単身で約10キロ南の摂津尼崎城《せっつあまがさき》へ抜け出し、結果として命を永らえているところです。

逃亡したのか、援軍を求めに行ったのか、脱出した目的は今日でも議論されていますが、主人を失って落城した有岡城にいた家臣の妻子１２２人、村重の美貌の妻・だし、一族と重臣の家族

中文 本来，命运就掌握在上天手中。

36人もことごとく処刑された事実は動かし難く、この点をもって村重の武将としての評価はゼロとされています。しかしながら『**名将言行録**』に収録されている通り、村重は武将としては、極めて優れた資質を備えていたことが、しっかりと記されています。

摂津一国を与えた太っ腹の信長に対して、村重が反逆した理由には様々な説がありますが、信長傘下の村重の旧敵、また妬みや嫉みに溢《あふ》れる譜代家臣たちからの讒言《ざんげん》があり、それを信じた信長に誅殺される前に立ち上がったというのが、大きな理由の一つとされています。

実際に村重への嫌疑は全て讒言であるとして、村重が信長から茨木城主に任ぜられた天正元（1573）年頃から深い交友関係を結んでいた羽柴秀吉は、信長の許しを得て自ら有岡城へ赴いて、村重に信長に詫びを入れて帰参するように説得を試みています。この時「秀吉を血祭りに上げて信長との決別の証としましょう」と村重の重臣の一人が勧めますが村重は、

「秀吉は自分の心を知る者だから、義理は欠けない。窮鳥《きゅうちょう》も懐に入れば殺さないのは人の心で、ましてや朋友のために死を賭して説得に来た者を殺すとは、禽獣以下の行為だ。秀吉を殺しても負けるべき軍が勝つ訳でもなく、生かして帰しても勝つべき軍が負ける訳でもない」

▲伝・荒木村重の供養塔
（兵庫県伊丹市・荒村寺）

と合理的に説いてから、本項フレーズで秀吉暗殺を勧める重臣を諭しました。この時の村重の対応を忘れなかった秀吉は、「**本能寺の変**」後に亡命先の尾道《おのみち》から堺に戻って来ていた村重を自らの「お伽衆《とぎしゅう》」というアドバイザー職に迎え入れて、その恩義を返しています。

英文 Luck lies in heaven in the first place.

コラム⑤

荒木村重の美しい妻・だし

織田信長は荒木村重《あらきむらしげ》を年齢も近く、同じタイプの人間ということで、大変に信頼をしていた節がある。その分、裏切られた怒りは何倍にもなり、村重がいなくなった後に落城した有岡城の残った家臣の妻や子122人を天正7（1579）年12月13日、村重の籠る尼崎城から見える七松《ななまつ》で、柱に磔にして処刑している。その後に4軒の農家に男性124人、女性388人を押し込んで、枯草を積んで家ごと火をつけて焼き殺した。『信長公記』や『フロイス日本史』には、魚の群れが上下に飛び跳ねるようにして、悲痛な叫び声が煙と共に天高く木霊《こだま》したと記されている。

更にその3日後には、信長は甥の津田信澄《つだのぶずみ》に命じて、京都に護送された村重の一族と重臣の家族36人も京の六条河原で斬首している。

だし（1558?～1580）と呼ばれた村重の美しい妻のことが、描写されている。村重の側室で「今楊貴妃《いまようきひ》」と評される程の美女で、『信長公記』にも明確に「美人」と記されている。処刑された時に「だし」は、21歳とも24歳とも言われている。

実は「だし」というのは名前ではなく、有岡城の「出《だ》し」、即ち出城または「出丸（でまる、またはだしまる）」に居住していたことから呼ばれた尊称で、本名は「ちよほ」といった。石山本願寺に所縁ある武士の娘で、いくつもの和歌が残されていることから、しっかりと教育を受けた女性であった。

信長が石山本願寺との10年以上に及ぶ戦争状態の中、村重が信長を裏切りに至ったのは、この「だし」を始めとする石山本願寺の信徒たちが一族や家臣に多くいたことも、村重に苦渋の決断をさせたに違いない。

「だし」の最期について詳しく記述が残っている。華やかな小袖で美しく着飾った状態で大八車に縛り付けられて、押し込められていた妙顕寺の牢から市中を引きまわされて、六条河原に着いて大八車を降りるや「だし」は着物の帯を締めなおし、髪を高く結い直して小袖の襟を自ら後ろに引いて、首を差し出して斬首されたという。その艶やかさは多くの人々の目に焼き付いたことから、しっかりと記録がなされたのであろう。

実は「だし」は幼子を乳母の懐に抱かせて秘かに脱出させたらしく、その辞世の句は現代語訳に直さずとも、その心残りが伝わってくる。

——消える身《み》は　惜《お》しむべきにも　なきものを
母《はは》の想《おも》いぞ　障《さわ》りとはなる

——残《のこ》しおく　そのみどり子《ご》の　心《こころ》こそ
思《おも》いやられて　悲《かな》しかりけり

という歌が伝えられている。またJR伊丹駅前にある有岡城本丸跡には「だし」と村重の歌碑が建てられている。村重に対して「だし」は、

——霜《しも》がれに　残《のこ》りて我《われ》は　八重《やえ》むぐら
難波《なにわ》の浦《うら》の底《そこ》のみくずに

（霜にあたって枯れたヤエムグラのようになった私も、大坂湾の底の藻屑になるだけ）

▲有岡城勤めの女性スタッフたちの慰霊碑
（兵庫県伊丹市・荒村寺）

▲処刑された630余人の慰霊碑
（兵庫県尼崎市・七松八幡神社境内）

という歌を処刑される前に送っている。「だし」に果たして届いたのかは不明だが、

――思《おも》いきや　あまのかけ橋《ばし》　ふみならし
難波《なにわ》の花《はな》も　夢《ゆめ》ならんとは

(天の懸け橋を踏み鳴らすように奮闘したが、大坂での栄華も儚《はかな》い夢となった)

という村重の返歌が残されている。潔く命を捨てる覚悟の「だし」を失う村重の無念さが窺い知れるが、星降る夜空を眺めながら、「だし」と村重が夢を語り合ったことがあったのであろうか。

現代における信長人気は大変に高く、神の如くスーパーヒーローの様相を呈しているが、実は極めて過酷で残忍な面が見逃されがちであり、また人間的欠陥が矮小化されている傾向がある。

実際のところ、反逆抵抗した者への信長の仕打ちは極めて苛烈だ。元亀2(1571)年の「**比叡《ひえい》山《ざん》の焼討ち**」は特に有名だが、浅井《あざい》・朝倉《あさくら》サイドに肩入れをしないように警告したにもかかわらず裏切ったことに対しての信長の怒りは凄まじく、比叡山の僧侶だけでなく、そこに籠る老若男女を皆殺しにしている。

▲「だし」と「村重」の歌碑(有岡城跡内)

信長のサディスティックな性格に起因する殺戮は、天正2（1574）年の**「伊《い》勢《せ》長《なが》島《しま》の一向一揆《いっこういっき》」**において、一揆勢が籠る城を大軍で包囲して火攻めにして、城ごと焼き払って皆殺しにしていることでも知られる。その総数は2万人を超えた人々が、一夜にして犠牲となったという。つまり、その延長線上に「だし」たちの悲劇があったのである。信長の天才は狂気に裏打ちされたものであった。

▲尼崎城（現在の復興天守）

▲花隈城跡（兵庫県神戸市）

▲有岡城跡（兵庫県伊丹市）

19

節義のために死ぬということ

勢《いきおい》尽《つ》き運《うん》尽《つ》きぬるを見て、志《こころざし》を変《へん》ずるは弓箭《きゅうせん》を執《と》る身《み》の恥辱《ちじょく》にて、人《ひと》に指弾《しだん》せらるべし

【高橋　鎮種　1548～1586】

『**名将言行録**』の中でいぶし銀のようにひと際《きわ》光るのは、「**高橋鎮種**《たかはししげたね》**の条**」です。「武士の中の武士」として、著者の岡谷繁実《おかのやしげざね》の肉筆が格段に輝いています。

紹運《じょううん》は九州の名門大名・大友義鑑《おおともよしあき》の娘と、その重臣である吉弘鑑理《よしひろあきまさ》の間に次男として生まれ、13歳で元服して吉弘鎮理《よしひろしげまさ》と名乗り初陣を果たします。高橋鑑種《たかはしあきたね》が大友氏に謀反を起こした際、父兄と共に出陣した紹運は活躍し、主君にして伯父にあたる大友宗麟《おおともそうりん》討伐から、討伐した高橋氏の大宰府《だざいふ》近郊の領地と名跡《みょうせき》を与えられて、その名を**高橋主膳正鎮種**《たかはししゅぜんのかみしげたね》と改めます。

天正6（1578）年、大友宗麟は「**耳川**《みみかわ》**の戦い**」で島津に大敗北を喫して、兄や義兄も含めて大友氏の有力な家臣たちが戦死してしまいます。この戦いでは本拠地の留守居役であった鎮種は、供養のためか、それとも虚しさから達観したのか、31歳にして剃髪して法号を**紹運**《じょううん》とします。

天正9（1581）年、大友氏の筆頭重臣である立花道雪《たちばなどうせつ》から度重なる要請を受けて、紹運は長男を婿養子に差し出します。後の立花宗茂《たちばなむねしげ》です。道雪と共に紹運は主君である大友宗麟に忠義を尽くして転戦しますが、天正13（1585）年にその道雪が病没します。その翌年、九州統一

中文 见势头已尽，运气已尽，就改变志向的人，作为领袖是可耻的，会被他人指责。

を目指す島津氏が、5万の兵で大友領に侵攻して大宰府に迫ります。

当初、宗茂は父の紹運に大宰府から退却して共に立花山城で戦おうと誘いますが、大将たちが一ヶ所に籠るのは上策ではないと拒否して、紹運は息子の宗茂に次のように諭します。

——節《せつ》を守《まも》り義《ぎ》に死《し》するは勇士《ゆうし》の本意《ほんい》なり。時《とき》を知《し》り運《うん》を計《はか》るは智者《ちしゃ》の慮《おもんぱか》りにあらずや。

僅か800の兵と共に大宰府の岩屋《いわや》城へ立て籠もる紹運の的確な指揮のもと、島津軍を相手に半月にわたって抵抗します。被害を重ねる島津軍は、遂に紹運に対して降参を勧める使者を送ります。自らを囮《おとり》にして、豊臣秀吉の援軍が到着するまでの時間を稼ぐのが目的であった紹運は、櫓の上から、

「栄枯盛衰は時の運であり、日向で敗戦以来、裏切者を多く出し、現在のような事態を迎えた」

と大音声で述べてから、紹運は本項フレーズで**「自分は大恩を忘れて裏切ることはない」**と敵味方を前にして言い放ち、島津からの降伏勧告を拒否して抵抗を続けます。攻撃側の島津は4000人近い将兵を失うという多大な損害を出して、遂に城は陥落して紹運は自害します。この時、名のある武士763名も一人の裏切者も出さず、ことごとく討死しました。

▲高橋鎮種の墓
（福岡県太宰府市・岩屋城二の丸跡）

紹運が籠城して時間稼ぎをした半月は、九州の運命を大きく変えました。豊臣秀長が率いる大軍が九州へ上陸し、大友宗麟は滅亡を逃れ、島津氏による九州統一の野望は潰えました。

紹運の死に様は、まさに天晴れ見事な潔い日本武士の鑑《かがみ》です。その爽やかなる武名は、ルイス・フロイスによって「希代の名将」として遠くローマ法皇庁まで報告されたそうです。

英文 Those who change their will after seeing their momentum and luck running out are a disgrace as a leader and will be criticised by others.

20

不敗神話をつくる者

勝《か》った、勝《か》った

【北条 綱成　1515~1587】

北条早雲《ほうじょうそううん》の甥にあたる今川氏親《いまがわうじちか》に仕えた福島《くしま》上総介《かずさのすけ》正成《まさしげ》（姓は「くしま」と伝わる）が戦死した時、幼い息子が残されました。詳しい経緯は不明ですが、その少年は相模《さがみ》小田原《おだわら》城主・北条氏綱《ほうじょううじつな》の庇護を受け、氏綱に大変に気に入られたことから、元服時に「北条」姓と共に「綱」の偏諱《へんき》を受けて氏綱の娘婿となり、**北条《ほうじょう》左衛門大夫《さえもんだゆう》綱成《つなしげ》**と名乗りました。

綱成は氏綱の期待に応えて勇敢な武将となり、要所の一つ相模玉縄《さがみたまなわ》城を任されます。また、綱成と同年にして義兄の北条氏康《ほうじょううじやす》からも、綱成は一門衆《いちもんしゅう》として絶大な信頼を受けます。

この綱成の一世一代の見せ場は、天文15（1546）年に起きた**「河越夜戦《かわごえやせん》」**の際、古河公方《こがくぼう》・足利晴氏《あしかがはるうじ》と関東管領《かんとうかんれい》・上杉憲政《うえすぎのりまさ》の連合軍8万が二重三重に武蔵河越《むさしかわごえ》城を包囲した時です。この時に綱成は、僅か3000の兵で半年余りの籠城戦を耐え抜きます。ようやく8000の兵を率いて援軍に来た氏康に呼応して綱成は、

——寡《か》をもって衆《しゅう》を制《せい》する。

と少数で夜間に奇襲攻撃を行って、10倍の敵に対して逆転大勝利の大功を挙げました。

綱成は享禄3（1530）から天正15（1587）年までの58年間、氏綱、氏康、氏政の後北

中文 我们赢了，赢了。

条氏3代に仕え、大きな戦に36度にわたって挑み、いつも戦場では大将であるにもかかわらず、呪文のように本項フレーズを唱え叫びながら、先陣を切って突撃し敵を粉砕して、決して負けることがありませんでした。

綱成に先だって亡くなった嫡男・氏繁《うじしげ》の息子である氏勝《うじかつ》は、後に徳川家康に仕えて下総岩富藩《しもうさいわとみ》1万石を与えられます。氏勝が亡くなった時、家臣たちが氏勝の弟である繁広《しげひろ》を追い出し、徳川家康の異母妹と保科正直《ほしなまさなお》との間に生まれた保科久太郎《ほしなきゅうたろう》を養子に迎え、**北条《ほうじょう》出羽守《でわのかみ》氏重《うじしげ》**と名乗らせて相続させます。勿論、幕府も早々にすんなりと認めたことから、繁広が家康に訴え出ましたが、その繁広は駿府滞在中に37歳で頓死してしまいました。

▲北条綱成一族の供養塔（神奈川県鎌倉市・龍寳寺）

家康は後ろめたいことがあったのか、繁広の4歳の遺児を召し出して500俵を与え、旗本に取り立てます。この遺児は曽祖父に綱成と氏康を持つだけあり、俊敏にして頭脳明晰、弁舌にも長じ、学問も好み兵書の研究に努めて諸大名の多くを弟子にし、北条流兵法を創始した北条《ほうじょう》安房守《あわのかみ》氏長《うじなが》です。

家康の甥であることで北条氏の養子に収まった氏重は、遠江《とおとうみ》掛川藩《かけがわ》3万石を領しましたが、5人の子供に恵まれたものの、全て女子であったため、氏重の死後に綱成の子孫は大名から改易となってしまいました。

因みに氏重の娘の一人が旗本の大岡忠高《おおおかただたか》に嫁ぎ、あの名奉行・大岡越前守忠相《おおおかえちぜんのかみただすけ》の母となりました。

英文 We are winning, winning !

21

人間を磨くチャンスを持て

此《こ》の人《ひと》を友《とも》とせば、如何《いか》ばかりか嬉《うれ》しからんに惜《お》しきことよ

【島津 家久　1547〜1587】

19項の高橋紹雲《たかはしじょううん》が自害を遂げた際、その着用していた鎧胴部の右脇の隙間に「島津中務殿《しまづなかつかさどの》」と書かれた手紙が挟まっていました。三度にわたる降伏勧告に対して、武士の義のために受け入れざることを詫びて謝する内容と共に、主人の大友宗麟《おおともそうりん》への手紙も託されていました。これを読んだ**島津《しまづ》中務大輔《なかつかさのたいふ》家久《いえひさ》**は「**類稀なる勇将を殺してしまった**」と言って本項フレーズで、武士というものは恨めしく空しいものだと嘆いて、手厚い葬儀を行いました。

薩摩の国主・島津義久《しまづよしひさ》の末弟である家久は、若い頃から軍略に長けて武功を重ねます。天正3（1575）年、島津氏が薩摩と大隅《おおすみ》の平定を感謝するために伊勢神宮へ派遣された家久は、『**中《なか》書《しょ》家久《いえひさ》公《こう》御《ご》上京《じょうきょう》日記《にっき》**』と後に名付けられる5ヶ月に及ぶ旅日記を残しています。

その旅で家久は50日近く京都に滞在している中、織田信長が大坂の「**石山本願寺攻め**」から京へ凱旋する行列の中で、馬上で居眠りする信長の姿を見たり、当時著名な連歌師《れんがし》であった紹巴《しょうは》の紹介で、公家や寺社を精力的に訪問したりしています。

現在の観光客と同じように家久は、清水寺《きよみずでら》、等持院《とうじいん》、東福寺《とうふくじ》、三十三間堂《さんじゅうさんげんどう》、北野天満宮《きたのてんまんぐう》、鹿苑《ろくおん》

中文 如果能与这个人成为朋友，该有多么高兴啊，太可惜了。

寺《じ》、平等院《びょうどういん》ばかりか、賀茂祭《かもまつり》まで見学しています。奈良にも足を延ばして、東大寺大仏殿《とうだいじだいぶつでん》、春日《かすが》大社《たいしゃ》を回り、松永久秀《まつながひさひで》が日本で初めて天守閣を築いたという大和《やまと》多聞《たもん》城も見学しています。

特筆すべきは、紹巴の案内で近江へ向かう志賀《しが》越えの途中、明智光秀自らが3人の供を連れて迎えに出て、坂本城下で光秀から家久が接待を受けていることです。着物まで贈答されたことなど、詳しく記されています。家久にとって忘れがたい旅の思い出となったようです。

家久は九州における戦国時代の重要な合戦である**「沖田畷《おきたなわて》の戦い」**で、肥前《ひぜん》の龍造寺隆信《りゅうぞうじたかのぶ》を討ち取り、**「戸次川《へつぎがわ》の戦い」**では豊臣秀吉の遠征軍先鋒6000人の大将である仙谷秀久《せんごくひでひさ》と副将である長曾我部元親《ちょうそかべもとちか》を蹴散らして、元親の嫡男・信親《のぶちか》と同じく先鋒軍の副将である十河存保《そごうまさやす》を含めて豊臣軍4000人を討ち取る大勝利を島津にもたらしました。

しかしながら、豊臣秀長が10万の大軍で九州に上陸して**「根城坂《ねじろざか》の戦い」**で島津軍は粉砕され、その勢いで日向佐土原《ひゅうがさどわら》城で囲まれます。藤堂高虎《とうどうたかとら》からの和睦の勧めに応じて、家久も遂に開城して降りました。小早川隆景《こばやかわたかかげ》に伴われて秀長の陣所へ挨拶に訪れた家久は、秀長に茶室でもてなされて帰還してから、間もなくして41歳という働き盛りで亡くなります。

▲島津家久の墓
（鹿児島県日置市・梅天寺跡）

病死とされていますが、それが持病の悪化によるものなのか、戦傷によるものなのか、その真相は藪の中ですが、『**名将言行録**』には講和に際して豊臣に害ありと判断した秀長による毒殺であると記されています。家久の死は、終生忘れることがなかった5ヶ月に及ぶ上方への旅から帰国して、12年後のことでした。

英文 It's a shame how delighted I would have been if I had this person as a friend.

コラム⑥ 島津の家に生まれし武士《もののふ》・島津 豊久

父である島津家久《しまづいえひさ》の受領名《ずりょうめい》だけでなく、その勇猛さも十分に受け継いだ**島津中務大輔豊久**《しまづなかつかさたいふとよひさ》（1570～1600）は、伯父の島津義弘《しまづよしひろ》を「**関ケ原**」の戦場から薩摩《さつま》に生還させた最大の功労者として知られている。

18歳の時に父を亡くした豊久は、伯父の義弘の実子同様に育てられた。「**朝鮮出兵**」では義弘に従って渡海し、6年にも及び朝鮮で在陣して大いに活躍した。

豊久は「**関ケ原**」の際には、伏見から薩摩へ帰国する寸前、義弘に呼び止められて従軍することになった。行き掛りで石田三成に与《くみ》しての参戦であり、率いる将兵の数も多くなかった。「**朝鮮の役**」では明・朝鮮軍から「**石蔓子**《シーマンツー》」と恐れられた精鋭だけあり、百戦錬磨で士気も高かった。しかしながら、三成側の敗戦が濃厚となった時、迷わずに豊久は、**「島津の家は義弘公にかかっている。生きて帰ってもらわないといけない」**と渋る伯父を急き立てて、後に「**島津の退**《の》**き口**」と驚きと共に賞賛された前方の敵中を突破して伊勢街道方面に逃げるという大胆不敵な方策を用いた。自らが伯父の身代わりとなって重傷を負いながらも「**関ケ原**」の決戦場から10キロ先の地点まで逃れて絶命した。豊久は地元の人々に荼毘にふされ、瑠璃光寺《るりこうじ》に埋葬された。

豊久は『**名将言行録**』に収録されても全く遜色のない名将だが、二人の伯父と父という大物を前にして、頁を譲らざるを得なかったのであろう。しかしながら、豊久の逸話が伯父や父の条に記されている。『**島津義久**《しまづよしひさ》**の条**《じょう》』の中では、島津と大友の間の「**高城城**《たかしろじょう》**の戦い**」の際、後方で総大将としてドッシリと構えて弟たちや重臣たちを巧みに差配した手法について、徳川家康がその秘訣を知ろうとして、本多忠勝《ほんだただかつ》と共に豊久を招いた。話を聞き終えた家康は、

——島津義久は兼《か》ねて聞《き》きしより、功者《こうしゃ》なる大《たい》将《しょう》なり。

と感想を述べたものの、豊久の薩摩訛りがきつ過ぎて、肝腎なことが聞き取れずに残念がったと

いう話が記されている。

また、父の『**島津家久の条**』にある豊久に武士の覚悟を伝える話は、まさに秀逸である。

豊久が15歳の時に「**沖田畷《おきたなわて》の戦い**」で初陣するにあたり、豊久の大変に凛々しい若武者ぶりに父の家久も目を細めて喜びながらも、鎧を装着する上帯を見咎めると、それを結び直して、脇差で結び目の端を切り落とすや豊久に対して、

「もし敵に勝って討死にしなければ、この帯を解いてやろう。もし戦場で屍を晒すことになったら、切った上帯を見た敵は『**さすが島津の家に生まれし者**』と思うはずだ」

と言って出陣した。大勝して帰還した際、家久は息子の豊久の上帯を解きながら大いに褒めたという。この時に父の薫陶を受けた豊久は、優れた名将の一人となったのである。

▲島津豊久の墓（鹿児島県日置市・天昌寺跡）

▲島津豊久の終焉地（岐阜県大垣市・瑠璃光寺）

22

如何に死と向き合うか

皆人《みなひと》は 渡《わた》り果《は》てたる 世《よ》の中《なか》に 我身《わがみ》などもとのまま織橋《おりはし》

【吉川 元長 1548~1587】

21項の島津家久《しまづいえひさ》と邂逅《かいこう》することがあれば、互いに意気投合して親友や義兄弟となったのではないかと想像が膨らむのは、**吉川《きっかわ》治部少輔《じぶしょうゆう》元長《もとなが》**です。共に勇猛果敢な優れた名将であり、トップの一族として組織を支える立場にもあり、1歳違いのほぼ同級生であったからです。

また偶然にも亡くなった日が、共に天正15年6月5日、太陽暦で1587年7月10日です。家久が日向《ひゅうが》佐土原《さどわら》城内で、元長は日向《ひゅうが》都於郡《とのこおり》城で在陣中でした。共に敵対する陣中にありましたが、武将としてこれからという時の急逝でした。

「本能寺の変」の報に接した羽柴秀吉が、毛利を胡麻化して上方へ戻ろうとした際、和睦の盟約の墨が乾かないにもかかわらず「秀吉追撃」を主張して小早川隆景《こばやかわたかかげ》に諭されたのが、この元長でした。後に秀吉の出世物語の端緒となった**「中国大返し」**について、元長は承服し難く、父の元春共々、秀吉に出仕することを拒み続けました。

「雌雄を決する大決戦なしに簡単に和睦には応じられない」という武将としての強い矜持の持主である元春には、忸怩《じくじ》たる思いがあったのでしょう。秀吉は、

「元長の眼光は下手すれば、この秀吉さえ失態すれば容赦せんといった有様で、特に悪いことを

中文 人人都会渡过这个世界的桥梁而去，但我还留在桥的这一边。

していないつもりだが、何だか見張られているようで、心が休まらない」

と元長が秀吉を睥睨《へいげい》するかのような有様についてこぼしています。気合の入った警察官や入国管理官のような眼差しだったのでしょうか。また一方で秀吉は、

「毛利元就が息子の元春と隆景を先鋒としたように、ワシにも元長と広家のような息子がおれば、二人を先鋒にして出陣させれば、座して天下を統一できたであろう」

と元長とその弟の広家の力量を高く評価してもいます。

豪傑なる武将であるが故の潔さからか、元長は達観したのも早く、30歳代にして出家して隠棲することを望んでいました。白髭を生やして隠居した僧侶姿の自分の絵を描かせている程です。その心情が僅かながらも偲ばれるのが、本項フレーズとなっている和歌です。

「知人が皆あの世へ渡ってしまう世の中に、自分は未だ変わらずに橋の手前に何故いるのか」

と自らを嘆いています。また、武門の家に生まれて弓を引いて戦っているが、心のままに従って射とめたいのは、黒染《くろそめ》の袖《そで》（僧侶の着る服）であるという思いを込めて、

——**梓弓《あずさゆみ》　引《ひ》かれけるほどや　心《こころ》にも　任《まか》せ果《は》てなば**
黒染《くろそめ》の袖《そで》

とも元長は詠んでいます。本項フレーズとした和歌と共にこの二首が『名将言行録』に収録されています。「リーダーたる者」には、偏に「死生観」が大切であることを教えてくれる一句です。

▲吉川元長の墓
（広島県北広島町・海応寺跡）

英文 Everyone crosses a bridge from this world and is gone, but I am still standing just before the bridge.

23

決死の覚悟で挑め

我《われ》、死《し》なば必《かなら》ず勝《か》つべし

【稲葉 貞通　1515~1589】

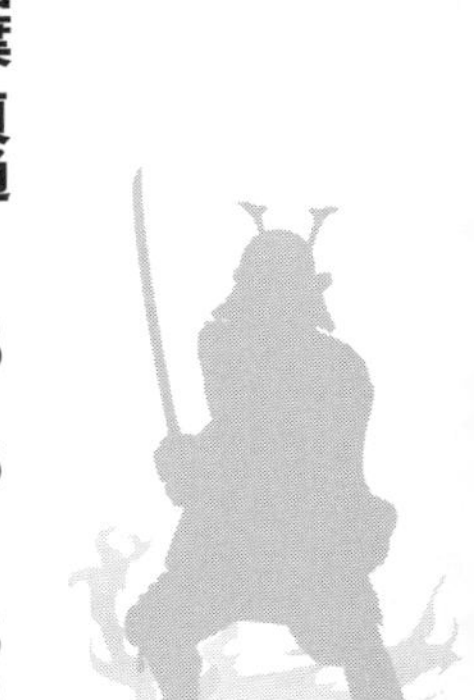

一度決めたら、他人の意見や忠告に一切の耳を貸さず、自分の考えや姿勢を絶対に変えない人を「**頑固一徹**《がんこいってつ》」と呼びますが、この「一徹」は**稲葉伊予守貞通**《いなばいよのかみさだみち》の法名《ほうみょう》に由来しています。

貞通は信長から偏諱《へんき》を賜って「長通《ながみち》」と改め、更に「良通《よしみち》」と名乗りを変えます。後に豊後《ぶんご》臼杵《うすき》藩の初代藩主となった次男の名が「貞通」であるため、混乱を避けて「良通」の名のほうで知られています。

美濃守護の土岐氏に仕えた一徹の父と5人の兄たちは、大永5（1525）年に近江の浅井《あざい》亮《すけ》政《まさ》と戦って討死してしまい、一人残された10歳の一徹が稲葉家を継ぎます。

やがて土岐氏から美濃守護を簒奪した斎藤道三《さいとうどうさん》の下で、一徹は西美濃三人衆の一人として活躍し、道三の息子の義龍《よしたつ》、その子の龍興《たつおき》に仕えます。しかしながら、組織のトップとして器量に欠ける龍興を他の重臣たちと共に見限った一徹は、永禄10（1567）年に織田信長に従います。美濃武士たちの取りまとめ役の一徹は、信長の数々の戦に出陣します。更に「**本能寺の変**」後は、羽柴秀吉に従って美濃の所領を安堵されます。

その一徹が人生最後の出陣となったのが、秀吉が徳川家康と争った「**小牧**《こまき》**・長久手**《ながくて》**の戦い**」です。

中文 我就算死也一定会赢。

天正12（1584）年のことで、一徹は既に69歳になっていました。

10万の大軍を率いる秀吉は、2万の別動隊を甥の羽柴秀次《はしばひでつぐ》に率いさせて家康の背後を遊撃させようとしますが、その失敗の知らせに激怒した秀吉は一気に進軍しようとします。

「既に日が暮れている中、軍を進めれば思わぬ大敗を喫しましょう。明日を待って雌雄を決すべきです。申の刻（午後3時〜5時）を過ぎてから城を攻めないのは古来からの軍法」

と興奮する秀吉を見事に諫《いさ》めた一徹に対して、諸将は次のように感嘆しました。

――稲葉《いなば》はさすが老武者《ろうむしゃ》、その諫言《かんげん》は理《り》にかなっている。

やがて池田恒興《いけだつねおき》、森長可《もりながよし》の戦死の知らせに、諸将は意気消沈して戦意を失ってしまいます。

「ワシは年老いた。もし敵と戦って死せずとも、先は長くないだろう」

と一徹は述べてから、それならばここで死ぬ覚悟で戦ってくれようと本項フレーズで檄を飛ばします。将兵たちの士気は大いに高まったことは言うまでもありません。現代で70歳は老いても未だ盛んですが、戦国時代でこの気概です。決戦の真っ只中でのこの一言は、単に年齢を重ねて生き永らえた者の言葉ではなく、まさに決死の覚悟でこれまでの多くの修羅場を勝ち抜いて来た**「頑固一徹《がんこいってつ》」**で、ブレずに己の信念を守って生きた「リーダーたる者」の説得力のある言葉だけに、一徹としては面目躍如の瞬間であったことでしょう。

この戦いの翌年に秀吉は、自らが関白の座に就くと、一徹に出家者にとっての最高の称号と官位を与えて**「三《さん》位法印《みほういん》」**と呼んで一目を置いたそうです。

▲稲葉一徹の墓
（岐阜県揖斐川町・月桂院）

英文 I will certainly win even if I die.

24

リーダーの理想形とは

人《ひと》、称《しょう》して長者《ちょうじゃ》という

【大須賀 康高 1527〜1589】

天正2（1574）年3月に織田信長《おだのぶなが》が諸将の将兵も含めて、武功ランキングを作成したことがあります。徳川家康の組織からは、**大須賀《おおすが》五郎左衛門《ごろうざえもん》尉康高《やすたか》**ら14人が選ばれ、更に康高に属する6人までがランキング入りしています。

康高の人財育成の秘訣は、常に気配りを怠らず、自分が功績を挙げることを優先せず、率先垂範で敵陣に駆け込みながら従う将兵たちを一生懸命に激励し、配下の者たちの手柄になるように心掛けたことだそうです。本項フレーズは、そんな康高についての人物評です。

「長者」という単語は、昔話の金持ちの老人や徳の高い身分の人を指すだけの言葉のように思われますが、戦国時代では氏族の長や一門の統率者のことを意味しました。つまり、優れたリーダーの見本、「リーダーたる者」に対しての尊敬を込めての呼び名でした。

武功ランキングが発表された翌々月、甲斐の武田勝頼《たけだかつより》が2万5000の兵を率いて、遠江《とおとうみ》東部の徳川氏の最前線である高天神《たかてんじん》城を囲みました。当時の家康の動員兵力は1万しかなく、家康は直ちに信長に救援を要請しました。康高ら城兵は60日間の籠城に耐えましたが、ついぞ援軍は到着せず、城将の小笠原氏助《おがさわらうじすけ》は勝頼に降伏することを決断します。

中文 谁都称他为成功者。

勝頼は寛大にも降伏した将兵の誰一人も処刑せず、武田に加わりたい者／徳川に帰りたい者のどちらかを選択させ、氏助は武田の家臣となり、康高は徳川へ帰参しました。家康は高天神城に備えるため、10キロ離れた地に築城を康高に命じます。これが遠江《とおとうみ》横須賀《よこすか》城です。この城を拠点に康高が、高天神城への武田からの補給部隊を攻撃し続けて恐れられます。

天正8（1580）年、遂に家康がリベンジするべく高天神城を包囲して兵糧攻めを行います。5ヶ月に及んで城将・岡部《おかべ》元信《もとのぶ》らの武田兵は飢餓に苦しみながら籠城に耐え抜きますが、北条氏《ほうじょううじ》政《まさ》と対峙する勝頼が救援に現れることはありませんでした。最後に岡部元信ら688名は突撃を敢行して戦死し、勝頼の寛大な処置とは打って変わって、家康は捕虜をほぼ全て処刑しました。家康の恨みが、如何に深かったかと窺えます。

康高は天正12（1584）年の**「小牧《こまき》・長久手《ながくて》の戦い」**でも大きな武功を挙げましたが、家康が天下への道を歩み始める一歩手前で病死してしまいます。娘夫婦の長男・忠次《ただつぐ》が外祖父・康高の名跡を継ぎ、**「関ケ原」**後に遠江横須賀《とおとうみよこすか》藩6万石の初代藩主となります。しかしながら、叔父の榊《さかき》原康勝《ばらやすかつ》が嗣子無しで病没したことから、家康の命で忠次が榊原氏を継ぎ、領地は幕府に返上、家臣たちは解雇となって大須賀氏は絶家となります。

▲大須賀康高の墓
（静岡県掛川市・撰要寺）

その詳しい言行は記されていないものの、**『名将言行録』**に名を留めていることから、康高が優れた「リーダーたる者」であったことを偲ぶ手掛かりとなっています。

英文 Everyone hailed him as a successful leader.

25

忠臣としての矜持

義《ぎ》を守《まも》らずんばあるべからず

【大久保 忠世 1532~1594】

江戸幕府を支えた徳川氏の譜代家臣たちは「三河武士」と呼ばれ、武士の中の武士として尊敬されましたが、その徳川氏の譜代《ふだい》家臣は同じ「三河武士」でも「安祥《あんじょう》譜代」「岡崎《おかざき》譜代」「駿河《するが》譜代」と、松平及び徳川氏に仕え始めた時代によって区分されています。

「安祥譜代」と称されたのは、三河安祥城《みかわあんじょう》主である家康の祖父・松平清康《まつだいらきよやす》以前の安祥松平氏に仕えた最古参の譜代たちで、酒井、本多、石川、阿部、青山、植村、大久保の七氏が存在しています。その大久保氏から出た大久保平右衛門忠員《おおくぼへいうえもんただかず》は、清康・広忠・家康の三代にわたって宿老として重きをなし、その息子たちも揃いも揃って勇敢な武士となりました。

中でも長兄の大久保七郎衛門尉忠世《おおくぼしちろうえもんのじょうただよ》は、次弟の大久保治右衛門忠佐《おおくぼじえもんただすけ》と共に「徳川十六神将」に名を連ね、八弟の大久保彦左衛門尉忠教《おおくぼひこざえもんのじょうただたか》と共に『**名将言行録**』に収録されてもいます。

忠世は常に先陣切って敵へ駆け込み、その人柄を慕う将兵が多く、共に死ぬことを願う程であったそうです。忠世は「**三河一向一揆**《みかわいっこういっき》」「**三方ヶ原**《みかたがはら》**の戦い**」で活躍し、「**長篠**《ながしの》**の戦い**」の際、奮戦する家康の手勢を見た織田信長が、戦後に忠世・忠佐兄弟を召し出し、

——此《こ》の度《たび》の軍利《ぐんり》を得《え》しこと、偏《ひとえ》に汝《なんじ》ら兄弟《きょうだい》が戦《たたか》い抜群《ばつぐん》なりし故《ゆえ》。

中文 如果不坚守正义，活着就没有意义。

と天晴なる武者ぶりを直々に褒め称えました。また天正18（1590）年の「**小田原征伐**」が終わった後、豊臣秀吉は忠世を召し出して、

――汝《なんじ》は徳川股肱《ここう》の臣なり、よって我《われ》、家康《いえやす》へ勧《すす》め、汝《なんじ》をば小田原《おだわら》の要地《ようち》に封じ、箱根を添《そえ》て守《まも》らしむべしとして、4万5000石を与《あた》えしむ。

と言って、忠世は相模小田原《さがみおだわら》城に大名として封ぜられました。この時に秀吉は、

「もし豊臣と徳川とが槍を交える時には、どうする」

と大きな恩賞を与えられた忠世に尋ねると、

――殿下《でんか》の恩賞《おんしょう》、誠《まこと》に重《おも》し、然《しか》れども臣《しん》、累世徳川氏《るいせいとくがわし》の臣《しん》たり。

と大声で答えてから、続けて本項フレーズを述べます。更に忠世は、

「関白として天下の勢いに乗るとはいっても、殿下の天命も自分の掌中にあるのも同然」

と豪語すると秀吉は、大笑して酒と褒美を忠世にたっぷりと与えたそうです。

忠世は人の才能を見る目があり、「**三河一向一揆**」で家康に反旗を翻して浪人していた旧友である本多正信の能力を惜しんで、その帰参のために家康に取りなしをしています。

▲大久保忠世の墓
（神奈川県小田原市・大久寺）

急に金が必要になった時に備えて、忠世は若い頃から亡くなるまで1ヶ月のうち7日、食事を一切取らずに断食して。その食費分の全額を非常用の資金として蓄えるという習慣を続けたという面白い逸話が残されています。自らを律する武士ならではの厳しい倹約方法です。

英文 If you don't protect righteousness, there's no point in living.

26

人物を正しく評価する

見分《けんぶん》を重厚《じゅうこう》に構《かま》え、言語《げんご》を巧《たく》みにし器量《きりょう》学才《がくさい》ありて、人《ひと》の目《め》を誑《たぶらか》す者《もの》に過《す》ぎず

【蒲生 氏郷　1556~1595】

岳父である織田信長に似て早世したことから、もしや天下を窺えたのではないかと想起させる気宇壮大にして「文武両道」の名将と言えば、**蒲生飛騨守氏郷**《がもうひだのかみうじさと》です。近江日野《おうみひの》の「国人《こくじん》」の蒲生氏に生まれ、13歳にして天下布武を目指す信長の人質となるも、気に入られて次女をもらって婿になります。信長が「**本能寺**」で倒れてからは、羽柴秀吉にその武略を認められ、更には妹が秀吉の側室となったことから、身内扱いを受けて出世します。千利休《せんのりきゅう》の高弟としても知られる氏郷は、茶道具の目利きだけでなく、人を見る目も確かだったという話があります。

弁舌と学識に優れた玉川左右馬《たまがわそうま》という人物が、多くの人から高い評価を受けていたことから、ある重臣の一人が氏郷に採用を勧めます。人財登用に注力していた氏郷は喜んで賓客《ゲスト》として招きます。10日程昼夜問わず語り合う様子に、良い参謀役《アドバイザー》となりそうだと推薦した重臣が思った頃、氏郷は玉川に金銭を与えて引き取らせて、採用しませんでした。重臣たちがその訳を尋ねました。

「玉川は才知ある者と見ましたが、如何されましたでしょうか」と尋ねます。すると氏郷は、

中文 不过是那些外表威严，言辞巧妙，有才干学识，能欺骗别人的人罢了。

皆が不審に思うのも尤もなことだと前置きして、世の中で評判だとされる智者について、本項フレーズで持論を簡潔に述べます。

「たいていは見た目が重厚で、言葉を巧みに用い、学才があるように振舞って、人の目をたぶらかす者にしか過ぎない」

要するに巧言令色《こうげんれいしょく》にして上辺《うわべ》だけの人を賢者と誤解する人たちが多いというのです。見た目がイケメンでプレゼンが巧みな爽やかな若いコンサルタントが、実は中身が伴っていないということは往々にしてあります。一過性のコンサル契約ならば大金を失うだけで済みますが、これを社内に入れては大惨事を招くのは火を見るより明らかです。

氏郷は玉川について次のように酷評しています。

「玉川は初対面のワシのことを褒め称え、一方では諸将のことを貶《けな》して、ワシのご機嫌を取ろうとした。更に自分を認めてもらおうと自分のアピールが強く、交友関係の広さも自慢していた。どんなに知識があって優秀な人物かも知れないが、人格が卑しいものはダメだ」

▲蒲生氏郷の墓
（福島県会津若松市・興徳寺）

この玉川を採用した家中がどこかとは、『名将言行録』には記されていません。しかしながら、玉川を召抱えた組織では、トップが重臣たちを遠ざけるようになり、玉川の言いなりになってしまったことから、組織がガタガタになり崩壊寸前になってしまいました。ようやく玉川を追い出すことが出来たのを見た蒲生の重臣たちは、氏郷の「先見の明」の確かさに改めて敬服したそうです。

英文 The man is a person who has a dignified appearance, is skillful with words, has manners and talent for scholastic ability, and can do nothing more than deceiving people's eyes.

コラム⑦ 蒲生家の人々

室町幕府の創設に功労のあった佐々木道誉《ささきどうよ》が近江《おうみ》の守護《しゅご》となり、その子孫は六角《ろっかく》氏を称した。蒲生氏はそこで重臣として出仕していた。蒲生氏郷《がもううじさと》の先祖は、近江日野《おうみひの》に土着した古くからの豪族で、一族も多くいたことから、戦国時代に入ってからは一族間での抗争が絶えなかった。氏郷の先祖は本家の直系ではなく、氏郷の曾祖父にあたる蒲生高郷《がもうたかさと》が兄の子である秀行《ひでゆき》を滅ぼして蒲生氏の総領《リーダー》となった。

京都への進出を目指す織田信長の道を阻む邪魔者が、近江観音寺《おうみかんのんじ》城主の六角氏だった。信長は自分の妹・お市を北近江の浅井長政《あざいながまさ》に嫁がせ、六角氏を挟み撃ちにする体制を築き、更には六角氏の重臣たちを巧みに調略していった。氏郷の父である賢秀《かたひで》が、それに応じた一人である。

「本能寺の変」の際、その悲報を聞いた安土城・留守居役の蒲生賢秀は、信長の親族の女性たちを蒲生氏の領地である日野へ無事に避難させるという大役を果たした。日野は現在でも安土城跡から車で30分程の至近の地であり、蒲生氏にとって織田氏は主君であるだけでなく、息子の嫁の実家という極めて近しい親族であった。

氏郷は妹が羽柴秀吉の側室となったことから、柴田勝家を見限って秀吉に従い、**「賤ケ岳《しずがたけ》の戦い」「小牧《こまき》・長久手《ながくて》の戦い」「九州征伐」「小田原征伐」に従軍して活躍し、「奥州仕置《おうしゅうしおき》」**を経て、陸奥会津《むつあいづ》城92万石の大封を得て大出世した。

氏郷は親友の高山右近の勧めで改宗した熱心なクリスチャンで、洗礼名はレオでこの時代には珍しく側室を持たずに一夫一妻を貫いている。筋金入りのキリシタンであり、天正12（1584）年に12名の家臣をローマに送り、黄金100枚を法皇グレゴリウス13世に贈ったという。更に天正14（1586）年・16（1588）年・18年（1590）と計4回も使節を送っている。後の慶長18（1613）年に伊達政宗が支倉常長に率いさせた慶長遣欧使節をローマへ派遣したことは、中高生の歴史教科書に記されている快挙とされているが、氏郷をライバル視していた政宗が模倣をしたことは明らかであろう。

氏郷が文禄4（1595）年に40歳で早世した時、長男の蒲生飛騨守秀行《がもうひだのかみひでゆき》は未だ13歳で病弱であった。秀吉は「氏郷だから会津を任せたが子供では無理」という理由で、さっさと取り上げて、下野宇都宮《しもつけうつのみや》城18万石に減封して移してしまった。

しかしながら、蒲生家は運に恵まれて、この秀行の妻が徳川家康の三女・振《ふり》姫であったことから、**「関ケ原」**の際には義兄の結城秀康《ゆうきひでやす》と共に上杉景勝《うえすぎかげかつ》への防御で後方を固めた功により、会津城60万石に復活した。その後は家康の娘婿として「松平」姓も与えられて、徳川一門に列せられた。

しかしながら、父の氏郷の代に急拡大した家臣団内の派閥争いに加え、秀行自らが新規に抱えた家臣たちと対立し、大組織をまとめられないうちに、そのストレスのせいで酒に溺れ、秀行は慶長17（1612）年に30歳で病没してしまった。本来ならば即刻改易となるべきところ、家康の娘の息子である僅か11歳の蒲生下野守忠郷《がもうしもつけのかみただざと》が、陸奥会津藩60万石の大領の相続が許された。

忠郷は外様大名ながらも家康の孫であり、大藩を有する徳川一門として将来が期待されたが、寛永4（1627）年に26歳で病死してしまう。今度こそ蒲生氏は改易となるところ、忠郷の弟である出羽《でわ》上山《かみのやま》藩4万石の藩主・蒲生中務大輔忠知《がもうなかつかさだいゆただとも》に相続が認められて、伊予松山《いよまつやま》藩24万石に転封となった。この時に伊予松山藩から陸奥会津藩40万石と入れ替わって転封となったのが、伊予松山《いよまつやま》城を築いた加藤嘉明《かとうよしあき》だった。

ただ蒲生氏の命運もここまでで、寛永11（1634）に忠知も病死してしまった。既に母である振姫は、元和3（1617）年に亡くなっていたことから、蒲生氏は断絶となった。

氏郷の娘は加藤清正《かとうきよまさ》の息子の忠広《ただひろ》に嫁いだが、寛永9（1632）に加藤氏も改易となった。この時、氏郷の妻は京都の嵯峨野に庵を構えて健在であった。信長の娘に生まれた彼女は、父の信長や夫の氏郷を短命で失い、子や孫たちも失って、寛永18（1641）年に81歳の長寿で亡くなった。百万《ひゃくまん》遍《べん》で知られる京都知恩寺《きょうとちおんじ》に、その墓が残されている。

蒲生氏は不思議なことに、発祥の地である現在の滋賀県日野市でも、先祖たちの供養塔がそれぞれの寺院に残されて供養が続けられている。氏郷は地元の英雄として現在でも大いに尊敬され、「近江商人」のスポンサーとも言える氏郷の像の左手には、算盤が握らされている。また、伊勢松坂（三重県松阪市）、陸奥会津（福島県会津若松市）と転封先でも、氏郷は城下町の建設者として未だに非常に敬愛されており、会津市内には氏郷・秀行・忠郷の立派な供養塔と墓が、愛媛県松山市内には忠知の墓も残されている。

氏郷の遺髪墓が日野の蒲生家所縁の信楽院、会津の興徳寺《こうとくじ》に残されているが、実際に葬られたのは京都の大徳寺《だいとくじ》である。氏郷の茶の師匠である千《せんの》利休《りきゅう》が自害した後、その娘婿の千少庵《せんのしょうあん》を会津に匿って、鶴ヶ城本丸内に茶室を用意している。茶の湯の千家の存続に多大な貢献をした氏郷の墓がある大徳寺黄梅院《だいとくじおうばいいん》では、直系子孫がいない氏郷の供養が茶道関係者の支援によって、今日においても手厚くなされている。昭和60年代に氏郷の墓が改葬された際、氏郷の亡骸は刀を抱えた姿で白骨化して残っていたという。

▲蒲生氏郷の像　（滋賀県日野町）

▲氏郷の孫・忠知の墓
（愛媛県松山市・興聖寺）

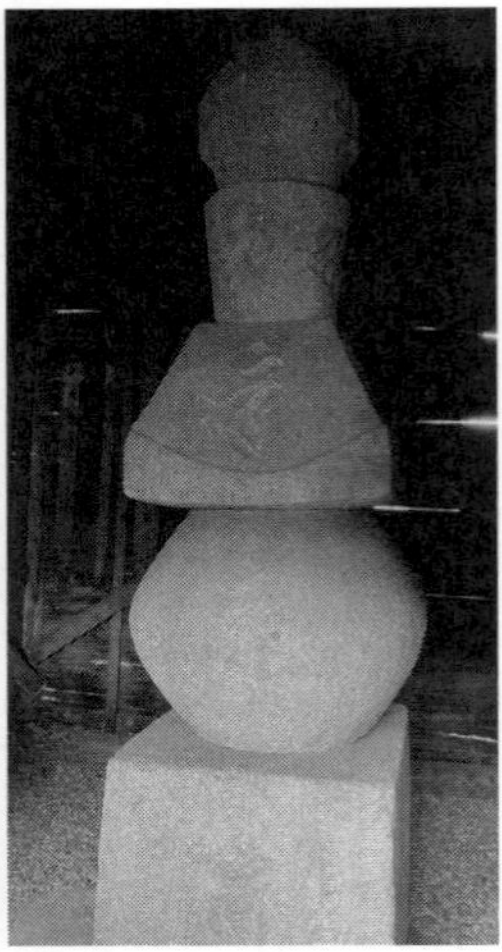
▲氏郷の息子・秀行の墓
（福島県会津若松市・弘真院）

▲氏郷正室の墓
（京都市東山区・知恩寺）

▲氏郷の孫・忠郷の墓
（福島県会津若松市・高巌寺跡）

▲家康の三女にして秀行正室・振姫の墓
（京都市左京区・金戒光明寺）

▲氏郷の父・賢秀の墓
（会津若松市・恵倫寺）

▲氏郷の曾祖父・高郷の墓
（滋賀県日野町・摂取院）

▲氏郷の祖父・定秀の墓
（滋賀県日野町・信楽院）

▲「会津若松の由来」となった若松の森跡
（滋賀県日野町）

▲氏郷の高祖父・貞秀の墓
（滋賀県日野町・標の松塚）

2 組織の未来を見通す力

27

功臣が口にした強烈な自負

倩《さて》、終《つい》に後《うし》ろを見《み》たることは之《これ》なく候《そうろう》

【酒井 忠次 1527~1596】

徳川家康に仕えた優れた武将たちの中で最も秀でた4人、即ち「徳川四天王」と呼ばれた名将の筆頭が、**酒井《さかい》左衛門督《さえもんのかみ》忠次《ただつぐ》**です。家康の父である広忠の妹を妻としていた忠次は、家康にとって叔母さんの旦那、つまり義理の叔父さんにあたります。

15歳上の忠次は、義理の甥である家康をよく立てて仕え、徳川氏という強固な組織をつくり上げて、家康の天下取りへ貢献した第一人者となります。

「徳川四天王」「徳川十六神将」のいずれにおいても、忠次が筆頭を占めることに対して、誰も異論の余地がない第一の功臣であり、『**名将言行録**』において、

――**智勇絶倫《ちゆうぜつりん》、開国《かいこく》の元老《げんろう》たり。**

と絶賛されています。酒井家は松平家とは同根で、その真偽は定かではありませんが、異姓ながらも昔からの親戚であると位置付けられていました。家康が駿河の今川義元《いまがわよしもと》の許《もと》に人質に出された時、忠次も同行しています。そのまま家康の直臣となり、永禄3（1560）年の「**桶狭間の戦い**」後、家康から家老職に任ぜられ、家康の代行として東三河《ひがしみかわ》の「国人《こくじん》」の支配も命ぜられています。

中文 直到最后一刻，他都没有回头。

「三河《みかわ》一向《いっこう》一揆《いっき》」「姉川《あねがわ》の戦い」で大いに活躍した忠次は、**「長篠《ながしの》の戦い」**の際には信長の本陣での軍議に家康に従って参加しました。信長が家康の後ろに控える忠次に意見を求めます。

「今夜、鳶巣山《とびすやま》砦の夜襲をすべし」と忠次が提案したところ信長は、

「三河《みかわ》や遠江《とおとうみ》の小競り合いならば、そんな小細工も通用するだろうが、相手は武田勝頼だぞ」

カラカラと大いに笑って却下したことから、忠次は赤面してその場を去りました。

一通り軍議が終わって諸将が退出した後、信長は秘かに家康を招いて「忠次を呼べ」と命じます。すると信長は忠次を側に呼び寄せて、次のように忠次に命じました。

「流石、徳川の片腕、先程は奇襲作戦の情報が武田方に漏れる恐れがあった故、わざとお前の案を却下したが、理にかなった最善の作戦だ。今夜の先鋒はお前に任せる」

忠次は自ら先陣を切った大激戦の末、砦の守将である武田勝頼の叔父・河窪《かわくぼ》兵庫《ひょう》頭《ごのかみ》信実《のぶざね》、三枝《さえぐさ》勘解由《かげゆ》左衛門《ざえもん》守友《もりとも》を討ち取るという大功を挙げました。この前哨戦の勝利が翌日の本戦での大勝利をもたらしました。戦後に諸将を前にして信長は、次の言葉で忠次を激賞します。

▲酒井忠次の墓
（京都市東山区・知恩院）

「前に目があるのみならず、後にも目がある程の大活躍じゃ」

この言葉に忠次は本項フレーズで応えました。すると信長が「軍議の際は言い過ぎたな」と笑いながら言うと、忠次は**「仰《おお》せの旨《むね》、面目《めんぼく》あり」**と言って、誇らしげに織田諸将の前を退出していったそうです。

英文 Well, I never looked back until the very end.

28

言うべき時に言う胆力

天下《てんか》を望《のぞ》む志《こころざし》ある人《ひと》の人《ひと》を釜《かま》にて煮殺《にころ》すべき罪《つみ》を犯《おか》す様《よう》に仕《し》置《お》きするものに候《そうろう》や

【本多 重次　1529~1596】

徳川家康が独立大名として三河を統治する際、天野康景《あまのやすかげ》、高力清長《こうりききよなが》と共に「三河三奉行《みかわさんぶぎょう》」の一人に任じたのが、**本多作左衛門重次《ほんださくざえもんしげつぐ》**です。その剛直で頑固な性質から、人選ミスではないかと誰もが疑ったところ、やがて依怙贔屓《えこひいき》なく明快に差配をする重次の姿を見て、家康の明察さに心服したそうです。

奉行としてのマネジメント力を発揮する一方、元亀3（1573）年の「**三方ヶ原の戦い**」で、馬を射られて落ちた重次が、数十人の敵兵に囲まれながらもこれを蹴散らして、浜松城まで帰って来たという武勇伝も残しています。

「鬼作左《おにさくざ》」と綽名されただけあり、その導火線の短さでは並ぶ者がいない重次は、歯に衣着せずに家康への諫言が、ややもすると言いたい放題と取られかねませんでした。ある時、家康が安倍川のほとりで罪人を煮る大きな釜を見掛け、それを浜松へ移させたことを聞いた重次は、

「日本一を目指す者が、処罰しないといけない人間を出すマネジメントをするなど論外」

と本項フレーズを述べるや、その大釜を直ちに打ち砕かせました。このことを聞いた家康は赤

中文 有征服天下之志者，应当实施不会制造出被煮死在釜中的罪犯的管理方式。

面し、重次の諫言に謝辞を述べた時、重次は感涙にむせび泣いたそうです。

また天正3（1575）年、「**長篠の戦い**」の際、重次が陣中から妻に宛てた、

――一筆啓上《いっぴつけいじょう》、お仙《せん》泣《な》かすな、馬《うま》肥《こ》やせ。

という日本一短いとされるこの手紙は、常に手短かでシンプルに問題解決をしたがる重次の性分を端的によく表しています。この時の「お仙《せん》」は後に越前丸岡《えちぜんまるおか》藩4万石の大名となった息子の本《ほん》多《だ》飛騨《ひだ》守《のかみ》成重《なりしげ》のことで、丸岡城内には「一筆啓上」の碑が建てられています。成重が大名となる20年程前に重次は亡くなっていますので、重次自身は実際には丸岡城には足を踏み入れていません。

因みに重次が手紙を送った妻は、鳥居忠吉《とりいただよし》（9項）の娘です。

家康を上洛させるべく、豊臣秀吉が自分の母親である大政所《おおまんどころ》を岡崎へ人質として赴かせた際、イケメンで若い井伊直政《いいなおまさ》が大政所やその女中たちに気に入れられる一方で、同じく警固役を務めた強面《こわおもて》の重次は、イザという時に大政所の宿舎を取り囲んで薪に火を点けるように準備していました。後に大政所からこの話を聞いた秀吉は、大激怒しました。

後に「**小田原征伐**」の際、岡崎へ立ち寄った秀吉が、この城を守る重次を三度も召しましたが、

――関白《かんぱく》に見参《けんざん》して申《もう》すべき用《よう》もなし。

と重次は断り、頑固な「三河武士」の意地を見せています。

▲本多重次の墓
（茨城県取手市・本多重次墳墓）

家康が正室の築山殿《つきやまどの》の女中であった「於万《おまん》の方」に手を付けて、後の秀康を身ごもった際、正室の怒りを恐れて「於万の方」を預けた先が、重次でした。

英文 If a top leader has the will to rule the world, he should manage to avoid creating criminals who would be executed by being boiled to death in a hotpot.

29

トップを万全に支える智略

ただ秀吉《ひでよし》より心易《こころやす》く思《おも》われ候《そうろう》が、何《なに》より能《よ》き城郭《じょうかく》にて候《そうろう》

【小早川 隆景 1533~1597】

現在の広島市の基盤が築かれたのは、安芸《あき》国山間部の吉田郡山《よしだこおりやま》城を本拠地として中国地方を治めていた毛利輝元《もうりてるもと》が、商人で満ち溢れる広大な城下町を持った大坂城や京の聚楽第《じゅらくだい》を模して、天正19（1591）年に新しい城と町づくりを決意したことに始まります。海路に利がある太田川のデルタ地帯が、新たに「広島」と名付けられて近世城郭都市として選定されました。

町づくりが始まる中、利便性重視で決められた居城の立地が低地では要害ではないとして、小高い場所に築城すべきだと若い家臣たちが言い出し、小早川隆景に意見が求められました。

「確かに皆が言う通りだ。しかし、城郭は国の安危を左右するものだから、その場所については築城に詳しい黒田官兵衛《くろだかんべえ》殿に相談してみよう」

と答えました。タイミングよく官兵衛が九州の領地へ下る途中、広島に立ち寄りました。立地を見た官兵衛は一瞥《いちべつ》するまでもなく城としては防御性に劣ることを見抜きましたが、8ヶ国も領する大大名の毛利が、謀反を起こして堅固な要害の城に籠った時のことを考えて、

「要害な城を築くには、悪くない土地だ」

と評価しました。このことを隆景が輝元に伝え、そのまま低地での築城が続行されることにな

中文 为了让秀吉殿下放心，坚固的城堡并非必需。

りました。しかしながら、天正20（1592）年、広島を訪れた秀吉が築城中の広島城を見て「立地が悪い。こんな城は水攻めで一気に落とせるではないか」と酷評しました。面子丸潰れの輝元は恥じ入って、隆景に詰問しました。その晩に隆景は、

「秀吉が如何に毛利を信頼しているといっても、いつか疑うこともあるだろう。しかし、本拠地は籠城も出来ない城ならば、秀吉も心配することはない。要害でない悪い候補地を敢えて秀吉の軍師である黒田官兵衛に見せたのは、毛利にとって良い提案をしないと思ったからだ。もし毛利に何か不測の事態が発生して籠城しなくてはならない時、領国内には要害の地は沢山あるので、広島城の立地が悪くても当家が困ることはない」

と説いてから、本項フレーズで秀吉に安心されていることが、どんな城よりも堅固だと言明しました。これを聞いた誰もが、隆景の深慮遠謀に感嘆したことは言うまでもありません。

秀吉は隆景の智略や人柄を大いに評価し、絶大な信頼を寄せていました。その隆景の死の報せを聞いた時、秀吉は日本における賢人の一人が隆景で、100歳まで生きて欲しかったが、人の力が及ばないのは命かと嘆きました。すると近くに侍っていた坊主が、

「よき中国の蓋《ふた》でしたので残念です」と追従の悔やみの言葉を述べたところ秀吉は、

「何を申すか。隆景を中国の蓋と見るとは見当違い、日本全体の蓋にしても余りあるだろう」

と隆景の死を惜しみながら応えたそうです。

▲小早川隆景夫妻の逆修塔
（和歌山県高野町・高野山奥之院）

英文 There is no need for a strong well-guarded castle to give peace of mind to the Taiko Hideyoshi.

コラム⑧ 悲運の名将・小早川秀包

「本能寺の変」後、秀吉との和睦の証として毛利氏は、小早川隆景《こばやかわたかかげ》の末弟にして養子の元総《もとふさ》と、吉《きっ》川元春《かわもとはる》の息子・広家《ひろいえ》の二人を人質として大坂城へ送った。容貌の劣る広家は直ぐに帰されたが、イケメンの元総は秀吉に気に入られ、従五位上・治《じ》部大輔《ぶだゆう》に任ぜられた上、秀吉の「秀」の偏諱《へんき》を受けて**小早川藤四郎秀包《こばやかわとうじろうひでかね》**（1567～1601）と改名した。

小早川家の通字の「景」でなく「包」なのは、秀吉が単に聞き違えたのか、今では尋ねることは出来ないが、秀吉の側近には織田信長の弟である信包《のぶかね》がいるので、たまたま同席していてその偏諱も受けたのだとすれば、諱には珍しい「包」が使われていることも納得出来る。

人質の身分ではありながらも秀吉麾下の一人として秀包は**「小牧・長久手《こまきながくて》」**に従軍し、天正13（1585）年には秀吉の直臣として河内国内で1万石、**「四国征伐」**の功績で、伊予大津《いよおおつ》城3万5000石に加増された。未だ18歳であった。翌年の**「九州征伐」**では養父の隆景の陣に加わって武功を挙げ、隆景の筑前への移封に従って筑後《ちくご》久留《る》米《め》城7万5000石を与えられた。

九州の雄であった大友宗麟《おおともそうりん》の娘であるマセンシアと結婚し、秀包もキリシタンとなりシマオという洗礼名を得た。因みに二人の間に生まれた毛利元《もうりもと》鎮《しげ》は、ルイス・フロイスによって洗礼を受けて、母の父である大友宗麟の洗礼名・フランシスコを与えられている。

天正15（1587）年、佐々成政《さっさなりまさ》に対して**「肥《ひ》後国人一揆《ごこくじんいっき》」**が起きた際、豊臣方の征圧軍の総大将に任ぜられた秀包は、活躍した同年齢の立花宗《たちばなむね》茂《しげ》と意気投合して義兄弟の契りを結んだ。

天正20（1592）年からの**「朝鮮出兵」**で秀包は大いに活躍して**「碧蹄館《へきていかん》の戦い」**では養父の隆景、宗茂、宇喜多秀家《うきたひでいえ》と共に明軍を大撃破している。秀包は加増を受けて筑後久留米13万石、筑《ちく》後守《ごのかみ》に正式に任官された。しかしながら、文禄3（1594）年に秀吉の甥の秀秋が小早川家の養子となって隆景の後継者となったことから、秀包は分家することになった。

「関ケ原」の際、毛利の一族として石田三成に与《くみ》し、親友の立花宗茂、実兄の毛利元康《もうりもとやす》と共に近江大津城を囲んだ。これを落城させたものの、三成は本戦で同日に敗れてしまった。その本戦で秀包の甥である毛利秀元と吉川広家は合戦を静観し、養弟の小早川秀秋の寝返りで勝敗が決したというのは、秀包には許すことが出来ない事態であった。

　大坂城に戻って宗茂と共に籠城を主張したが、総大将の毛利輝元《もうりてるもと》が家康に降伏したため、秀包の久留米は没収されることになった。秀包は、秀秋の裏切りを恥じて「小早川」から「毛利」に復姓した。

　慶長6（1601）年、毛利輝元により与えられた長門国内の領地に赴く途中、赤間関（下関）で秀包は突然に喀血し、35歳の若さで病没した。キリシタンであることから自殺ではないはずだが、毒殺でもされたのであろうか、急な死であった。新領地となるはずだった地（山口県下関市豊北町）の普賢寺に、秀包の墓が残されている。

　秀包が支配していた頃の久留米には、教会や神学校が建てられて一大キリスト教都市となりつつあったが、その期間も10年に満たなかった。「関ケ原」後の久留米はキリシタンである田中吉政の支配下に入ったが、田中氏が改易となった後に、有馬氏（キリシタン大名の有馬晴信と無関係）が封ぜられて幕末に至った。

　石垣堅固な久留米城の本丸跡に、小早川神社と名付けられた石造りの小さな祠が残されている。その祠の石扉には、400年の風雨に耐えて現在でもしっかりと×印の「聖アンデレ十字」が刻まれている。

▲毛利秀包の墓
（山口県下関市豊北町・普賢寺）

▲小早川神社
（福岡県久留米市・久留米城本丸跡）

30

損得を冷静に見極めるコスト意識

戦《たたか》わずして勝《か》つは、良将《りょうしょう》のなすところなり

【豊臣 秀吉 1537〜1598】

「**本能寺の変**」から僅か8年後の天正17（1590）年に「**天下統一**」を果たした豊臣秀吉は、数々の合戦を行ったことから、武力によって統一を果たしたかのように一見すると見えますが、戦った相手を完膚なきまでに叩きのめしたり、敵となった一族を根絶やしにしたりするような怒りに任せた戦いをすることは、「**賤ケ岳《しずがたけ》の戦い**」以降ありません。

確かに「**小田原征伐**」においては、大将の北条氏政《ほうじょううじまさ》・氏照《うじてる》の兄弟に切腹させたものの、その弟の氏規《うじのり》や息子の氏直《うじなお》らは助命し、翌年には大名として再興もさせています。

戦わずして勝つことを模索するという戦略転換を秀吉が行った最大のきっかけは、徳川家康との「**小牧《こまき》・長久手《ながくて》の戦い**」での苦戦にありました。軍事力によって家康を正面きって叩き潰すことが難しいことを悟った秀吉は、よしんば勝ったとしても余りにも多大な犠牲と時間を払うことのムダ、そのコストを計算することが出来たからこそ、天下人になれたのです。

腕力で相手をねじ伏せる武士から、常にコスト意識を以て損得が計算できる武将に脱皮することが出来た者が、中世から近世の境となる戦国時代の勝者となったのです。同じ経営者でも、20世紀末を境にその権限役割が大きく変化しているのと似ているかも知れません。

中文 不战而胜是优秀领袖的策略。

天下人となった秀吉が武力ではなく権威によって、戦国武将たちを統制することに成功したのは、朝廷の官職を利用して大名の序列化を進め、自らがそのトップである関白・太政大臣となるという当時ではウルトラCのアイデアを実現したからです。現在で言えば、衆議院選挙を経ずして内閣総理大臣になってしまったようなものです。

「本能寺の変」前に「三職《さんしょく》推任」、「征夷大将軍・関白・太政大臣」のいずれかの役職に任ずると朝廷が信長に打診しましたが、秀吉はこれを根拠に関白・太政大臣となりました。

公家社会の象徴としてのトップである関白が天皇の次に偉く、日本における政治的最高権力者であると気付いて、その権威で全国の大名を統制しようと考えたのは、恐らく織田信長でしょう。更に言えば**「天下統一」「朝鮮出兵」**まで、全て信長がグランドデザインを描いたものを忠実に再現しようとしたのが、豊臣秀吉でした。信長が生きていれば、日本全国の戦国大名は全て武力で制圧されて滅ぼされてしまったでしょうから、秀吉は日本にとってベターな**「天下統一」**を行う役割が与えられたという訳です。

▲豊臣秀吉を祭る豊国神社（京都市東山区）

秀吉は自らのことを褒めるかのように本項フレーズで、自分こそ優れた「リーダーたる者」であると宣言しています。それが決して自画自賛の空証文でなかったのは、秀吉と戦って降伏して臣従した者の中で、秀吉に反乱を起こした者や裏切った者は一人もいません。毛利《もうり》、上杉《うえすぎ》、島津《しまづ》、徳川《とくがわ》、伊達《だて》は、見事に豊臣体制下の大名に組み込まれ、生き残った彼らの支配地は、近世日本の江戸時代に繁栄をもたらす基盤となりました。

英文 Winning without fighting is what great leaders do.

コラム⑨

三人の秀勝

一説には３００人を超える愛妾を大坂城に入れていたという豊臣秀吉だが、子種が無かったという話はよく知られている。その秀吉に55歳の時に生まれたのが「鶴松《つるまつ》」、57歳の時に生まれたのが「お拾《ひろい》（後の秀頼《ひでより》）」で、二人共に淀君との間に出来た息子だが、既に同時代から秀吉の息子ではないと噂されていた。しかしながら、秀吉本人は全くそう思っていなかった節があり、男ならば当事者となると冷静な判断が出来ないものなのであろうか。

実は秀吉が自分の生殖能力に疑問を持っていなかったのは、天正３（５７５）年に近江長浜《おうみながはま》城主となった時、初めて側室を持って**石松丸秀勝**《いしまつまるひでかつ》と名付けた息子が出来たことがあるからだ。ただ、母親がどういう身分の者であったか記録もなく、本当に秀吉の子かも疑問である。

模擬天主がある長浜城からＪＲ長浜駅を挟んだ東側の妙法寺《みょうほうじ》に、その石松丸秀勝の墓がある。２００３年に調査がなされ、秀勝の墓と認定された。火災で焼ける前の本堂には、秀勝少年の肖像画も残されていて、その写真が現存している。

その後に子供に恵まれなかった秀吉は、自らのハンディを逆手にとって、猜疑心の強い主君である織田信長の四男「於次《おつぎ》」を養子に迎えて秀勝と名乗らせた。「亡き息子の秀勝が無事に成長していたら同じ歳でした」などと戦略的おべんちゃらを信長に言ったのかも知れない。これで秀吉が万一戦場に倒れても、その所領は信長の息子に相続されるというよく考えられた方策だ。戦国時代においても、あまり見かけられないユニークな手法である。

「本能寺の変」後の大徳寺で秀吉が喪主を務めた信長の法要の際、この**於次秀勝**《おつぎひでかつ》は遺族代表のような形で養父の役に立っている。信長の死によって既に存在価値が無くなってしまったのだろうか、都合よく天正13（１５８５）年に18歳で突然に病死している。同母姉にあたる蒲生氏郷《がもううじさと》夫人がスポンサーを務める塔頭《たっちゅう》に葬られた。現在の京都の百万遍《ひゃくまんべん》・知恩寺《ちおんじ》にある姉の墓の３メートル程先に、於次秀勝の供養塔がある。

三人目の秀勝は、秀吉の実姉・智《とも》（後の日秀）

の次男で、幼名を小吉《こきち》といった。二人目の於次秀勝の死後、小吉は叔父の秀吉の養子となって、於次秀勝の丹波《たんば》亀山《かめやま》城10万石と「左《さ》近衛《このえの》権少将《ごんのしょうしょう》」の官位と共に、諱の「秀勝」を受け継いだ。翌年、信長の姪であるお江の再婚相手となった**小吉秀勝**《こきちひでかつ》は、**「九州征伐」「小田原征伐」**に出陣し、秀吉一族として順調に出世したが、**「朝鮮出兵」**の際に巨済島で在陣中に24歳で病死してしまった。

秀勝の母にして秀吉の姉である瑞龍院《ずいりゅういん》日秀《にっしゅう》は、豊臣家の滅亡を見届け、寛永2（1625）年に亡くなった。日秀が秀次、秀勝、秀保の三人の息子の菩提を弔うために開いた善正寺《ぜんしょう》には、自身とその一族の墓の隣りの立派な霊廟の中に、秀次の供養塔とされている大きな五輪塔がある。これは恐らく、小吉秀勝の墓ではないかと推定されている。

▲於次秀勝の墓
（京都市東山区・知恩鯤）

▲石松丸秀勝の廟
（滋賀県長浜市・妙法寺）

▲伝・小吉秀勝の廟
（京都市左京区・善正寺）

31

拙者《せっしゃ》の兵法《へいほう》は、一度《いちど》に千《せん》もまた五千《ごせん》も一万《いちまん》も斬《き》るべくと常々《つねづね》心《こころ》掛《が》け候《そうろう》

【北条 氏規　1545~1600】

戦国時代の日本において最も繁栄していた相模小田原《さがみおだわら》の城下に、剣術の達人が現れ、多くの若者たちがその弟子となりました。若き**北条美濃守氏規《ほうじょうみののかみうじのり》**にも、入門を勧める人がいました。

——兵法《へいほう》と申《もう》すは小事《しょうじ》にして、下輩《したのやから》の習《なら》うものなり。

侍五人程度を配下にしているような者から習う兵法などは無駄であると即答した氏規は、「**そんな剣術では一人か二人しか切れないだろう**」と前置きしてから、千万と桁違いの人数を相手にする兵法こそ大切であると、常日頃から心掛けていると本項フレーズで氏規は堂々と答えました。

これこそまさに、曾祖父・北条早雲《ほうじょうそううん》の名に恥じない「リーダーたる者」の気概です。

氏規の気構えが口先だけでなかったことは、天正15（１５８７）年、豊臣秀吉の「**天下統一**」の総仕上げとなる「**小田原征伐**」の際、氏規の才能が遺憾なく発揮されて証明されました。織田信雄《おだのぶかつ》、蒲生氏郷《がもううじさと》、細川忠興《ほそかわただおき》らが率いる5万の将兵に囲まれながら、７０００の兵で伊豆韮山《いずにらやま》城に籠城した氏規は、５ヶ月間の兵糧攻めに耐え切りました。

天正16（１５８８）年、氏規は交渉のために氏政の命で上洛します。聚楽第《じゅらくだい》で衣冠束帯の諸大

中文 我的兵法一直以能一次斩杀千人、五千人、万人为目标。

名を従えて関白の装束をまとった秀吉は、厳かに氏規を引見しました。武士の正装である狩衣姿《かりぎぬすがた》の氏規は、一人スーツ姿でモーニングの礼装姿の衆人環視の中におかれたにもかかわらず、秀吉に一歩も退かずに堂々と交渉し、トラブルメーカーとも言うべき真田《さなだ》昌幸《まさゆき》の上野《こうずけ》沼田《ぬまた》城の割譲など後北条氏に有利な条件を認めさせています。この時の氏規の粘り強さと機転の利く人財であることに対して、秀吉は高く評価したそうです。

氏規が子供の頃に駿河《するが》の今川義元《いまがわよしもと》のところへ人質に出された時、その隣に住んでいたのが同じく人質であった松平竹千代、後の徳川家康であったという奇縁もあり、家康が韮山城までわざわざやって来て、「氏政・氏直親子の助命」「伊豆・相模・武蔵の3ヶ国の安堵」という和睦の好条件を示しました。氏規は喜んで開城に応じて小田原城へ向かいましたが、「小田原評定」で有名な優柔不断の議論好きが集まった組織では話がまとまらず、トップである兄の氏政らからは裏切者と見なされたことから、氏規は織田信雄の陣へ赴いて降伏しました。

兄の氏政・氏照が切腹と決まった際、秀吉はその介錯を非情にも氏規に命じます。流石に氏規も介錯した返す刀で自害しようとしますが、検視役に取り押さえられます。家康の婿であることから助命された氏直と共に氏規も、高野山へ登ることを命ぜられました。

▲北条氏規の墓
（大阪市平野区・専念寺）

天正19（1591）年に氏直が病没した後、秀吉は後北条氏の名跡を氏規の息子である北条氏盛《ほうじょううじもり》に継がせます。やがて氏規が亡くなるとその遺領を加えた氏盛は、河内《かわち》狭山《さやま》藩1万石の大名となり、後北条氏は幕末まで存続することになります。

英文 I always try to use my tactics to defeat 1,000, 5,000, or 10,000 people all at once.

コラム⑩

北条氏政の優れた弟たち

親子・兄弟が相争うのは、平安時代からの「武士の習い」と言っても過言ではない程、一族間での所領を巡る争いは絶えることがなかった。室町時代になり「下剋上《げこくじょう》」が当たり前となった戦国時代に突入してから、「兄弟は他人の始まり」にもかかわらず、信玄の弟の信繁、秀吉の弟の秀長、島津義久の三人の弟、毛利輝元の二人の叔父たちは、優れた兄弟コンビ、仲良しブラザーズとして大いに活躍した。

あまり有名ではないが、池田輝政兄弟、黒田長政兄弟、小西行長兄弟、立花宗茂兄弟、山内一豊兄弟も、兄を立てた弟たちが陰となって支えたことにより、家名を挙げて長く存続させた武士団の組織である。

兄弟仲が良かったからこそ、功名を挙げて家を繁栄させることに成功した例がある一方、優れた弟たちが多くいながら、それを上手く活かすことが出来ず、結果として組織を滅亡させてしまったのが、小田原の後北条氏だ。

相模小田原城を本拠地として、北条早雲以来五代にわたって関東を100年にわたって統治した後北条氏の一門は、マネジメント力とあるリーダーシップを兼ね備えた高い資質を有したDNAを持った一族で、誰もが優れた武将であり、各地の領国経営でも大いに手腕を発揮した。

早雲、氏綱を経た3代当主の北条氏康《ほうじょううじやす》には、一説には8男7女がいたという。その嫡男の氏政が4代目当主となった。氏政のすぐ下の氏照を筆頭に氏邦、氏規、氏忠と優れた弟に加えて、従弟の氏繁、氏勝など揃いも揃って勇将の名が高い者たちが、後北条氏の親族には溢れていた。

武田信玄の場合もすぐ下に優れた弟の信繁がいて、その他に信廉《のぶかど》などの名の知られた者はいるものの、武将としての功績は目覚ましいものはない。織田信長にも10人もの弟がいるが、その中で信包や長益などが文化人として名を残している以外、兄のために武名を挙げる活躍をした者がいたとは言い難い。

しかしながら、北条氏政の弟たちは、島津義久

4兄弟に劣らず、優れた兄弟たちであった。当主・氏政のすぐ下の弟である**北条陸奥守氏照**《ほうじょうむつのかみうじてる》（1542～1590）は、武将として後北条氏の東関東進出を担当して小規模の「国人《こくじん》」を傘下に収めて活躍した。秀吉の「**小田原征伐**」に際しては主戦派の頭目と見なされていたことから、開城後に兄の氏政と共に切腹させられてしまった。

――世に秀でたる文武の達人。

と評された氏照は、一度は関東八州を制して後北条氏という大きな組織をつくった最大の功労者の一人であった。その辞世の句が残されている。

――吹くと吹く　風の恨むそ　花の春　紅葉《もみじ》の
　　残る　秋あればこそ

氏政・氏照の下で、31項の氏規の兄に位置するのが、**北条安房守氏邦**《ほうじょうあわのかみうじくに》（1548～1597）だ。氏邦は兄の氏照と共に、後北条氏の中でも一、二を争う勇将と伝えられている。

氏邦は永禄《えいろく》元（1558）年、武蔵の「国人《こくじん》」である藤田康邦《ふじたやすくに》の入婿となり、武蔵鉢形《むさしはちがた》城を本拠地として、後北条氏の上野《こうずけ》などの北関東経営を担当した。

天正《てんしょう》18（1590）年、「**小田原征伐**」の最終決定のきっかけとなったのが、北関東の付け根ともいうべき上野《こうずけ》北部の小城・名胡桃《なぐるみ》城を猪俣邦憲《いのまたくにのり》が奪取したことで、それが秀吉の逆鱗に触れた。この邦憲の名前から連想できるように、「邦」の偏諱を受けた氏邦の直臣であった。氏邦からすれば、関東の問題について余所者の秀吉如きに指図される覚えなどないというのが言い分であった。

時間ばかり長引いて結論が出ない会議や相談のことを指す「**小田原評定**《おだわらひょうじょう》」の語源となった対豊臣の会議で、氏邦は小田原城に籠城する策に反対し、駿河で迎撃戦を最後まで主張した。自分の案が採用されなかった氏邦は、鉢形城へ引き上げて籠城することになった。

武田信玄や上杉謙信の猛攻にも耐えた鉢形城も、前田利家《まえだとしいえ》、上杉景勝《うえすぎかげかつ》、浅野長政《あさのながまさ》、真田昌幸《さなだまさゆき》らの3万5000の大軍に囲まれ、1ヶ月の籠城戦の後に氏邦は開城勧告を受け入れて降伏した。

前田利家に助命された氏邦は、そのまま利家の客将として迎えられ、能登七尾《のとななお》に領地を与えられた。

慶長《けいちょう》2（1597）年、氏邦は病死すると金沢で荼毘に付され、遺骨が鉢形城下の藤田氏の菩提寺である正龍寺《しょうりゅうじ》に帰り、そこで執り行われた法要の参列者は長蛇の列となったという。

——棺《かん》、覆《おお》いて、事《こと》、定《さだ》まる。

の言葉の通り、氏邦が如何に優れた武将であったかを物語る逸話である。氏邦夫人の大福御前は、藤田康邦の娘で、夫が金沢へ連れ去られた後、同寺に庵《いおり》を営んでいたが、夫が帰らぬことを嘆いて文禄《ぶんろく》2（1592）年に同寺で自害している。現在、正龍寺には鉢形城の方角を向いて、藤田康邦夫妻の宝篋印塔《ほうきょういんとう》と共に、氏邦夫妻の宝篋印塔が並んでいる。

▲八王子城跡
（東京都八王子市）

▲北条氏政・氏照の自刃した台石
（神奈川県小田原市）

▲北条氏照の墓
（東京都八王子市・八王子城跡）

▲鉢形城跡
（埼玉県寄居町）

▲北条氏邦夫妻の墓
（埼玉県寄居町・正龍寺）

▲後北条氏一族の供養塔
（和歌山県高野町・高野山奥之院）

▲氏邦正室・大福御前の自刃地
（埼玉県寄居町）

32 某《それがし》、不才者《ふさいもの》に候《そうら》えば、両君《りょうくん》の恩恵《おんけい》を受《う》け 二主《にしゅ》へ忠《ちゅう》を尽《つ》くすべき道《みち》を弁《べん》ぜず

【鳥居 元忠　1539～1600】

天文20（1551）年、駿府で今川氏の人質となっていた松平竹千代の許《もと》に小姓として送られた**鳥居《とりい》彦右衛門尉《ひこうえもんのじょう》元忠《もとただ》**は、当時13歳で家康の3歳ばかり年上でした。以来、無二の忠臣として仕え、家康の天下取りを目指す**「関ヶ原」**の前哨戦である**「伏見城の戦い」**で、元忠が戦死した時は62歳、半世紀にわたって家康に仕えたことになります。

人質となっている幼君が不在の岡崎城の奉行として松平氏をまとめた重臣筆頭が、元忠の父である鳥居忠吉《とりいただよし》（9項）です。この鳥居父子なくば、徳川家康の偉業はありませんでした。**「桶狭間」**後の家康の三河統一に際し、その旗頭として抜群の活躍をしたのが元忠です。その後も家康に従って**「姉川の戦い」「三方ヶ原の戦い」「長篠の戦い」**に従軍しています。

天正8（1580）年の武田勝頼との**「遠江《とおとうみ》高天神《たかてんじん》城での戦い」**では、前線に兵糧が届かず困窮したことがありました。その時に一人の兵が元忠のために農家から米をもらって来たところ、

「お前たちはもう食べたのか。ワシはお前たちと一緒に苦労をしてこそ、武功があげられると思っている。だから共に餓死する覚悟だ」

中文 我才能平庸，受二位恩惠，却不知该如何事奉两位主公。

と元忠は手を付けませんでした。兵たちは飢えを忘れる程感激して士気が高まり、幸いにもその後間もなく兵糧が届いたことから、大勝利を収めたという逸話が残されています。元忠がトップの家康ばかりでなく、現場の人間からも絶大な信頼を得ていたことが窺えます。

ある時、数々の合戦において武勲を重ねて来たことに対して、家康が自ら感状を書こうとしていると聞いた元忠は、家康に次のように言って辞退しました。

「殿が某《それがし》の功績をご存じでありさえすればいいのです。御感状を他人に見せびらかして自慢するようなことはしませんし、他へ仕官する予定もありませんので、某《それがし》は要りません」

この忠義の言葉に感じ入った家康は、それ以後は元忠に対して発行する感状全てに対し、直判、つまり秘書に代筆させるのではなく、自ら花押《かおう》＝サインを書き添えたそうです。

譜代の優れた家臣を持つ家康が羨ましい豊臣秀吉は、恩賞や官位で何とか取り込もうと試みました。酒井忠次《さかいただつぐ》、大久保忠隣《おおくぼただちか》、平岩親吉《ひらいわちかよし》、井伊直政《いいなおまさ》、本多忠勝《ほんだただかつ》、榊原康政《さかきばらやすまさ》らと違って元忠は、秀吉からは朝廷の官位を賜るという話に対して、本項フレーズで立派な官位を頂戴したところで、お役に立てるとも思えませんと丁重に辞退しています。その心中では、

「名誉なんかで釣ろうとしても、三河の他の連中はどうか知らないが、オレを舐めんなよ」

という元忠の気概が伝わって来ます。家康が一世一代の勝負所《しょうぶどころ》で、優れた多くの家臣の中から、元忠に「伏見城」を託した選択に迷いがなかったことがよく窺えます。

▲鳥居元忠の墓
（京都市東山区・知恩寺）

英文 Since I am a person without talent, I cannot explain how to serve two excellent leaders to receive blessings from both.

コラム⑪

伏見城で戦死した「三河武士」たち

「関ケ原」の前哨戦となった**「伏見城攻防戦」**は、慶長5年7月8日（1600年8月16日）から2週間にわたる籠城戦となった。そこで華々しく戦死した鳥居元忠の名前は広く知られているが、**内藤弥《ないとうや》次右衛門家長《じえもんいえなが》**（1546〜1600、上総佐貫《かずささぬき》城2万石）と次男の小一郎元長《こいちろうもとなが》（1584〜1600）、**松平五左衛門近正《まつだいらござえもんちかまさ》**（1547〜1600、上野三《こうずけさん》ノ倉《のくら》城5500石）、**松平主殿助家忠《まつだいらとものすけいえただ》**（1555〜1600、上総小見川《かずさおみがわ》城1万石）らの名将たる「三河武士」もいる。

家長は「今弁慶《いまべんけい》」と称えられる程の勇将で、弓の名手で知られていた。次男の元長は若干16歳ながら父に劣らず大奮戦して、寄せ手の小早川秀秋《こばやかわひであき》の1万5000の軍勢を相手に父子共に壮烈な戦死を遂げた。

近正は元忠の弟分のような存在で、伏見城に1800の手勢しか残せないと家康が元忠に詫びた際、

「天下の無事のためならば、自分と近正の両人で事足ります」

と元忠が前置きしてから、

「大軍で包囲された時は城を枕に討死するほかないから、多くの人数を残すのはムダなので、一人でも多くの家臣を城からお連れ下さい」

と言明している。近正が如何に元忠から信頼されていたかが分かる逸話でもある。

『家忠日記』を書き残した家忠は、戦国大名の動向や習慣などリアルタイムな情報を今日に伝えたという大きな足跡を残している。家忠の妻は、家康の母方の従妹であった。

この「三河武士」たちの下で勇戦して死んだ1800人にも及ぶ兵士たちは、実は三河以来の譜代の足軽ではない。

天正18（1590）年に家康の「関東移封」に際して、元忠に与えられた下総矢作《しもうさやはぎ》城（千葉県香取市矢作）4万石の84ヶ村から強制的に集められた関東の若者たちだったことは、あまり知られていない。「勇将の下に弱卒なし」の見本のような話だが、「伏見城」での奮戦の功績で鳥居家が転封に

なり、その後に将軍直轄領となってしまったことから、矢作の若者を顕彰する碑などは惜しいことに地元には残されていない。

▲内藤家長・元長父子の墓（千葉県富津市・勝隆寺跡）

▲伏見城本丸跡（京都市伏見区桃山町・明治天皇陵）

▲伏見桃山城の模擬天守（京都市伏見区桃山町）

コラム⑫ 名脇役の松平出雲守勝隆

歴史の記録の行間に埋もれてしまっている逸材は、それこそ星の数程存在するであろう。上総《かずさ》佐貫《さぬき》藩1万5000石の藩主である**松平《まつだいら》出雲守《いずものかみ》勝隆《かつたか》**（1589～1666）は、地味で目立たないにもかかわらず、江戸時代初期の歴史の要所要所に顔を出している名脇役である。

徳川家康の6代前の松平信光《まつだいらのぶみつ》は、歴史資料において実在が確実視されている最も古い先祖で、48人もの子供に恵まれたという。その信光の八男・光《みつ》親《ちか》を祖とする能見《のみ》松平家は、家康から見れば松平一門でも極めて遠い親戚だ。この能見松平第4代当主である松平大隅守重勝《まつだいらおおすみのかみしげかつ》の五男が勝隆で、その母は鳥居元忠《とりいもとただ》の娘であった。勝隆は母方の伯父である鳥居忠政《とりいただまさ》に養育され、2代将軍・秀忠に仕えて大《おお》番頭《ばんとう》や奏者番《そうしゃばん》などを務めた。つまり、勝隆は営業畑でなく、経理総務畑を歩んだタイプということである。

元和2（1616）年、越後高田《えちごたかだ》藩75万石の松平《まつだいら》忠輝《ただてる》が改易された際、勝隆が幕府の使者として派遣された。勝隆が高田城で処分を申し渡した時、忠輝の隣で平伏していたのは、忠輝の附家老であった勝隆の父の重勝であった。

勝隆の妻は志摩鳥羽《しまとば》藩主・久鬼守隆《くきもりたか》の娘で、寛永9（1632）年に守隆が亡くなった後、三男の隆季《たかすえ》と五男の久隆《ひさたか》との後継者争いに親族として巻き込まれ、その仲裁も行っている。

寛永11（1634）年、伊予松山《いよまつやま》藩主・蒲生忠知《がもうただとも》が死去して蒲生氏が改易となった際、次の領主である松平定行《まつだいらさだゆき》に引き渡すまでの1年間、松山藩24万石のマネジメントを勝隆が差配している。その大役を果たした勝隆は、翌年に将軍直属で設置された初代・寺社奉行《じしゃぶぎょう》に任ぜられ、25年にもわたってこの寺社奉行を務めている。

寛永13（1636）年、勝隆の従弟である鳥居左《とりいさ》京亮忠恒《きょうのすけただつね》（鳥居忠政の息子）が33歳で病没すると、新たに保科正之《ほしなまさゆき》に出羽山形20万石が与えられることになった。この時、勝隆が山形城に派遣され、領地目録を幕府へ持ち帰る役目を仰せつかっている。

更に寛永15（1638）年、**「島原の乱」**の際に勝隆が将軍の使者として、江戸から島原までひと月で往復している記録が残されている。この年に勝隆は、上総《かずさ》佐貫《さぬき》藩1万5000石に封ぜられた。

勝隆の嫡男が早世したことから、養女とその夫である高家《こうけ》旗本《はたもと》・品川高如《しながわたかゆき》（今川氏真《いまがわうじざね》の孫）の息子の重治《しげはる》を養子として2代藩主を継がせたが、怪しい交友関係で綱紀を乱したという不明な理由によって改易されてしまった。そのために勝隆の事績は、詳しく残されていない。

佐貫城近くの旧・勝隆寺《しょうりゅうじ》跡の片隅に、勝隆夫妻の墓がひっそりと佇んでいる。その近くには、天正18（1890）年に家康の「関東移封」に従って、上総佐貫城2万石を与えられた事実上の佐貫藩初代藩主である内藤家長《ないとういえなが》・元長《もとなが》父子の墓もある。家長父子は、勝隆の母方の祖父である鳥居元忠と共に**「伏見城の戦い」**で、華々しく戦死している。

▲松平勝隆の墓（千葉県富津市・勝隆寺跡）

▲勝隆の居城・佐貫城本丸跡
（千葉県富津市佐貫）

33

勝敗はタイミングが全て

此《こ》の挙《きょ》、三十日《さんじゅうにち》の遅速《ちそく》あり

【中村 一氏 ?~1600】

豊臣秀吉が近江長浜《おうみながはま》城主だった頃から仕えた子飼い出身の**中村式部少輔一氏**《なかむらしきぶしょうゆうかずうじ》は、叩き上げで武功を重ねたことから、諸将からも一目置かれる優れた勇将として尊敬されていました。同じく「長浜組」の後輩にして「**賤ケ岳**《しずがたけ》**の七本槍**」の一人である加藤嘉明《かとうよしあき》は、一氏の武勇に息子があやかるように、同じ「式部少輔」の官名を名乗らせた程です。

実はその一氏の出自については諸説あり、そのルーツは詳しく判明していませんが、一説によると甲賀忍者の元締めの一族であったとも言われています。

一氏は秀吉に従って「**山崎の戦い**」「**賤ケ岳の戦い**」で功名を挙げ、和泉岸和田《いずみきしわだ》城3万石を与えられ、難敵である紀州の根来《ねごろ》・雑賀《さいが》の征伐を命ぜられます。苦しい戦いを経て一氏は、紀州を平定し、甲賀近くの近江水口《おうみみなくち》城6万石に栄転します。

「**小田原征伐**」に際しては豊臣軍の先鋒を務め、一氏が単独で僅か半日で伊豆山中《いずやまなか》城を落とし、その功績をもって徳川家康の「関東移封」で空いたその本拠地の駿河府中《するがふちゅう》城14万石を与えられました。対家康の最前線の抑えを任されたということは、一氏は秀吉が最も信頼した武将の一人であったという証拠でしょう。一氏の常日頃からの口癖は、次の言葉でした。

中文 这次起兵，不是早了30天就是晚了30天。

——若《も》し関東《かんとう》に事《こと》ある時《とき》は、我人数《われにんずう》を率《ひき》い伊豆《いず》に出《で》て戦《たたか》わん。城中《じょうちゅう》に一人《ひとり》も残《のこ》し置《お》くまじ。

家康に備える一氏は、非常に人を大切にしたことから、名のある武士たちが「我も我も」と参集したそうです。

家康が**「会津討伐《あいづとうばつ》」**のために慶長5（1600）年6月16日に大坂を出立し、江戸へ下る途中、既に重病であった一氏が病身を押して駿府で家康を歓待し、弟の一栄《かずしげ》を後見人として11歳の息子の一忠《かずただ》を出陣させました。余命幾ばくもないことを悟っていた一氏は、秀吉亡き後に家康と対立する道ではなく、進んで傘下に入るという現実的な選択をしています。

家康が7月1日に江戸へ到着した後、2週間程して石田三成《いしだみつなり》が挙兵して伏見城を包囲しました。この報《しら》せを病床で聞いた一氏は、本項フレーズを述べてから、

「徳川勢が上杉勢と合戦に及んでから、三成が挙兵すれば図に当たったであろう。さもなければ、家康が江戸へ着く前に追討したならば、勝利の可能性はあっただろうな」

▲中村一氏の墓（静岡県静岡市・臨済寺）

と三成が挙兵のタイミングを誤ったと指摘しました。この言葉を発して間もなくして、一氏は息を引き取ったそうです。名将の今わの際の言葉です。

一氏の正室は池田恒興《いけだつねおき》の娘にして森長可《もりながよし》の妻でしたが、恒興と長可が**「小牧《こまき》・長久手《ながくて》の戦い」**で討死した後、秀吉の命で一氏に再嫁しました。

この時代では珍しく「せん」という妻の名前が伝えられており、この二人の間に生まれたのが、嫡男の一忠《かずただ》です。

英文 This raising of troops was about 30 days late, and was yet early.

コラム⑬

その後の中村氏

「会津討伐」で伏見から江戸へ下向する徳川家康に対して、病気を押して駿府城で歓待した中村一《なかむらかず》氏《うじ》は、元服したばかりの息子の一忠《かずただ》（1590～1609）を家康に随身させた。

一忠は「関ケ原」後に、伯耆米子《ほうきよなご》城17万5000石を僅か11歳にして与えられた。

典型的な我儘なティーンエージャーとして成長した一忠は、強暴にして酒乱であったという。慶長8（1603）年、15歳の一忠の行状を諌めた家臣を自ら手討ちにしたところ、その一族は米子の出城である飯山《いいやま》城へ籠って抵抗した。慌てた一忠は、隣国の月山富田《がっさんとだ》城にいる父の親友・堀尾吉晴《ほりおよしはる》に助けを求めた。吉晴は息子の忠氏《ただうじ》に命じて、米子へ援軍を送ってこれを助けた。

この大騒動は江戸の将軍秀忠に報告され、一忠の老臣たちが処断されることになった。しかしながら、一忠は未成年であるということで罪を許された。

翌年の慶長9（1604）年に将軍秀忠より偏諱《へんき》を賜り、「一忠」という名を「忠一」と冗談のようにひっくり返し、**松平伯耆守忠一**《まつだいらほうきのかみただかず》と名を改めた。

母方の祖父・森武蔵守長可《もりむさしのかみながよし》の猛将の血を受け継ぐ忠一は、将来の活躍が嘱望されていたが、慶長14（1609）年に20歳で急死してしまった。若年の忠一には幕府に届けた正式な後継者がいなかったことから、大名としての中村氏は断絶となった。忠一のひと際大きく立派な墓が、米子市内の感応《かんのう》寺《じ》裏手の山中に残されている。

▲中村忠一の墓（鳥取県米子市・感応寺）

コラム⑭

正家の墓

長束正家の首は、検視役によって近江《おうみ》日野《ひの》から京に運ばれて、石田三成らの首と共に三条橋に晒された。その後、金戒光明寺《こんかいこうみょうじ》に葬られたらしい。京都の街並みがパノラマのように見渡せる三重の文殊塔の近くに、**「江州水口《こうしゅうみなくち》城主・長束大蔵大輔正家《なつかおおくらだいゆまさいえ》之裔《のえい》」**と彫られたご子孫による新しいお墓がある。

正家の長男・助信《すけのぶ》は細川藤孝《ほそかわふじたか》の孫を妻としていたことから、細川家に匿われた後に細川忠興《ほそかわただおき》の家臣となった。水口城の落城後に生まれた遺児は仏門に入り、正家が保護していた水口にある大徳寺の住職となった。

正家が割腹した近江日野中之郷《おうみひののなかのごう》の中西孫左衛門《なかにしまごさえもん》の屋敷隣りの安乗寺《あんじょうじ》には、正家の位牌が収められており、境内には正家の胴塚と共に、正家を顕彰した**「聞名塚《もんみょうづか》**（なつかに聞くと掛詞になっている）**」**が、現在も15代目のご子孫によって守られている。

▲長束正家之裔の墓（京都市左京区・金戒光明寺）

▲聞名塚（滋賀県日野町中之郷）

34

細部を疎かにしないマネジメント

各《おのおの》の手《て》に掛《か》かること二世《にせい》の契《ちぎ》り浅《あさ》からずや 此上《このうえ》は各《おのおの》へ片身《かたみ》を贈《おく》り申度《もうしたく》、如何《いかが》あるべき

【長束 正家　1562～1600】

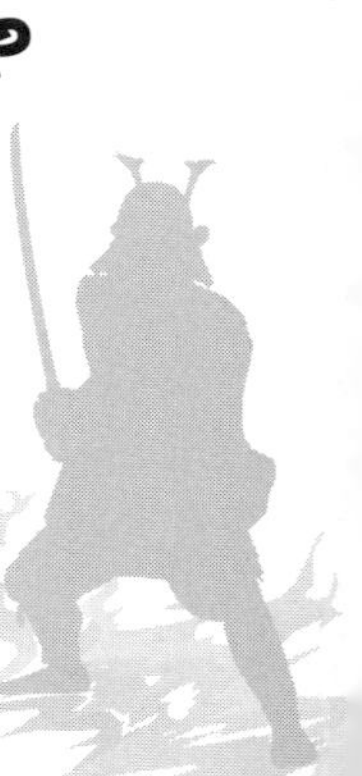

自らの切腹の検視役の二人に対して、本項フレーズを述べて各々に刀と脇差を与えたというのが、**長束大蔵大輔正家**《なつかおおくらだいふまさいえ》です。正家は、豊臣秀吉の勘定方の兵糧を担う責任者、現代で言えば、経理や総務に加えてロジスティックも担当する「株式会社トヨトミ」の管理本部長でした。その優れた算術の才は、自らの死を前にしても検視役への礼品を忘れないという冷静にして細やかな心配りや気遣いからも窺うことが出来ます。

正家は近江粟太郡長束村《おうみあわたなつか》出身で、近江坂田《さかた》郡石田《いしだ》村出身の石田三成《いしだみつなり》と同郷同士でした。2歳ばかり年長の三成とは、恐らく同僚としてもウマが合ったようです。

正家は丹羽長秀《にわながひで》に仕えて才能を認められますが、天正13（1585）年に長秀が亡くなって幼い長重《ながしげ》が相続すると、秀吉は123万石から15万石へと大幅に減封しました。24歳だった正家はヘッドハンティングされ、「株式会社トヨトミ」に途中入社します。

中途採用の転職組ながら正家は、秀吉の「**天下統一**」事業に際しての武器弾薬や食糧の調達から配送などの後方支援のみならず、新しく獲得した領地、新しく傘下入りした諸将の領地の査定、

中文 被各位处刑，这份情谊可不浅薄如两世之缘。我想赠送各位一些遗物，不知可否？

即ち「**太閤検地**」において、正家はその算術の才を大いに活かして頭角を現します。

天正14（1586）年の「**小田原征伐**」では兵糧奉行として活躍し、その見事なマネジメントの手腕に徳川家康も舌を巻いたそうです。また有名な「**石垣山《いしがきやま》の一夜城《いちやじょう》**」の普請を正家が担当し、「株式会社トヨトミ」の本社ビルともいえる伏見城の現場総監督も務めています。正家は、安土城の普請を行った丹羽長秀の築城ノウハウと人財を受け継いでいました。

「**朝鮮出兵**」の際には、肥前《ひぜん》名護屋《なごや》城で兵糧奉行として朝鮮半島へのロジを担当し、文禄4（1595）年に近江《おうみ》水口《みなくち》城5万石を与えられて「五奉行《ごぶぎょう》」の一人に名を連ねました。更に慶長2（1597）年には12万石に加増されて、官位も従四位下侍従《じじゅう》にまで出世します。

「**関ケ原**」の際には、長年の同僚である三成に与《くみ》したものの、正家の妻は家康の猛将・本多忠勝の妹であったことから、微妙な立場でした。本戦では毛利《もうり》秀元《ひでもと》や吉川《きっかわ》広家《ひろいえ》と共に南宮山《なんぐうさん》に布陣したため、正家以下1500人の将兵は参戦しませんでした。因みに島津《しまづ》義弘《よしひろ》が敵中突破して大坂まで辿り着けたのは、正家が家臣に道案内を命じたからだそうです。

▲伝・長束正家の首墳
（滋賀県日野町・安乗寺）

水口城へ帰還した正家は、亀井《かめい》茲矩《これのり》と池田《いけだ》長吉《ながよし》（輝政《てるまさ》の弟）に囲まれ、助命と本領安堵を家康に取り次ぐという条件で降伏しますが、あっさり騙されて切腹させられてしまいました。

真面目で実直な経理管理マンの正家は、数字を誤魔化したり契約を守らなかったりするような強引な営業マンたちの罠などは思いも付かなかったのでしょう。切腹させられた時、正家はこれからまだまだ働き盛りの39歳でした。

英文 Being executed is neither shallow nor lightweight, same as the marriage vows till the next life, so I would like to send mementos, but would that be alright?

35

名将の的確な情勢分析

今《いま》、倩々《つらつら》思《おも》うに、勇《ゆう》ある人《ひと》、味方《みかた》に一人《ひとり》も之《これ》なく

【小西 行長 1558~1600】

慶長5（1600）年8月23日、福島正則《ふくしままさのり》・池田輝政《いけだてるまさ》らの攻撃によって織田秀信《おだひでのぶ》の守る美濃《みの》岐《ぎ》阜《ふ》城がたった1日で落ちたことは、美濃大垣《みのおおがき》城に籠る石田三成らの諸将にとって想定外な事態でした。その後に島左近《しまさこん》が杭瀬《くいせ》川での前哨戦に勝利しますが、味方に大勢の戦死者が出たことから城内に動揺が一気に走ります。関ケ原まで退いて応援を待って態勢を立て直そうという消極策で決しようとしているのをジッと聞いていた**小西摂津守行長《こにしせっつのかみゆきなが》**は、

「東国勢は多しといえど7万5300ばかりの兵、味方は13万8600人を超える。敵に倍の兵力ではないか。着陣したばかりの家康の本軍に夜討ちを掛けよう」

と言いました。「薬問屋の倅」と陰口を叩かれ続けていた堺の商人出身の行長ですが、冷静に情勢分析をして勝機を計算し、更に次のように説きます。

「日本を二分する大合戦で数度の局地戦で負けても、最後の一戦で大勝利を収めれば良いので、岐阜落城くらいで逃げ支度をするのは以《もっ》ての外《ほか》」

「小西殿の計りは図に当たると雖も、味方の中に二心の者は大勢いると聞く」

と計画が漏れて奇襲に失敗して兵を損じるとして、行長の具申を三成が却下します。

中文 现在再次回想，勇敢的人竟然一个也没站在我们这边。

「夜討ちが諸将の心に入らなければ、ともかくもここから関ケ原まで退くことは最悪の選択だ。戦《いくさ》の習いでは一足で退く時は、虎も鼠の如しと言われているではないか。出張った陣所を退けば敗軍に等しく、ますます味方の士気は落ち、心を変ずる者ももっと増えよう」

行長の反論に諸将の誰一人として賛同するものがなく、大いに怒った行長は、

「味方を疑って、臆病神が取り付いた以上は、百万の勢があろうとも、負けるのは必定」

と前置きして本項フレーズを捨て台詞のように言い放って、自分の陣へ帰りました。

「朝鮮出兵」の際に朝鮮半島に7年近くにわたって在陣し続けただけあり、行長の実戦経験に基づいた勘は確かで、これを採用することが出来ない程に士気が下がっていたとすれば、本戦を待たずして三成は既に負けていたことになります。気を高めて勢いに乗るマネジメントが出来ないトップには、求心力が宿ることなどありえません。

▲小西行長の供養塔（滋賀県垂水町・禅幢寺）

敗軍の将となった三成が処刑前の立派な態度であった逸話は知られていますが、モンタヌスの『日本史』では、処刑を前にして無様な異教徒の二人（三成と安国寺恵瓊《あんこくじえけい》）をよそに熱心なキリシタン武将として知られた行長は、帯からキリストとマリアのイコンを取り出し、両手で三度頭上に戴いて祈りの言葉を捧げてから、堂々と斬首されたと記されています。

このイコンは、神聖ローマ皇帝カール5世から妹のポルトガル王妃カタリナの手を経て、イエズス会より日本の王アウグスティヌス・ツノカミドノ（摂津守殿《せっつのかみどの》）に贈られたものでした。

英文 Now that I think about it, I didn't have a single courageous leader on my side.

36

躊躇された「最善の一手」

家康《いえやす》は所謂《いわゆる》天授《てんじゅ》なり、人力《じんりき》の能《よ》く敵《てき》する所《ところ》にあらず

【佐竹 義久 1554~1601】

常陸《ひたち》を本拠とする「佐竹《さたけ》本家」14代当主・義治《よしはる》の五男・佐竹政義《さたけまさよし》は、太田城の東に屋敷があったことから「東殿《ひがしどの》」と呼ばれ、その子孫は一門にして筆頭家老である「佐竹東家」となりました。**『名将言行録』**の**「佐竹義宣の条」**の次の**「東政義の条」**に記されている人物の言行は、実は政義の孫で「佐竹東家」４代当主の**佐竹中務大輔義久**《さたけなかつかさだいゆよしひさ》のものです。

豊臣秀吉《とよとみひでよし》に常陸の国主と認められた「佐竹本家」18代当主・佐竹義重《さたけよししげ》は、義久に命じて常陸南部に割拠する常陸水戸《ひたちみと》城主・江戸重通《えどしげみち》、常陸府中《ひたちふちゅう》城主・大掾清幹《だいじょうきよもと》を滅ぼして、念願の常陸統一を果たします。

諸大名の重臣に目を付けてスカウトを試みるのが好きな秀吉が、そんな義久を見逃すはずはありませんでした。義久は陪臣にもかかわらず、豊臣姓を下賜され、従五位下の官位を賜ります。更に秀吉は佐竹義宣《さたけよしのぶ》に対して、義久に常陸国内で6万石を与えるように命じ、義久を独立大名の扱いとしました。この処遇は上杉の家宰《かさい》・直江兼続《なおえかねつぐ》と全く同じです。兼続と同じく義久も、主家を最後まで離れることはありませんでしたが、義久は秀吉の目に適った小早川隆景のような能力を期待されていたようです。

中文 大将軍可谓天赋异禀之人。普通人根本无法与之为敌。

「**関ケ原**」の発端となった「**会津討伐**」の際、佐竹にも家康より出陣の命が下ります。その時に義久は、本項フレーズで家康に敵対するべきでないと主張します。百戦錬磨の義久からすれば、家康の軍事力や政治力は会津120万石の上杉景勝《うえすぎかげかつ》では凌駕することなど無理であることは明らかでした。しかしながら、義宣は石田三成との深い交友関係から、家康に加担することを躊躇します。一方、佐竹が旗幟《きし》を鮮明にしないことを見た家康は、「石田《いしだ》は本《もと》なり、佐竹《さたけ》は末《すえ》なり」と佐竹を無視して、反転・西上を決意すると義久は、

――君《きみ》、疾《はや》く兵《へい》を出して家康《いえやす》を逐《お》へ。

と直ぐに家康を追撃すれば、東西から挟み撃ちが出来ることを義宣に勧めますが、義宣は逡巡します。

――家康を逐《お》わずんば、請《こ》う、兵《へい》を割《さ》いて家康《いえやす》に従《したが》え、庶《もろもろ》幾《い》くばく後患《こうかん》を免《まぬ》かれん。

と義久が強く諫言したところ、義宣はようやく決心して300の兵を送り、徳川秀忠の「**上田城攻め**」にアリバイ工作のような加勢をしましたが、後の祭りでした。

▲伝・佐竹義久の供養塔
（秋田県秋田市・白馬寺）

「**関ケ原**」後、伏見で家康との必死の直接交渉を行った義久のお陰で、佐竹は改易を逃れましたが、心労が祟って義久は病で急死してしまいます。

実は手強い義久を家康側近が毒殺したとも、「佐竹本家」を乗っ取ろうとしているのではないかと誤解した身内によって暗殺されたとも、いずれしても不愉快にして残念な噂が残されています。

英文 Shogun Ieyasu is what is called a divine person. There are no ordinary people who can oppose him.

37

英雄の孤独を想う

汝《なんじ》ら之《これ》を聴《き》きて、唯《た》だ面白《おもしろ》しとのみ思《おも》うて武士《ぶし》の心《こころ》を察《さっ》せざるは何事《なにごと》ぞや

【佐野 了伯 1558～1601】

出家して**天徳寺了伯**《てんとくじりょうはく》と名乗った**佐野修理大夫房綱**《さのしゅりだゆうふさつな》は、武士の先祖とも言うべき藤原秀郷《ふじはらのひでさと》の子孫と称する下野《しもつけ》の「国人《こくじん》」佐野氏13代の佐野泰綱《さのやすつな》の息子として生まれました。了伯は剣術に大変に優れていたことから、弟と二人で全国に武者修行に出て、武田信玄や上杉謙信の前でその腕前を披露した程で、剣客として織田信長に召抱えられたこともあるそうです。

戦国時代末期の北関東は、上杉と北条の二大勢力の草刈り場であり、佐野氏も北条氏政《ほうじょううじまさ》に攻め寄せられます。衆寡敵せずしての講和条件は、氏政の弟・氏忠《うじただ》を佐野氏の後継者にすることでした。了伯は同盟関係にある佐竹義重《さたけよししげ》の息子を養子に迎えるべきだと主張しましたが、佐野氏の家中は目前の危機を凌ぐことや保身を図る意見ばかりで、佐竹との同盟を反故にして氏忠を迎えることでまとまったため、了伯は出奔して上洛し、豊臣秀吉に仕官しました。

天正15（1587）年、ルイス・フロイスの日本滞在記である『日本史』には、

――天徳寺《てんとくじ》と称する坂東《ばんどう》の一人の貴人が、三、四度、司祭を訪ねて来て対応。彼は思慮分別のある人で、今なお繁栄している坂東随一の大学、足利学校《あしかがっこう》の第一人者であった。

中文 你们听了这些，只觉得有趣，却没有领袖的心，这是怎么回事？

と了伯のことが記されています。

後北条氏を屈服させて天下統一を目指す秀吉は、関東の情勢に詳しい了伯を大変に気に入り、了伯を関東への水先案内人として前田利家・上杉景勝の先導役を命じます。**「忍城攻め」**で了伯は、石田三成にも従っています。小田原が落城した後、了伯は佐野氏の旧領である唐沢山城3万9000石を与えられ、秀吉の威光によって旧領地に返り咲いて家を再興させました。

ある時、了伯は琵琶法師《びわほうし》を城内に招き入れて、『平家物語』を語らせることがありました。法師が「佐々木高綱《ささきたかつな》の宇治川の先陣争い」を語ると、了伯は両目から大粒の涙を流します。次に法師は「屋島《やしま》の合戦」で源氏の弓の名手・那須与一宗高《なすのよいちむねたか》が小舟の上で平家の女官が掲げる日の丸の扇を射落とす緊迫感溢れる名場面を語ります。今度も、了伯は嗚咽して号泣しました。その法師が帰った後、侍臣たちが「何故にそんなに感動されたのですか」と尋ねると、了伯は大きな溜息をついて、

「佐々木高綱も那須宗高も失敗したら切腹しなくてはならない程の緊張感を強いられた中で、悲壮な覚悟と決意でその場に臨んでいた。その時の二人の心中を察すれば、憐れとか哀れとか言うべき話ではないだろう」

と前置きしてから本項フレーズを述べました。真の武士は常に死を覚悟し、一瞬一秒も命懸けであり、決死の物語を上辺だけ聞いて他人事のように面白がって、その勇壮な行動に隠れた深い悲しみと心情を察することが出来なければ、「リーダーたる者」の資格はないと了伯は断言している訳です。

▲佐野了伯の墓
（栃木県佐野市・報恩寺）

英文 When you hear this, you just think it's interesting and not being able to sense the leader's heart.

38

ひたすら職務を全うする

何者《なにもの》ぞ、そこ退《しりぞ》け、退《しりぞ》かずば撃《う》ち殺《ころ》せ

【内藤 正成 1528~1602】

「徳川十六神将」の一人とされている**内藤四郎左衛門正成**《ないとうしろうざえもんまさなり》は、弓を持たせれば並ぶ者のない腕前の持ち主で、家康から親しみを込めて「軍神・四郎左衛門」と呼ばれていました。

家康の父である松平広忠《まつだいらひろただ》に仕えた正成は、三河《みかわ》へ攻め寄せる織田信秀《おだのぶひで》の兵を次から次へと弓で射殺して名を馳せます。「**三河一向一揆**」の際は家康の傍で活躍し、1本の矢で二人の敵兵を射殺し、一揆に与《くみ》した舅も射殺するなど、主君への忠節もズバ抜けていました。

また元亀元（1570）年、織田・徳川連合軍が越前《えちぜん》の朝倉義景《あさくらよしかげ》を征伐するべく越前金ケ崎《えちぜんかねがさき》城を攻めている時、信長の義弟であった近江の浅井長政が裏切り、撤退戦の際に殿を務めた徳川軍の中で正成は、百発百中の射撃力で味方の窮地を救ったとも伝わっています。

天正3（1575）年に家康が遠江二俣《とおとうみふたまた》城を攻めた時、骨折して治療中だった正成は、浜松城の守りを任されます。出撃した家康勢が急変した天候によって激しい風雨に晒され、進軍を断念して夜中に浜松城へ引き返して来ました。ずぶ濡れの主君のために本多忠勝《ほんだただかつ》が、一刻も早く浜松城を開門させようと急ぎ馳せ戻って自らが門を叩きます。正成はこの闇夜に出立したばかりの軍勢が引き返して来るのはおかしいと門を厳重に閉め、更に門櫓に上った正成は火縄銃を構えさせ、

中文 你是何人，从那里退下，不退我就开枪了。

忠勝を睨みつけて本項フレーズで命じます。その声を暗闇で聞いた流石の猛将の忠勝も怯むと、ようやく家康が門際まで一人で来て声を掛けます。

――四郎左衛門はあるか、我、今、帰りたる。

すると正成は塀の狭間から提灯を吊るして、家康の顔をしっかりと確認するや、櫓から急いで降りて自ら門を開いて出迎えました。苦笑いしながら家康は、次のように褒めました。

――正成をして城を守らしめば、敵の謀将ありとも、敢えて侵すべからず。

「長篠の戦い」では先陣として出撃せよと信長の軍使が家康のもとに来た際には、

――我《われ》らが主君《しゅくん》は先陣《せんじん》の下知《げち》を他人《たにん》に受《う》くる者《もの》にあらず。

と追い返して、信長を感心させています。**「小牧《こまき》・長久手《ながくて》」**では秀吉軍を急襲させて大勝利を家康にもたらしました。その秀吉が**「小田原征伐」**の折、正成に一目会いたいという申し出を断って「三河武士」の意地を見せています。**「関ケ原」**では、

「寄せ集めの西軍が美濃まで兵を出しているので、既に徳川方の勝利は必定」

と理路整然と秀忠に侍る謀臣・本多正信に説き、老齢を理由に出陣を断ります。

▲内藤正成の墓
（埼玉県久喜市・善宗寺）

その2年後、数々の武功を成し遂げた正成は、武蔵栢間《かやま》5000石の領地で、病いのためにその生涯を閉じます。現場一筋の熟練職人の矜持を感じさせる静かな死でした。その立場や身分、地位にかかわらず、正成もまた優れた「リーダーたる者」の一人でした。

英文 Who are you? Get out of here or I'll shoot you.

39

人物を評価する眼力

二人《ふたり》に比《ひ》すれば、抜群《ばつぐん》に優《すぐ》れたる御様子《ごようす》なり

【前田 玄以 1539〜1602】

豊臣秀吉《とよとみひでよし》は武勇の士を愛する以上に、文化人やマネジメントに長けた文官を好んだ節があります。前者は蒲生氏郷《がもううじさと》、伊達政宗《だてまさむね》、加藤清正《かとうきよまさ》ですが、氏郷や政宗は茶道や書道にも優れた武人であり、清正は築城の才能などにも長けていました。後者の代表は千利休《せんのりきゅう》・織田有楽《おだうらく》を筆頭とする８００人に及ぶお伽衆、そして何よりも能吏集団の「五奉行」もその中にあてはまります。

「五奉行」の筆頭は浅野長政《あさのながまさ》ですが、秀吉の妻の従弟で親戚の中で唯一とも言うべき武士の身分の生まれでした。実際のところ長政は、武人としての功績よりも文官として、現代企業に言い換えれば、営業部門ではなく、管理部門の責任者として活躍しました。

「五奉行」の一人である**前田孫十郎基勝《まえだまごじゅうろうもとかつ》**こと**徳善院玄以《とくぜんいんげんい》**は美濃の出身で、若い頃に比叡山で修行しました。その頃に苦々しい体験を多くした一方、京の街並みやインフラで改善すべき点などを目の当たりにしたようです。玄以は礼儀作法、有職故実に通じ、古典や歌道に詳しく、博学にして溢れる智慧と深い思慮を備えた落ち着いた人物でした。

織田信長の家臣となって嫡男・信忠《のぶただ》の秘書役に任ぜられ、玄以は「**本能寺の変**」では信忠と共に二条御所におり、信忠より脱出して三法師《さんぼうし》（秀信《ひでのぶ》）を守れと遺命を受けました。美濃《みの》岐阜《ぎふ》城の

中文 和那两个人相比，阁下的样子似乎更加出类拔萃。

三法師を保護して尾張清洲《おわりきよす》城へ移り、そのまま清洲城主・織田信雄《おだのぶかつ》に仕えます。

玄以の妻の父は**「本能寺の変」**で横死した京都所司代《きょうとしょしだい》の村井貞勝《むらいさだかつ》であったことから、後に玄以は信雄から京都所司代に任ぜられますが、**『名将言行録』**では次の逸話を掲載しています。玄以が尾張小松原《おわりこまつばら》寺という小さな寺の住職であった頃、後の豊臣秀吉となる木下藤吉郎《きのしたとうきちろう》が足繁く立ち寄ったことから懇意になりました。ある時に秀吉がもし自分が天下を取ったら、何にして欲しいと尋ねたことがあります。その時に玄以は、次のように答えました。

――京都所司代が望みなり。

憎い横柄な京都の僧侶たちの取締まりや街並みの整備をしたいというのです。実際に玄以は京都所司代として見事なマネジメント力を発揮し、秀吉から丹波亀山《たんばかめやま》城5万石を与えられています。玄以は僧侶でしたので、キリシタン禁教令に従って取締りを行っていますが、秀以《ひでもち》・茂勝《しげかつ》の二人の息子は共にキリシタンであったことから、キリシタンも保護してもいます。

慶長4（1599）年、石田三成や長束正家が家康を暗殺するという噂が出た時、

――箇様《かよう》の時《とき》、信長公《のぶながこう》ならば、岐阜《ぎふ》へ引退《ひきしりぞ》き給《たま》うべし。太閤秀吉様《たいこうひでよしさま》ならば、五千《ごせん》にて切《き》り回《まわ》り給《たま》うべし、内府《ないふ》の家康様《いえやすさま》は少《すこ》しも構《かま》われず、碁《ご》を打《う》ち知《し》らぬ顔《かお》しておられる。

▲前田玄以の供養塔
（京都市左京区・専念寺）

と玄以は述べてから、本項フレーズで家康の優れた点を指摘しています。人々は玄以の炯眼《けいがん》に感心しました。その後の**「関ケ原」**の際、玄以は秀頼の側にあって中立を貫いています。

英文 Compared to the other two of them, Shogun Ieyasu seems to be extremely superior.

40

生きた金の使い方

使《つか》う間敷《まじき》ならば、金《かね》にてはなく、瓦礫《かわらつぶて》に劣《おと》れり 貯《たくわ》え置《お》いて詮《せん》なし

【黒田 孝高 1546~1604】

自分が常日頃から倹約しているのは、褒美を与える者にドンドン与えるためだと述べてから、
「貯えるだけで使わなければ、そんなものは瓦や小石にも劣る。使ってこそ金の価値が出る」
と本項フレーズで官兵衛は指摘しています。金離れが良ければ、慕う者は多くなります。

官兵衛は豊臣秀吉の参謀として活躍しましたが、あまりの頭の切れの良さに警戒されたことは有名です。**「本能寺」**の凶報を聞いた際、号泣する秀吉に**「天下を取るチャンスが巡ってきましたな」**と言って、秀吉が自分の奥底に秘めた思いを言い当てられたと直感したのでしょうか。まさにこの時に官兵衛はボスである秀吉との間の超えてはならない一線を越えてしまったという訳です。以来、秀吉は官兵衛を自分の心を読む男として警戒した逸話は有名です。

また秀吉が諸将が集まる席で、誰が次の天下を取るかと座興で尋ねた時、前田利家や徳川家康の名前が挙がる中、官兵衛を指して、
「あそこの禿だ」
と言ったところ「僅《わず》か10万石の大名ではないですか」という反論に、

中文 如果不用，钱财不如瓦砾。积攒下来也没有意义。

▲黒田如水の葬式が行われたセミナリオ跡
（福岡市中央区・勝立寺）

「100万石なんか与えていたら、とっくに天下は取られていたであろう」
と秀吉に言わしめた程です。

秀吉も官兵衛の心をよく見通していました。ある意味で似た者同士だったのでしょう。ですので、ウマも合いました。秀吉と同じく官兵衛は、家臣を手討ちにするようなことはありませんでしたし、家中から逃げ出すような者もいませんでした。人たらしで、人使いがうまいことも似ていたという訳です。

官兵衛は野菜や果物の剥いた皮は塩漬けにしたり、魚の骨も捨てずにおかずにする工夫をしたりと、かなりの倹約家で、捨てることを極端に嫌って再利用を家臣たちに勧めている程です。

しかしながら、褒美を与える時は、少しも惜しむことなく、もらう方が過分だと思う程に金銀を与えたそうです。金離れの良さは、官兵衛のボスである秀吉も同じです。

天下人となった秀吉は、外出の際には大財布に銭を入れて、途中で出くわす子供や貧困者に金をバラまいたそうです。また蔵に金銀が充満すると、「蔵払い」と称して諸大名に配りました。官兵衛のボスである秀吉は、
「金銀をたくさん積んで置くのは、良い侍を牢に押し込めて置くのと同じ」
と言っています。まさに官兵衛と秀吉は、同じ価値観を持った人物同士、戦国時代では極めて珍しい経済観念の優れた頭脳を持つリーダーであったということになります。ですので、お互い手の内が読め、心の奥底まで見通せたはずです。

英文 If you don't spend your money, it's no worth, it becomes less valuable than having rubble. There's no point in storing it.

41

智略を尽くした名采配

某《それがし》、先鋒《せんぽう》仕《つかまつ》らん、各《おの》は二陣《にじん》三陣《さんじん》と段々《だんだん》に備《そな》え給《たま》え

【甘糟 景持 ?~1604】

上杉謙信を補佐して「上杉四天王」と呼ばれた知勇兼備の名将は、柿崎景家《かきざきかげいえ》、直江景綱《なおえかげつな》、宇佐《うさ》美定行《みさだゆき》に加えた**甘糟近江守景持**《あまかすおうみのかみかげもち》の4人を指します。景持の出自は実は不確かで、甲斐《かい》・信濃《しなの》の国境にある白峰三山《しらみねさんざん》で狩人をしていたところ、長尾景虎《ながおかげとら》こと後の謙信《けんしん》に見出されて家臣となって甘糟氏の名跡《みょうせき》を継いだと伝えられています。

永禄3（1560）年、謙信が関東管領《かんとうかんれい》・上杉憲政《うえすぎのりまさ》から上杉氏の家督と関東管領職を譲られた際、その鎌倉鶴岡八幡宮で挙行された継承式の先導役を景持が務めました。

その翌年の「**第4次川中島の戦い**」の際、謙信が妻女山《さいじょざん》に陣を敷いた一方で武田信玄《たけだしんげん》が海津《かいづ》城に籠って睨み合いとなります。膠着状態を打破するために信玄が別動隊に妻女山の上杉勢を攻撃させて平野に誘い込むという有名な「啄木鳥戦法《きつつきせんぽう》」を仕掛けますが、この動きを察知した謙信は一足先に妻女山を下りていたため、高坂昌信《こうさかまさのぶ》や馬場信房《ばばのぶふさ》が率いる信玄の別動隊が到着した時には、妻女山は既にもぬけの殻でした。高坂らは急ぎ妻女山を下りますが、この時に1500の兵を率いて上杉勢の殿《しんがり》を務めていたのが景持でした。激戦となりながらも静まり返って退いていく上杉勢に対し、高坂らは謙信が自ら指揮しているのではないかと誤解した程、景持の采配は見事だっ

中文 让我来担任先锋吧。各位按顺序担任第二阵和第三阵，做好准备。

たそうです。

「御館《おたて》の乱」に際して景持は、上杉景勝《うえすぎかげかつ》を支持して越後三条城《えちごさんじょう》の城代に任ぜられました。

織田信長《おだのぶなが》が甲斐の武田氏を滅ぼすと、上野《こうずけ》に瀧川一益《たきがわかずます》、甲斐《かい》に河尻秀隆《かわじりひでたか》、信濃川中島《しなのかわなかじま》4郡に森《もり》長可《ながよし》などの功績ある諸将を配します。武田征伐での勢いのまま、次に上杉氏に狙いを定めた信長は、柴田勝家《しばたかついえ》・佐々成政《さっさなりまさ》に越中攻略を命じます。2万3000の兵で侵攻した織田勢は越中魚津《えっちゅううおづ》城を囲むと、景勝が越後春日山《えちごかすがやま》城から救援に向かいます。するとその居留守を狙って森長可《もりながよし》が、川中島から5000の兵で「北国街道」から関川《せきかわ》を突破して、越後春日山城を目指します。国境を突破された上杉勢は関山まで退いたところ、景持が援軍を連れて現れました。

▲甘糟景持の一族墓（山形県米沢市・栄松寺跡）

景持は明日の敵の攻撃に際しては、自分が敵を引き受けると本項フレーズで明言し、作戦を伝えます。それは「魚津で大勝した景勝が精鋭を率いて加勢に来たので、退却した者たちも明日は一緒に大いに戦おう」という高札を関川の町中に置かせて、ワザと敵の先鋒に発見させて将兵の動揺を誘って混乱を引き起こし、その間隙を突いて山林に配置した伏兵で敵の退路を断つという策でした。

景持は太鼓の合図で山林の中で旗を一斉に立たせ、ほら貝を吹かせ、大軍がいると見せて不意討ちを掛けたところ、臆病風に吹かれた敵兵は総崩れとなり、関川で溺れたり谷底に落下したりし、景持は3000近い首を討ち取る大勝利を得ました。この直後に**「本能寺」**で信長横死の報がもたらされ、長可は越後から徹退して行きました。

英文 Let me go first. All of you should prepare gradually for the later fight as scond and third leaders.

42

天下統一を導く一策

一豊《かずとよ》が領《りょう》せし城《しろ》、海道《かいどう》に在《あ》り 速《すみ》やかに御勢《おんぜい》を以《もっ》て守《まも》らせるべし

【山内 一豊 1545~1605】

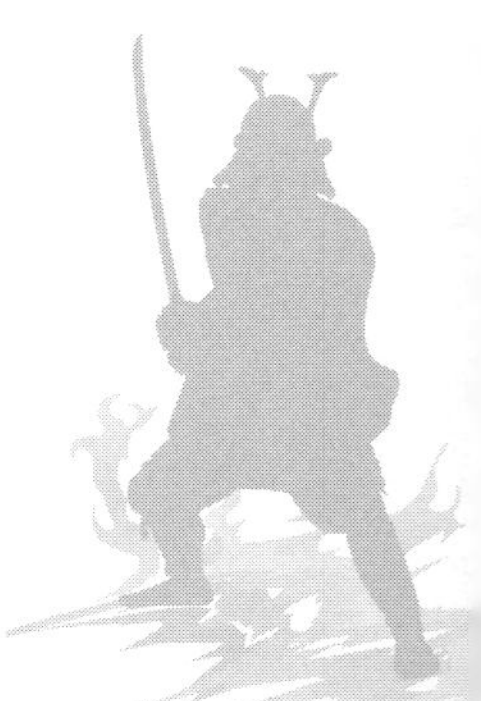

中村一氏《なかむらかずうじ》、堀尾吉晴《ほりおよしはる》と**山内土佐守一豊**《やまうちとさのかみかずとよ》は、木下藤吉郎秀吉《きのしたとうきちろうひでよし》の時代からの古参の豊臣家臣にして戦友であり、『**名将言行録**』にも仲良く収録されています。

「**関ケ原**」の直前、三河池鯉鮒《みかわちりう》（愛知《あいち》県知立《ちりゅう》市）で水野忠重が加賀井重望《かがいしげもち》に暗殺されましたが、現場に居合わせて重傷を負った堀尾吉晴《ほりおよしはる》に代わり、その息子である堀尾出雲守忠氏《ほりおいずものかみただうじ》は、徳川家康《とくがわいえやす》の「**会津征伐**」に加わるべく、父の僚友にして叔父さんとも言うべき一豊と共に、下野《しもつけ》小山《おやま》へ参陣しました。

「万一、上方《かみがた》で反徳川勢力が挙兵に及んだ場合、徳川勢が西へスムーズに進軍できるように、東海道上にある自分の浜松の城も領地も全て徳川殿に献上し、その娘婿である池田輝政《いけだてるまさ》の吉田城に妻子を人質として入れ、自らが先陣を務めると提案をして家康に恩を売れと、父の吉晴から知恵を授けられた」という策を自慢気に一豊に語りました。

やがて石田三成の挙兵の知らせを受けた家康は、直ちに諸将を集めて「**会津征伐**」を継続するか、上方へ戻って三成を討つか、それぞれの意思を確認しようとしました。後に「**小山評定**」と

中文 领袖所领地的城池在东海道。请速率兵前来守卫。

呼ばれる軍議の緊迫した中、真っ先に福島正則が家康に味方すると声を挙げると、その場の雰囲気に呑まれて躊躇している忠氏の隣にいた一豊が、本項フレーズを叫んで前に進み出ます。一豊は忠氏が父の吉晴から授けられた策をそのままに、上方への東海道の要所にある自分の掛川城を城内の兵糧と共に献上し、尚且つ妻子を人質として出し、自らが先陣になると宣言します。その場に列した諸将は我もと立ち上がり、一気に方向が決しました。軍議が終わって帰陣する際、忠氏は一豊に対して、

――日頃の律儀な貴公とは違うではないか。

と言って笑い飛ばしたそうです。一豊はこの一言で**「関ケ原」**の本戦で、全く出番がなく一兵も損じなかったにもかかわらず、戦後に土佐一国24万石の大封を得ました。

「小田原征伐」の後に家康が駿河・三河から関東八州へ移封されると、秀吉は甥の秀次を尾張《おわり》清洲《きよす》城１００万石に封じました。そして東海道沿いの要所に、池田輝政《いけだてるまさ》が三河吉田《みかわよしだ》城12万石、田中吉政が三河岡崎《みかわおかざき》城10万石、堀尾吉晴が遠江浜松《とおとうみはままつ》城12万石、山内一豊が遠江掛川《とおとうみかけがわ》城５万石、中村一氏が駿河府中《するがふちゅう》城17万石といった具合に戦略的に配置します。

▲山内一豊の供養塔
（和歌山県高野町・高野山奥之院）

一方で家康は、長年にわたり自分が切り取って治めた旧領地に配された一豊たちに対して、何かと気を配って友好的に接して懐柔し、その工作の成果が**「小山評定」**での一豊の本項フレーズを産むことになりました。つまり、家康の天下取りは**「関ケ原」**の10年前から始まって、時間をかけて用意周到に進められた中長期計画であったという訳です。

英文 The castle I have is located in Tokaido. Please protect it immediately with your troops.

コラム⑮

山内氏と堀尾氏のその後

「**小山評定**」で山内一豊に一杯食わされてしまった**堀尾出雲守忠氏**《ほりおいずものかみただうじ》（1578〜1604）は、「**関ケ原**」の本戦では戦場にいるだけで出番の無かった山内一豊と違って「**岐阜城攻め**」などで大いに活躍した。

その功績によって慶長9（1604）年、出雲《いずも》・隠岐《おき》2ヶ国24万石と大幅に加増された。隠居した父の堀尾吉晴《ほりおよしはる》を連れて、遠江浜松《とおとうみはままつ》城から山陰《さんいん》・月山富田《がっさんとだ》城へ移った。

尼子経久《あまごつねひさ》の居城で知られた月山富田城は、名城ながらも平時には不便な山城であった。そこで忠氏は、新しい城と町をつくるために領内を視察して回った。その際、小高い丘の上にある神魂《かもす》神社（島根県松江市）に目を付けた忠氏は、神主が制止するのを振り切って禁足地である神社奥の池の方へ入って行き、戻ってくると顔面蒼白を超えて顔は紫色になっていた。

——行ってはならぬところには行かぬものだ。

と言うや忠氏は城に帰って床に伏して亡くなった。誰もが神の祟りだと恐れたという。

実はニホンマムシに噛まれると、30分程して激しい痛みと共に顔面蒼白となり、その患部は紫色に腫れ上がるという。やがて毒が回って急性腎不全を起して死に至る。現代でも年間3000人が噛まれ、抗毒素血清の治療がなされても、5人前後が亡くなっているそうだ。

未だ27歳だった初代藩主・忠氏の子供は幼く、隠居していた吉晴が老骨に鞭打って後継人となった。忠氏が候補地の一つとしていた松江城を築いて城下を整備し、孫の成長を待った。

その吉晴の孫が12歳になると、家康の外孫である奥平家昌《おくだいらいえまさ》の娘をもらい、親子二代にわたって将軍秀忠から偏諱を受けて元服し、堀尾山城守忠晴《ほりおやましろのかみただはる》となった。その凛々しい孫の姿に堀尾家の安泰を見届けたと確信した吉晴は、69歳で病没した。

慶長19（1614）年の「**大坂冬の陣**」と翌年の「**夏の陣**」において忠晴は、少年武将ながらも、祖父の剛毅さを彷彿させる大活躍をした。しかしながら、34歳にして忠晴は病で亡くなってしまった。忠晴に嫡子はいなかったため、堀尾氏は改易となってしまった。

「関ケ原」をきっかけにして、堀尾氏の運を全て吸い取ってしまったかのような山内氏は、一豊の甥・忠義が養子となって2代藩主となり、土佐一国24万石の大名として明治維新まで存続し、幕末「四賢侯《よんけんこう》」の一人と謳われた名君・山内容堂《やまうちようどう》を生み、多くの土佐藩出身者が明治維新で活躍した。

▲堀尾忠氏の墓（島根県松江市・報恩寺）

▲神魂神社（島根県松江市）

43

組織のために抑制して生きる

大臣《だいじん》、権《けん》を争《あらそ》うは、国家《こっか》の利《り》にあらず 天下《てんか》既《すで》に定《さだ》まり復《ま》た力《ちから》を効《いた》すことなし

【榊原 康政 1548～1606】

家康に仕えた創業メンバーである「徳川四天王」の酒井忠次は、1527年生まれで4人の中で最年長、1561年生まれの井伊直政が最年少で、その年齢差は34歳。まさに親子程の違いですが、**榊原《さかきばら》式部《しきぶ》大輔《だいゆう》康政《やすまさ》**と本多忠勝の二人は、丁度その中間とも言うべき1548年生まれ同士で、若い頃から親しくズケズケと言い合える仲であったそうです。

戦場において徳川勢の先鋒を常に務める酒井忠次、次鋒は康政で、時には先陣を超えるかのような進軍ぶりに、家康より「二番手の見本」と評される程の「いぶし銀」の活躍を見せる戦上手で知られていました。現代で言えば、ドラマの名脇役のような感じでしょうか。

井伊直政とも大変にウマが合い、語らずとも意思が通じ合う程の表裏一体にして、

——直政《なおまさ》、従軍《じゅうぐん》すとあれば、康政《やすまさ》、安心《あんしん》す。康政《やすまさ》、従軍《じゅうぐん》とあれば、直政《なおまさ》、安堵《あんど》す。

という関係で、康政は常に「**自分が先に死ねば、直政も病に伏すであろう**」と言い、また、

——**直政《なおまさ》、我《われ》より先立《さきだ》たば、我死《わがし》も遠《とお》かるまじ。**

と言っていただけあり、直政が亡くなった翌々年に実際に康政も病で他界しています。

中文 大臣争权夺势，于国无益。天下已定，武力恐怕再无用武之地。

徳川家臣団、即ち家康の組織は、優れた幹部たちが一致団結してトップを盛り立てたところに強みがあり、実はその要はこの康政にありました。家康の「関東移封」に際しては館林10万石を与えられ、更に歴年の功績から常陸水戸城25万石に加増されようとした時、再三の命が下りながらもこれを固辞しています。

また**「関ケ原」**を経て乱世から平時に切り替わるタイミングで、武官ではなく文官である本多正信が家康の組織を全面的に仕切り始めた頃、武官の筆頭格であるにもかかわらず康政は、これを逸早く感じ取り、本項フレーズで組織内の武闘派を諭し、内部での権力闘争は組織を弱体化させるだけであり、天下が定まった今、弓矢は蔵に静かに収めるべきだと喝破しています。

実力ある者が功績を誇示せず、控えめであるところにこそ優れた組織がより強固に変化して、進化することが出来るものです。組織において優れた人財、まさに「リーダーたる者」の本分です。

「関ケ原」の際、秀忠に従って中山道を上った康政は、**「上田城攻め」**に固執する秀忠を諌める一方、その後に本戦に遅参した秀忠を勘当すると激怒した家康に対して、涙を流して諫めて翻心させて親子を和解させせました。

▲榊原康政の墓（群馬県館林市・善導寺）

これより先の**「小牧・長久手の戦い」**では、攻め寄せる豊臣秀吉軍を相手に奮戦し、得意の書で秀吉を誹謗する檄文をしたため大激怒させた康政ですが、その能力を最も認めて高い評価をしたのも外ならぬ秀吉で、敵を魅了する実力の持ち主でした。

英文 It is not in the nation's benefit for leaders to compete for power. Since the whole country has already been settled; military power will no longer have any effect.

44

人の能力を最大限に生かせ

道《みち》まで出向《でむ》いて一戦《いっせん》、励《はげ》むべきと思《おも》えば

【松平 忠吉 1580~1607】

徳川家康の11人の息子の中で、その武将として特段の優れた資質を有した者は、長男の信康《のぶやす》、次男の秀康《ひでやす》、そして**松平《まつだいら》左近衛権中将《さこんえのごんのちゅうしょう》兼《けん》薩摩守《さつまのかみ》忠吉《ただよし》**の3人で、**「関ケ原の戦い」**では初陣ながら忠吉は、岳父の井伊直政《いいなおまさ》の支援を受けながら大功を挙げます。

尾張清洲城《おわりきよすじょう》は織田信長《おだのぶなが》の本拠地として知られる東海道における要衝で、**「本能寺の変」**後は信長の次男・信雄《のぶかつ》、秀吉の甥である秀次《ひでつぐ》が広大な領土と共に入り、秀次が関白となると、秀吉の母方の従弟とも言われる猛将の福島正則《ふくしままさのり》が清洲城主となりました。**「関ケ原」**で一番の大手柄を挙げた正則が安芸広島城《あきひろしまじょう》へ栄転すると、忠吉に清洲城52万石が与えられます。

清洲城の津々浦々まで知る正則が江戸へ上る途中、清洲城の忠吉のところへ挨拶に訪れました。色々と話が盛り上がる中、

「関ケ原であれ程の武名を挙げた方には、清洲城のような平城で水害に弱い地形の所では、お気に召されないでしょう。要害の地に城を築かれて移られては如何ですか」

と正則からおべんちゃらと共に水を向けられた時、忠吉は、

「今や天下は父と兄が治めており、自分は悪事を企てることはない。もし西国の大名の中で攻め

中文 如果打算冲在前线奋战，坚固的城池也就不需要了。

寄せて来るようなことがあれば、この城に籠ることなどしない」

と前置きして本項フレーズで、城から撃って出て決戦するつもりと述べてから、

「平城でも湿地帯でも、全く気にしない」

と言い放ちました。歴戦の雄である正則も、忠吉の気概と器量に大いに感服したことは言うまでもありません。武田信玄の「人が城、人が石垣」と同じ哲学で、リーダーたる者の覚悟あらば「ハードではなく、ソフトで勝負する」ということを若いながらも忠吉は、よく理解していました。

また、忠吉は能力ある人財を大切にする必要性も知っていました。

自害した妻のガラシャを見殺しにしたということで、細川忠興《ほそかわただおき》が家臣の稲富喜太夫直家《いなとみきだゆうなおいえ》を成敗しようとした時、**「天下に名の知れた砲術の名人である稲富を殺せば、その一流の術が絶える」**として、忠吉が忠興に嘆願して助命させています。そのお陰で稲富は**「大坂の陣」**では天守閣に大砲で砲弾を撃ち込む武功を挙げ、「稲富流鉄砲術」の開祖となっています。

忠吉は**「関ケ原」**の際に負った銃創の後遺症で、28歳で亡くなってしまいます。後継者のいない忠吉の跡を弟の徳川義直《とくがわよしなお》が継ぎ、その居城として清洲よりもっと平野部の名古屋に築城することを家康は加藤清正《かとうきよまさ》らの諸大名に命じることになります。現在の名古屋市の繁栄はこの時を原点としますが、その実質的な開祖は忠吉でした。その忠吉の墓が、名古屋市千種区の性高院の裏手の駐車場の脇に、かなり窮屈な状態で追いやられてしまったままになって残されています。

▲松平忠吉の墓所
（名古屋市千種区・性高院）

英文 If you go out into the open and fight hard, you don't need a strong castle.

45

全ての瞬間に覚悟を持て

仮《かり》にも脇《わき》へ目《め》を遣《や》らず、始終《しじゅう》、主君《しゅくん》に目《め》を放《はな》さずして居《い》るを肝要《かんよう》の法《ほう》と致《いた》すなり

【堀 直政 1547～1608】

将来を大いに嘱望されながら、早世した未完の名将・堀秀政《ほりひでまさ》には、優れた補佐役《パートナー》がいました。『**名将言行録**』の「**堀秀政**」の条に続いて収録されている**堀監物直政**《ほりけんもつなおまさ》です。

直政は秀政の6歳年長の従兄にあたり、直政の母は秀政の父である堀秀重《ほりひでしげ》の姉で、直政は「奥田」姓を名乗っていました。子供の頃からこの従兄弟同士は実の兄弟の如く仲が良く、

――**先に出世した方に仕える。**

という約束を交わしていました。先に秀政が大功を立てて織田信長の家臣となったことから、直政は秀政の家老となりました。

「天下の三陪臣《さんばいしん》」

ある時、豊臣秀吉が自分の家臣たる諸大名の家臣、つまり「子会社」や取引先の副社長の立場にある者たちの中で、本体の取締役会のメンバーにしてトップマネジメントを委ねることが出来る者は、天下に3人いると述べました。それが、毛利の小早川隆景《こばやかわたかかげ》、上杉の直江兼続《なおえかねつぐ》、そしてこの直政でした。

秀政に従って直政は、「**長篠《ながしの》の戦い**」「**山崎の戦い**」「**賤ケ岳《しずがだけ》の戦い**」「**小牧《こまき》・長久手《ながくて》の戦い**」「四

中文 即便只是暂时，也不能旁顾他事，始终目不转睛地盯着主公，这才是最重要的方法。

国征伐」といった戦国時代の主要な合戦に全て参陣して活躍しました。

天正15（1587）年の秀吉の「**九州征伐**」で在陣中、秀政の近臣の一人が乱心を起こして秀政に斬り掛かった時、少し離れたところにいた直政が、駆け付けて乱心ものを成敗したことがありました。咄嗟のことで秀政の近くにいた護衛たちは、何が起きたか分からず、動くことが出来ませんでした。後日その護衛の者たちが、直政にその秘訣を尋ねると、

「某《それがし》は兼ねて一つの覚悟ありてのことなり。武術に優れているのでなく、主君の供をする時には必死の覚悟で勤めることを旨としておる。今まで人には申し上げたことはないが」

と前置きしてから直政は、本項フレーズで若い武士たちを諭しました。SPと呼ばれる現代の要人警護にも、心掛けてもらいたい言葉です。

直政に命を救われた秀政ですが、天正18（1590）年の「**小田原征伐**」の際、在陣中に病没します。その息子である15歳の秀治が後継者となりますが、秀吉は北国の要衝・越前北庄《えちぜんきたのしょう》城を任せるには若年という理由で、秀治の領地を召し上げようとしました。その時、直政がそれは家老たる自分の責任と秀吉に必死の覚悟で嘆願したことで、秀治への相続が認められました。

▲堀直政の供養塔
（和歌山県高野町・高野山奥之院）

更に秀治が越後春日山《えちごかすがやま》城30万石に転封となった時、秀吉は越後三条《えちごさんじょう》城5万石を直政に与えるように命じます。「2万人の将兵を動員できる越後《えちご》を任せられるのは、天下に名将多しとはいえ、直政しかいない」とその力量を秀吉に買われてのことでした。

英文 The most important method is to never take your eyes off your master, not even a moment.

46

自分の力でのし上がる

侍《さむらい》ならぬものは、人倫《じんりん》にてなし

【田中 吉政　1548~1609】

近江浅井郡宮部県《おうみあざいみやべのあがた》（滋賀県長浜市宮部町）に生まれた**田中筑後守吉政《たなかちくごのかみよしまさ》**は、農民出身であると言われていますが、実際は「地侍《じざむらい》」「土豪《どごう》」と呼ばれた半農半士の家に生まれたようです。

吉政が野良仕事に精を出している時、格好良い馬上姿の武士が5人の共を連れて村を横切って行くのを見て、本項フレーズを発して一大決心し、地元の「国人《こくじん》」である宮部継潤《みやべけいじゅん》に仕えます。この時に僅か「3石扶持《ふち》」の使い走りが、吉政のキャリアの原点となりました。

継潤が羽柴秀吉から調略を受けて浅井長政《あざいながまさ》から寝返ると、継潤のところに三好孫七郎《みよしまごしちろう》という者が養子として送り込まれ、吉政がその傅役《もりやく》を命じられます。この孫七郎こそ、後の豊臣秀次《とよとみひでつぐ》です。天正13（1585）年、秀次が近江八幡城《おうみはちまん》43万石の大名になると、秀吉の直臣である中村一氏《なかむらかずうじ》、堀尾吉晴《ほりおよしはる》、山内一豊《やまうちかずとよ》と共に吉政も「附家老《つけがろう》」に抜擢されます。在京する秀次に代わり、30代後半の働き盛りの吉政が、20万石のマネジメントを一手に任せられます。

「小田原征伐」後、秀次が尾張《おわり》と伊勢《いせ》を加増されて100万石の大大名となると、駿府《すんぷ》城14万石に中村一氏、掛川城5万石に山内一豊、浜松城12万石に堀尾吉晴、そして岡崎城5万7000石に吉政が、東海道に戦略的に配置され、秀次を支えることになりました。その翌年、秀次が秀

中文 不成为领袖，做人就没有意义。

吉の後を継いで関白に就任します。

しかしながら、関白となった秀次はプレッシャーを酒で紛らわせているうちに、乱行が目立つようになります。重臣として吉政が度々の諫言を行うものの、秀次は謀反の嫌疑を秀吉から掛けられ、その逆鱗に触れて切腹処分となります。この時、吉政を始め中村一氏、山内一豊、堀尾吉晴らへの咎めはありませんでしたので、秀吉から内々の指示を受けて、恐らく秀次の失脚に加担したのでしょう。

「関ケ原」の際に吉政は、福島正則《ふくしままさのり》や池田輝政《いけだてるまさ》らと共に、決戦前の**「岐阜城攻め」**で大活躍し、決戦後に逃亡した石田三成《いしだみつなり》を捕縛したのは吉政の家来でした。「田兵《たひょう》（田中兵部大輔《たなかひょうぶたゆう》）」と綽名で呼ぶ同郷の友でもある三成が、処刑されるまで手厚く世話をしたのは、吉政でした。

▲田中吉政の墓（福岡県柳川市・真勝寺）

吉政は**「関ケ原」**の功績で一躍、筑後《ちくご》一国30万石の大名に出世します。立花宗茂《たちばなむねしげ》に代わって柳川に入り、近江八幡や岡崎で磨いたマネジメント手腕を発揮して、亡くなるまでの8年の間で、大規模な土木工事を行って近代的城下町の形成に貢献しました。

大志を抱いた近江の農村に住む青年がリーダーたる者を志して一念発起した結果は、約30年のキャリアで3石の小者から10万倍の大大名にまでの大出世でした。現代の若手起業家や投資家でも驚くべき「戦国ミラクルストーリー」の体現者が、この吉政でした。

英文 There is no point in being a human if you are not a leader.

コラム⑯

田中吉政の息子の忠政の生涯
―名君として名を残せぬ無念の人生―

イエズス会が残した当時の記録である『**日本切支《にっぽんきりし》丹宗門史《たんしゅうもんし》**』によれば、親キリシタン武将として、福《ふく》島正則《しままさのり》、細川忠興《ほそかわただおき》、前田利長《まえだとしなが》、黒田長政《くろだながまさ》と並んで、田中吉政《たなかよしまさ》の名が記されている。教会へ土地を寄進したり、家臣や領民に洗礼を進めたりしている。

慶長10（1605）年には、イエズス会の司祭たちを柳川で厚遇して、教会や司祭館の建設をしてもいる。それからの2年間で、柳川城下で2000人近い改宗者を得たという。

吉政には同母で4人の息子がいた。長男の吉次《よしつぐ》が廃嫡されると、次男の吉信《よしのぶ》、三男の吉勝《よしかつ》を差し置いて、四男の**田中筑後守忠政《たなかちくごのかみただまさ》**が跡を継いだ。忠政は将軍・秀忠より偏諱を受け、家康は弟である松平康元の娘を自分の養女とした上で、忠政の正室として娶らせている。

慶長19（1614）年の「**大坂冬の陣**」では、12月下旬に和議がまとまると、細川、黒田、加藤の九州勢と共に本戦に参加することなく帰国を命じられている。「**大坂夏の陣**」では、忠政は5月8日の大坂落城後の5月29日に到着する遅陣という失態を犯した。島津は確信犯的に遅陣をしているが、大きな問題にはならなかった。しかしながら、忠政の遅陣はどういう訳か秀忠の心証を大いに悪くしたという。三兄の吉勝から幕府への通報により、忠政の大坂への内通を疑われて、なかなか嫌疑は晴れなかった。

元和6（1620）年8月、忠政は江戸で病没する。無嗣を理由に田中家は改易となった。甲冑に包まれた忠政の遺体は、神田吉祥寺《かんだきっしょうじ》に葬られた。

忠政は父と同じくキリシタンを手厚く保護し、優れたキリシタン大名として、キリシタンから尊敬を受けていたという。忠政が父・吉政を葬るために建立した柳川にある菩提寺は、仏教寺院の建築によるもので、お寺の本堂自体が墓となっていて、本堂の真下部分に墓石が置かれているが、その墓石はまるで十字架の墓標の礎石部分のようである。キリシタン禁教に備えたのであろうか。吉政の洗礼名はバルトロメヨだが、忠政の洗礼名は伝わっていない。

忠政が亡くなって3ヶ月後、立花宗茂《たちばなむねしげ》に柳川への再封が決まった。久留米を中心とする北筑後は、有馬豊氏に与えられた。元和7（1621）年1月21日に江戸を出立した宗茂は、2月28日に柳川へ入城した。百姓たちも宗茂の帰国を大いに歓迎したという。柳川を出て20年を超える歳月、城下を大きく発展させた田中父子に対して、立花家は現代まで尊敬の念と共に一目を置いていると、ご子孫の立花宗和氏より仄聞している。

▲田中忠政の供養塔
（東京都文京区・吉祥寺）

▲田中吉政の墓
（京都市左京区・金戒光明寺）

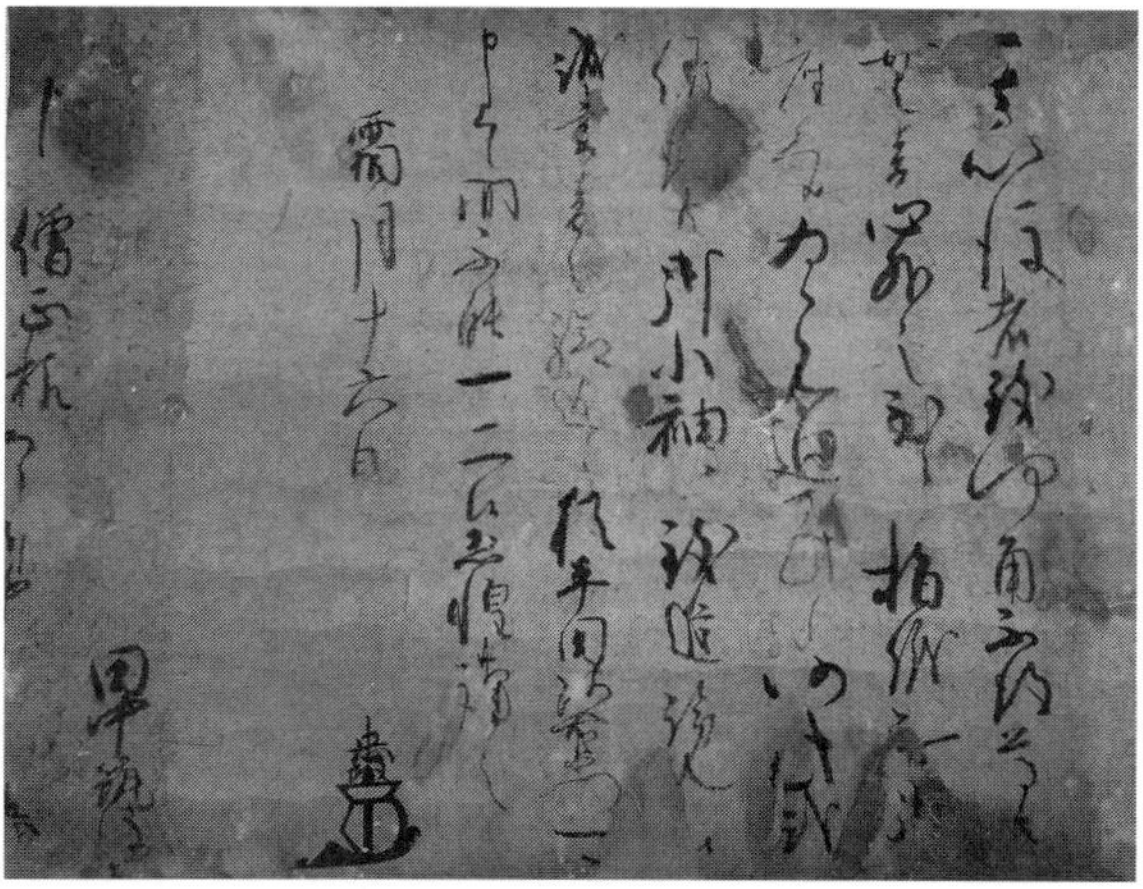

▲田中忠政の書状（著者蔵）

コラム⑰ 柳川の基礎をつくった蒲池鑑盛

福岡《ふくおか》県筑後《ちくご》地方の主要都市である柳川《やながわ》市は、福岡市内から西鉄で45分と、現在では福岡都市圏に属している。市内を縦横に張り巡らされている掘割は「水郷柳川《すいごうやながわ》」として知られる九州屈指の観光地であり、川下りを楽しみながら、名物料理「ウナギの蒸籠《せいろう》蒸し」の香ばしい香りに包まれながら、四季折々の風景を愛でることが出来る。

更には柳川藩主・立花邸には、素晴らしい庭園に日本屋敷と瀟洒な洋館が並び建ち、立花氏のご子孫が経営する高級料亭旅館「御花《おはな》」は、悠久な日本の歴史に一瞬、思いを馳せることが現代の一般人にも許される貴重な空間となっている。一〇〇年後の未来に文化財があるその景色を残すべく、立花千月香社長がクラウドファンディングなど積極的に取り組まれている。

実は現在にも残る柳川の城下町を築いたのは、近江八幡《おうみはちまん》市や岡崎市の基盤をつくった**田中吉政**《たなかよしまさ》である。「**関ケ原**」の論功行賞で筑後の国主となった吉政が治める前の柳川は、立花宗茂の本拠地であったことは誰もが知るが、そもそも柳川の掘割を巡らせて難攻不落の柳川城を最初に築いたのは、筑後を代表する有力「国人《こくじん》」の蒲池《かまち》氏である。

文亀年間（1501~1504）、蒲池氏一四代の蒲池筑後守治久《かまちちくごのかみはるひさ》が累代の本拠地である蒲池城の支城として柳川に初めて城を築き、その孫である「筑後十五城の筆頭武将」として勇名を馳せた**蒲池近《かまちおう》江守鑑盛**《みのかみあきもり》（1520~1578）、法名・宗雪《そうせつ》で知られる名将が、柳川城を整備して本城とした。

——**義心《ぎしん》は鉄《てつ》の如《ごと》し。**

と義を重んじる鑑盛は、毀誉褒貶の激しい大友《おおとも》義鑑《よしあき》とその息子である義鎮《よししげ》の二代に仕え、大友氏に従って筑前《ちくぜん》や肥前《ひぜん》での数多くの合戦に転戦した。

筑前・肥前の守護大名・少弐《しょうに》氏の筆頭家臣であった龍造寺家兼《りゅうぞうじいえかね》が「**下剋上**《げこくじょう》」に失敗して、二人の息子と4人の孫を誅殺されながらも逃げ込んで来た時、鑑盛は大友氏の敵でありながらも「窮鳥入懐《きゅうちょうにゅうかい》」の如く家兼を匿って手厚く保護した。更にはその曾孫の隆信《たかのぶ》が再起を果たす際には力を惜しまず、天《てん》文《ぶん》22（1553）年に隆信が佐嘉《さが》城（後の佐賀城）

を奪回して龍造寺氏の再興を果たした。

天正6（1578）年、**「耳川《みみかわ》の戦い」**の際に鑑盛は、3000の兵を率いて筑後の「国人《こくじん》」たちと共に大友義鎮に従って参戦した。大友氏に加勢することに不満を抱いていた嫡男の鎮漣《しげなみ》（1547～1581）が2000の兵と共に柳川へ帰還しながらも、残りの1000の将兵と共に鑑盛は大友勢に従った。島津の猛攻に大敗北を喫して大友勢が敗走する中、鑑盛は大友氏に忠義を尽くして最後まで戦場に踏み止まって討死にした。

柳川城と大きな領地（後の禄高で12万石）を継ぐと鎮漣は、早速に大友氏からの独立を図り、龍造寺隆信と同盟するが、鎮漣はやがて対立し、天正8（1580）年に隆信が2万の兵で柳川城を包囲することになった。しかしながらこの堅固な柳川城は、150日間、一説には300日近くも持ち堪え、遂に落城することなく、隆信は娘の玉鶴姫を鎮漣に与えて婿とすることで和議を結んだ。

▲旧立花伯爵邸（福岡県柳川市）

▲蒲池一族の墓碑（福岡県柳川市・崇久寺）

独立心旺盛な戦国武将・鎮漣は、龍造寺氏と縁戚関係を構築しながらも再び大友氏と通じ、新しい婿の叛意を信じなかった隆信もその情報が確かだと知るや、一計を案じて鎮漣を佐賀城での盛大な祝宴に招いた後に謀殺し、柳川城を急襲して鎮漣一族と家臣たちを皆殺しにした。その中には、鎮漣の妻である隆信の娘も含まれていたという。

柳川城主としての蒲池氏は滅亡した。鎮漣の弟の家系が蒲池氏を再興し、柳川藩主・立花氏の重臣となり、その末孫の蒲池法子《のりこ》が有名歌手の松田聖子であることは、歴史ファンの間ではよく知られている。

47

一世一代の勝負にかける

汝《なんじ》、偏《ひとえ》に討死《うちじ》にのみと思えるは、吾《わ》が志《こころざし》にあらず

【京極 高次 1563~1609】

徳川家康が大坂から会津へ出征する際、近江大津《おうみおおつ》城へ立ち寄り、城主の京極若狭守高次《きょうごくわかさのかみたかつぐ》の相伴に預かり、高次の家臣たちとも親しく言葉を交わしました。その時に「賤ケ岳《しずがたけ》の戦い」で柴田勝家《しばたかついえ》の下《もと》で名を馳せた浅見藤兵衛《あさみとうべえ》を見付けた家康は、この城には勇猛な武士が沢山いるなと含みを持たせた言葉を残して大津城を後にしました。

やがて石田三成《いしだみつなり》が挙兵に及んで8月1日に伏見城が落城すると、三成に味方する諸将が美濃大垣《みのおおがき》城に向かいます。諸将が通過しても高次は、大津城から出陣しませんでした。9月2日の晩、武勇で名高い腹心の尾関甚右衛門《おぜきじんえもん》と酒を酌み交わしながら高次は、

「自分はやはり石田《いしだ》に与《くみ》しないで、大津で籠城することに決めた。敵の真ん中で小勢で守ることは困難だが、お前の武勇を頼りにしている」

と「四面楚歌《しめんそか》」となっても一世一代の意地で戦うという心中を打ち明けます。

「勇猛な武士が多くいる中、某《それがし》などに何を仰いますか。必ずやご信頼にお応えします」

トップの全幅の信頼を受けていることに甚右衛門が感激していると、高次は、

「お前は討死にするべきだろうか、いやそうではない。私のために命を捨てようと思う者は多く

中文 汝偏求取战死，但非合吾意。

いるけれど、志の同じ仲間として一緒に戦略を練れる者は稀だからだ」

高次はそう語ってから、討死になんか望んでないと本項フレーズで明言しました。

9月3日、高次が大津城に籠ると徳川家康への旗幟を鮮明にしたことで、退路を断たれた三成ら諸将は大激怒します。名門の生まれという「七光り」だけでなく、姉妹や従姉妹が権力者に愛されたという恩恵**―夜の閨《ねや》を連想させる女性の尻の光―**を背にしただけで、楽々と出世した者への妬みと風当たりは強く、武功も根性もない腰抜けの「**蛍《ほたる》大名**」と日頃から内心では小バカにしていた諸将は、高次の裏切り行為に衝撃を受けました。

三成は毛利《もうり》元康《もとやす》、小早川《こばやかわ》秀包《ひでかね》、立花《たちばな》宗茂《むねしげ》らの率いる精鋭3万の将兵で大津城を包囲させます。9月13日から総攻撃が始まり、三の丸、二の丸が落ち、本丸のみを残した9月15日、降伏勧告を受諾して開城した高次は、坊主姿となって高野山へ追放されました。

しかしながら、この15日はまさに「**関ケ原**」で決戦が行われた日でした。大津城で大軍を引き留めた功績は大として、家康は高次を高野山から呼び戻して、近江一国40万石に封じようとしましたが、高次は自らを恥じて固辞したことから、若狭《わかさ》小浜《おばま》城9万2000石が与えられました。

▲京極高次の供養塔（島根県松江市・安国寺）

実は高次が立派な「リーダーたる者」であったことは、3000の将兵だけでなく厠の掃除係までも誰一人として裏切者を出さず、籠城戦を最後まで戦い抜いていることで証明されています。かの甚右衛門は大奮戦した挙句、高次の志と違えて見事に戦死を遂げてしまっています。

英文 If you're just thinking about dying in battle, that's different from my will.

HOSOKAWA Fujitaka

48

知性という武器を磨く

学問《がくもん》は博《ひろ》く学《まな》ぶべきものなり

【細川 藤孝 1534~1610】

寝返りや日和見《ひよりみ》を華麗にやり遂げた人物として、**細川幽斎《ほそかわゆうさい》**こと**長岡兵部大輔藤孝《ながおかひょうぶだいゆうふじたか》**の右に出る者はいないでしょう。巧みな面従腹背《めんじゅうふくはい》ぶりは戦国時代のみならず、日本史上最強と言っても過言ではありません。

敵に城を囲まれて籠城戦となった場合、城主は兵たちの助命を条件に腹を掻《か》っ捌《さば》いて自害するのが、大将たる者の習わしでした。豊臣秀吉に攻められた因幡鳥取《いなばとっとり》城主の吉川経家《きっかわつねいえ》、備前高松《びぜんたかまつ》城主の清水宗治《しみずむねはる》などは、まさに「武士の鑑《かがみ》」として同時代から称賛されていました。

前項の京極高次《きょうごくたかつぐ》は「**関ケ原**」当日に開城して高野山に入ったにもかかわらず、石田方の大軍を釘付けにしたと家康に賞されましたが、人々からは武士の風上にも置けない情けない大将と見做されてしまいました。しかしながら、幽斎の場合は些か風向きが違います。

小野木縫殿介《おのぎぬいのすけ》らの大軍1万5000の兵に対して、幽斎は僅《わず》か500の兵をもって丹波田辺《たんばたなべ》城で40日以上もの籠城戦に耐えました。更に『古今和歌集《こきんわかしゅう》』の解釈と奥義を口伝する『古今伝授《こきんでんじゅ》』が失われることを危惧した後陽成《ごようぜい》天皇が、勅許を出して開城を命じたことから、誰も非難する者がいませんでした。武家でありながら歌人としての才能を認められ、『古今伝授』の他にも『源氏物語』

中文 学问要广泛学习。

の伝授を帝から命じられていたことが、幽斎の名誉と命を救った訳です。

幽斎の実父・三淵晴員《みつぶちはるかず》は、足利一門の細川元常《ほそかわもとつね》の息子で、将軍・義晴《よしはる》の側近でした。幽斎は同じ一族の細川晴広《ほそかわはるひろ》の養子となります。細川氏は斯波《しば》、畠山《はたけやま》、赤松《あかまつ》、山名《やまな》といった管領を出す室町時代の名門で、足利将軍の秘書のようなスタッフを出す家柄でもありました。

幽斎は一説によると12代将軍・義晴の息子とも噂されるだけあり、京都の公家衆たちとも対等に親しく交わり、礼法や知識である「有職故実《ゆうそくこじつ》」に精通し、歌道、蹴鞠、料理まで含めて教養の塊のような文化人武将でした。茶道では、千利休の筆頭弟子でもありました。

公家のように文弱なイメージの幽斎ですが、若い頃は牛の角を抑えて倒すなど、腕力に優れた武士であり、丹波田辺城の籠城戦の際、**「若い頃であれば城を枕に討死したのだが」**と嘯《うそぶ》いていますが、満更デタラメでもなかったようです。本項フレーズに続いて、手持ちの袋に何でも入れて蓄える要領で、

——博学多識《はくがくたしき》にして然《しか》る後《のち》、弁論取捨《べんろんしゅしゃ》することの出来《でき》るものなり。

と**「博識になってから、色々なことを取捨選択して初めて応用することが出来る」**と説いています。本項フレーズは幽斎だからこその重みがあり、まさに学問が身を助け、学問で立身出世した人物の哲学がここに凝縮されています。

▲細川藤孝の廟
（熊本県熊本市・泰勝寺跡）

元亀《げんき》4（1573）年に信長から拝領した地名からとった「長岡《ながおか》」に改姓してから、実は幽斎は「細川」姓を亡くなるまで、遂に名乗ることはありませんでした。

英文 We should learn a wide range of academics.

49

与えられた運命を受け入れる

二世《にせい》とは 契《ちぎ》らぬものを 親《おや》と子《こ》の 別《わか》れむ袖《そで》の 哀《あわ》れも知《し》れ

【島津 義久 1533～1611】

天正12（1584）年、島原半島で繰り広げられた「**沖田畷《おきたなわて》の戦い**」において、龍造寺隆信《りゅうぞうじたかのぶ》が討ち取られて肥前《ひぜん》が島津氏の手に落ちたことは、戦国時代の九州における大きなターニングポイントになりました。次の生贄は自分だと悟った豊後《ぶんご》の大友宗麟《おおともそうりん》は、名門意識をかなぐり捨てて上洛し、新興勢力の豊臣秀吉《とよとみひでよし》に助けを求めました。

秀吉から九州における停戦命令となる「惣無事令《そうぶじれい》」を送り付けられた薩摩《さつま》・島津《しまづ》氏16代当主の**島津修理大夫義久《しまづしゅうりだゆうよしひさ》**は、秀吉の動向や権勢についての情報をよく得ていましたが、大友以上に名門意識が強く、尚且つ意気盛んにして精強な武士団組織を抱える島津としては、成り上がりの秀吉の素性を含めて実力を軽視して黙殺しました。

筑前《ちくぜん》・豊後《ぶんご》の一部を除いて九州をほぼ平定しようとしていた義久は、秀吉の介入が近いことを予想し、二弟・義弘《よしひろ》を肥後《ひご》から、四弟・家久《いえひさ》を日向《ひゅうが》から、合計4万を超える兵力で豊後の大友宗麟に対して攻勢を強めます。天正14（1586）年12月に秀吉の先遣軍である仙谷秀久《せんごくひでひさ》・長曾我《ちょうそか》部元親《べもとちか》を「**戸次川《へつぎがわ》の戦い**」で撃退して島津の意気も上がりますが、翌年3月に秀吉の弟・秀長《ひでなが》を

中文 与不是父母的人结下两世情缘，临别时袖子都湿透了悲伤。

大将とする10万が豊前から日向へ、続いて秀吉が率いる10万が小倉から肥後を通じて、合計20万を超える大軍が薩摩を目指して南下し、形勢が一気に逆転します。

「根白坂《ねしろさか》の戦い」で義弘・家久の島津軍が粉砕されると、薩摩国境出水《いずみ》城主・島津忠辰《しまづただとき》も降伏したことから、薩摩川内《さつませんだい》・泰平寺《たいへいじ》にて剃髪して**龍伯《りゅうはく》**と改めた義久が、秀吉に降伏します。意外にも秀吉は義久を助命し、薩摩《さつま》・大隅《おおすみ》・日向《ひゅうが》半国を島津に安堵しました。

秀吉への人質として、息子のいない義久の三女・亀寿《かめじゅ》（1571～1630）が泰平寺に同道しました。17歳の娘が父に似ずに美しいことから疑った秀吉が、亀寿の前に菓子を放り投げて試したところ、亀寿が全く動じなかったことから「流石、島津の娘」と感嘆したそうです。

義久が上洛した後、秀吉より帰国の許可が出されて亀寿との離別に際して、細川幽斎《ほそかわゆうさい》に渡した和歌が本項フレーズです。実は義久は大変に和歌を詠むのに長けた教養人で、その巧みな歌と義久の心情に感動した幽斎が取りなし、秀吉も亀寿と義久二人の帰国を許しました。

この亀寿の母は火縄銃で有名な種子島時堯《たねがしまときたか》の娘で、結婚した従弟・久保《ひさやす》（義弘の息子）が朝鮮在陣中に病死すると、更にその弟である家久《いえひさ》と再婚します。夫婦仲は極めて悪く、義久が亡くなると亀寿は、国分《こくぶ》城1万石の化粧料を与えられ、鹿児島城から追い出されています。

▲島津義久の供養塔
（鹿児島県霧島市・金剛寺跡）

亀寿には「器量は優れずとも人柄で慕われた」という話も残されており、鹿児島城山《しろやま》の西郷隆盛《さいごうたかもり》像の裏に「じめさあ（持明院様《じみょういんさま》）」と呼ばれる派手な化粧を施された達磨《だるま》のような石像が、亀寿の姿を映したものと伝えられています。

英文 Parent-child relationship does not have fate like 'marriage vows to the next life', so it is hard to avoid sadness on their sleeves when parting.

コラム⑱

火縄銃の人　種子島時堯

　鹿児島県に属する離島の中で、奄美大島《あまみおおしま》と屋久《やく》島《しま》の次に大きいのが種子島《たねがしま》である。現在では科学技術の最先端・ＪＡＸＡの種子島宇宙センターがある島として知られているが、島内には縄文時代の遺跡があり、古くからの歴史ある島だ。平安時代には都から代官が送られて来ており、室町時代になると大隅《おおすみ》の「国人《こくじん》」肥後《ひご》氏の一族が種子島氏を称して島主となり、琉球や南方との交易拠点として栄えた。

　東シナ海を跨いで交易を行っていた主役は明国《みんこく》の商人と倭寇《わこう》であった。武装した船団を持つ倭寇たちは、実際は日本人だけではなく明国人や朝鮮人、琉球人の混成部隊であったと今日では考えられている。その荒くれ者たちの筆頭が、明国人の王直《おうちょく》であったという。新しいビジネスチャンスを得るべく、日本本土の地方有力者との関係構築を目指していた。

　当時の寧波《にんぽー》には既に1万人に及ぶポルトガル人の居留民を抱えており、王直は野心のあるポルトガル人の若者に声を掛けて、天文《てんぶん》12（１５４３）年の夏に日本へ船出した。以前には台風で偶然に種子島へ漂着したと言われていたが、最近では日本との直接貿易を目指したと言われている。この時に乗船したポルトガル人は3人とも5人とも言われ、フェルナン・メンデス・ピント、アントニオ・デ・モタ、フランシスコ・ゼイモト、クリストファノ・ボラーニョ、アントニオ・ペイロートの5人の名前が、欧州の史料には残されている。

　種子島の14代領主となったばかりの16歳の好奇心旺盛の若者であった**種子島《たねがしま》左《さ》近衛《このえの》将監《しょうげん》時堯《ときたか》**（１５２８～１５７９）は、初めて見る南蛮人とその持物に目を見張り、火を噴く鉄砲に大いに興奮した。前年まで屋久島を巡って近隣勢力と抗争をしていたことから、武器として使えることに目を付けたからだ。

　南蛮人は時堯に火縄銃を献上しようとしたが、時堯は現在の価格で1丁１０００両（約1億円）の銀を提示して2丁を買い上げた。つまり時堯は、自分用に1丁（後に足利義晴に献上された）を求めただけでなく、コピー製品をつくるためにもう1丁を買い上げたのである。この時の判断で、一介の離島主として系図に名前を伝えただけで終わったはずの時堯の名が、日本史に大きく残されることになった。

もしかすると明国人・王直か、ポルトガル商人が知恵を付けたのかも知れないが、時堯は刀鍛冶の八坂金兵衛《やさかきんべえ》にコピー製作を直ちに命じている。一攫千金を狙えると知ったポルトガル商人たちは、翌年から大挙して交易船で種子島を訪れるようになり、対日貿易の窓口として種子島が大いに栄えることになった。

種子島を拠点に屋久島と沖永良部島を支配下においていた種子島氏は、時堯の父の恵時の代で二島の支配権を失い、薩摩の島津氏を頼ってかろうじて種子島を保っていた。時堯の正室は島津忠良の娘であり、その間の二人の娘は伊集院忠棟《いじゅういんただむね》の正室と島津義久《しまづよしひさ》の後室に収まっている。

島津との関係を深めながらも時堯は、豊後《ぶんご》の大《おお》友宗麟《ともそうりん》とは交易を通じて親交を持ち、時堯は4歳下の宗麟の子弟を養子にして後継者に迎えようとした程で、時堯の戦国武将としてのしたたかさが垣間見える数少ない逸話が残されている。

時堯は種子島銃や南蛮貿易で得た富を元手に、遠く都まで上って銃の商談と共に観光を楽しんだという記録が残されている。

息子の久時《ひさとき》は「**小田原征伐**」の際に豊臣秀吉に鉄砲200丁を献上しており、「**朝鮮出兵**」でも鉄砲隊を率いて活躍し、島津氏の精強さの源泉は、久時の鉄砲隊にあるとも言われている。

▲種子島時堯の墓
（鹿児島県西之表市・御坊墓地）

▲種子島時堯（中央）の墓
（鹿児島県西之表市・御拝塔墓地）

▲種子島時堯の像
（鹿児島県西之表市・赤尾木城址）

50

淡々と忠義を貫く

見目《みめ》悪《わる》きは某《それがし》の不調法《ぶちょうほう》にて、少《すこ》しも恨《うら》み之《これ》なく候《そうろう》

【甘糟 清長　1550~1611】

上杉景勝《うえすぎかげかつ》が慶長3（1598）年に越後から会津へ転封となった時、陸奥白石《むつしらいし》城2万石を与えられたのが**甘糟藤右衛門清長《あまかすとうえもんきよなが》**です。上田長尾《うえだながお》氏（景勝の実家）の譜代・登坂清高《のぼりさかきよたか》の息子でしたが、上杉謙信《うえすぎけんしん》の命によって戦死した甘糟継義《あまかすつぐよし》の名跡を継ぎました。後に景勝より偏諱《へんき》を受けた「景継《かげつぐ》」の名でも知られていますが、本庄繁長《ほんじょうしげなが》と並んで、上杉氏の大幹部です。

徳川家康の**「会津征伐」**に際して、会津城での軍議に出席して清長が白石城を留守にしている間、隣国の伊達政宗《だてまさむね》の急襲を受け、城代にして甥の登坂式部勝乃《のぼりさかしきぶかつよし》はさしたる抵抗もせずに降伏してしまいました。この報せを聞いた景勝は大激怒し、清長に死罪を命じましたが、重臣たちの取り成しで事なきを得ました。それ以降、景勝はこれまでの清長の功績をよそに遠ざけるようになりました。景勝が米沢へ移封になった頃は、清長に言葉を掛けることも目を合わすことも無くなる程に、不興を買います。

清長の武名をよく知る徳川家康《とくがわいえやす》は、自分に旗本として仕えている畠山長門守義真《はたけやまながとのかみよしざね》（父は畠山義《はたけやまよし》春《はる》、母は景勝の妹、景勝の元養子）を通じて、

――景勝の顰蹙を買って冷遇されているならば、3万石で召抱える。

中文 相貌丑陋是我自己不得体，一点也不怨恨。

と清長に打診させました。義真は清長を京都の屋敷に呼び出し、本多正純《ほんだまさずみ》からの書状も見せました。すると清長は平伏して畳に頭を付けながら、本項フレーズを述べ、

――仮令《たとえ》、何様《なによう》に致《いた》され候《そうらえ》とも、譜第《ふだい》の主《あるじ》に候《そうら》へ間《あいだ》、御免下《ごめんくだ》され候《そうら》へ、上意《じょうい》は有難《ありがた》く存《ぞん》じ奉《たてまつ》り候《そうろう》。

と涙を流しながら謝絶しました。家康はこれを聞いて、

――其《そ》の忠義《ちゅうぎ》、信《まこと》の所《ところ》にて、猶《な》お惜《お》しきことなり。

と感嘆しました。この時の清長の話が景勝の耳に入り、

「ワシに隠れて畠山の所などに出向くとは言語同断なり」

と更に大激怒した景勝から、清長はますます遠ざけられるようになったそうです。

慶長16（1611）年に清長は亡くなります。自害とも言われ、6600石の俸禄も没収となっています。後に長男・吉継《よしつぐ》は景勝の息子・定勝《さだかつ》に出仕し、次男のルイス信綱《のぶつな》は、寛永6（1629）年に米沢藩内でキリシタン弾圧があった際に52名の信徒と共に処刑されています。

▲甘糟清長の墓
（山形県米沢市・林泉寺）

因みにルイス信綱は、平成18（2007）年にローマ法皇庁により聖人に次ぐ「福者《ふくしゃ》」に列せられました。清長の息子は、天国において「大名」に取り立てられたということになります。

清長の墓は直江兼継や上杉歴代藩主夫人の墓がある米沢・林泉寺《りんせんじ》にあることから、どれくらい上杉家中で本当は冷遇されていたのかは疑問です。

英文 It's your fault that you are bad in looks, so don't hold any grudges at all.

コラム⑲ 「蛍大名」京極高次の妻・常高院

織田信長《おだのぶなが》の妹のお市の方と戦国大名の浅井長政《あざいながまさ》の間に生まれた「茶々《ちゃちゃ》・初《はつ》・江《ごう》」で知られる「浅井三姉妹」の真ん中の**浅井初**《あざいはつ》（1570～1633）は、天正15（1587）年に「三姉妹」の従兄にあたる京極高次《きょうごくたかつぐ》に嫁いだ。

高次は、近江の守護大名の京極高吉《きょうごくたかよし》と「国人《こくじん》」から戦国大名として成り上がった浅井久政《あざいひさまさ》の長女・マリアとの間に生まれた。高次の母・京極マリアは、浅井長政《あざいながまさ》の姉にあたる。

近江・京極氏は、鎌倉時代から室町時代にかけて活躍したバサラ大名・佐々木道誉《ささきどうよ》の子孫で、近《おう》江《み》・出雲《いずも》・隠岐《おき》・飛騨《ひだ》の守護を兼務し、室町幕府における軍事警察権を司る長官を輩出した名門武士の家柄である。

浅井三姉妹が「**賤ケ岳《しずがたけ》の戦い**」の後、秀吉の保護を受けた際、その面倒を見たのは秀吉の側室となっていた京極龍子《きょうごくたつこ》（後の「松の丸殿《まつのまるどの》」）であった。三姉妹の従姉であり、京極高次の姉（妹説あり）だ。

「**本能寺の変**」の際、龍子の夫である若狭《わかさ》の国主・武田元明《たけだもとあき》が明智光秀に加担し、高次もそれに呼応して羽柴秀吉《はしばひでよし》の居城・近江長浜《おうみながはま》城を攻撃した。「**山崎の戦い**」で光秀側が敗北し、捕えられた元明は斬首されたが、高次は義理の叔母である浅井長政の正室の「お市の方」を頼って逃れ、柴田勝家の庇護を受けて生き残ることが出来た。

しかしながら、高次は「**賤ケ岳の戦い**」の際にも再び秀吉に敵対することになり、戦後に捕虜となる。「戦国の世のならい」であれば、高次は当然ながら処刑されるところ、その窮地を救ったのが、姉の龍子であった。その美貌で秀吉の多くの側室の中で最もお気に入りの側室・龍子の嘆願によって高次は助命されたのである。

天正12（1584）年、近江国内で2500石を与えられ、天正15（1587）年の秀吉の「**九州征伐**」での功績によって、近江高島《おうみたかしま》城1万石の大名に復帰した。更に高次の従妹の茶々も秀吉の側室・淀殿となるや、高次は京極氏の旧領・近江大津《おうみおおつ》城8万石に封ぜられた上、従三位・参議《さんぎ》と高い官爵に昇り、淀殿の妹・初の婿にもなった。

失ってしまった地位を姉や妻といった親族の女性たちからの二重三重にも及ぶ恩恵で回復した高次は、京都に隣接する大津に領地を与えられ、高い官位に昇ったことが、それが周囲からの妬みを買い「蛍大名《ほたるだいみょう》」と嘲笑されることになる。恐らく高次自身も美女の親族が大勢いる血筋から、荒々しい風貌でなく、一見すると弱弱しい色白のイケメン武将であったのやも知れない。

47項にあるように「**関ケ原**」の際には徳川家康に与《くみ》した高次は、大津城で籠城した。勇将・立花宗《たちばなむね》茂《しげ》らに包囲された城中には、妻の初も姉の龍子もいた。大筒の弾が大津城の天守閣に命中した際、龍子の侍女二人が即死し、龍子自身も失神したと伝わっている程、大津城の籠城戦は激戦であった。

その「**大津城攻防戦**」も、秀吉の正室・北政所《きたのまんどころ》と側室・「淀の方」の周旋で講和が勧告され、高次は開城に応じた。この時も親族の女性パワーによって、助命されて高野山追放処分となって命を保った。まさに「蛍大名」の面目躍如たる瞬間であろう。

徳川家康による論功行賞によって高次は、若狭《わかさ》小浜《おばま》城9万2000石に加増されて大名として「**関ケ原**」後に復活したが、慶長14（1609）年に47歳で亡くなった。初は夫の死によって落飾して**常高《じょうこう》院《いん》**と号した。

「**大坂の陣**」の際に常高院は、姉の嫁ぎ先である豊臣と妹の嫁ぎ先である徳川の融和のために奔走した。実のところは、老獪《ろうかい》な徳川家康に利用されたお節介オバサンの役回りを担わされただけだという見方も出来るが、いずれにせよ、近江小谷《おうみおだに》城・越前北庄《えちぜんきたのしょう》城・近江大津《おうみおおつ》城・天下の大坂城と四度も落城を経験し、生き延びたという戦国時代でも稀にして数奇な運命の持主であった。

常高院は「**大坂夏の陣**」で落城寸前、家来の武士に背負われて守口《もりぐち》（大阪府守口市）の百姓家まで逃れて潜んだところ、そこに家康からの使者が到着した。その時、常高院は、

——たとえ女の身であっても大坂城内にいた者、どのようなことになるかわからないが、覚悟せよ。

と侍女たちに毅然として述べたという。幸いなことに家康からの使者の言葉は、

——お咎め無し。

であった。

寛永10（1633）年、京極家の江戸屋敷で病没した常高院は、64歳の波乱の生涯を閉じた。その遺体は塩漬けにされて中山道を上って若狭小浜へ帰り、葬儀の後に常高寺の裏山に葬られた。寺の裏手の山間に、大きく荘厳な宝篋印塔《ほうきょういんとう》が佇んでいる。

▲京極高次の供養塔
（和歌山県高野・高野山奥之院）

▲大津城での戦死者供養塔
（和歌山県高野町・高野山奥之院）

▲常高院の墓（福井県小浜市・常高寺）

▲大津城跡の石碑（滋賀県大津市浜大津）

3

日々を完全燃焼して生きる

51

最後まで使命感を持って働け

人《ひと》は死《し》ぬまでも望《のぞ》みある者は頼母《たのも》し

【加藤 清正 1562~1611】

　ある時、肥後熊本《ひごくまもと》藩に3人の浪人が仕官を求めに来て、筆頭家老の庄林隼人《しょうはやしはやと》が面接を行いました。最初の仙石角右衛門《せんごくかくえもん》という浪人は、是非とも熊本藩で立身出世を望みたいとのことでした。次の者は初老で、以前に加藤家で武功をいくつか挙げ、転職して他家に仕えていたものの、年老いたので元の加藤家に戻り、少ない報酬でも構わないので雇って欲しいという動機でした。そして3人目は、見るからに非常に役立ちそうな立派な若者で、庄林のイチ推しでした。

　庄林は自らの所感と共に、トップである**加藤肥後守清正《かとうひごのかみきよまさ》**に報告しました。清正は、

「仙石は立身出世が望みとは、まさに侍の本意で頼もしい、召抱えよう。その老侍のことはワシもよく覚えておる。しかし、今生《こんじょう》での望みは最早なく、リタイア後に適度に働けて悠々自適にお茶を飲みたいからウチを死に場所と決めたとは、随分と暢気な奴だ」

　とコメントしながら、本項フレーズを述べてから、激怒するかと思いきや、

「何の望みもない者を雇う必要はないが、若者への悪い見本ということで召抱えよう」

　と思いもかけず採用をOKしました。庄林が最も勧めた役立ちそうな若者について清正は、

「役に立ちそうだとは、どういうことだ。若いから役に立ちそうということで採用したならば、

中文 直到死都还怀有希望的人令人敬佩。

ウチの組織にいる者たちは、誰も役に立たないとお前は言っているのと同じだろう。ワシはウチにいる若者は皆、誰もが役に立つと思っている」

と断言してから清正は、

「若い時に役に立ち、年老いても高禄で処遇しているのは、若い者たちがそれを見て、武道に励むことを期待しているからだ。家老という最高幹部の立場にある者なのだから、よくよく肝に銘じておけ」

と言明しましたので、庄林は清正のトップとしての器量に改めて感服したそうです。

——学問《がくもん》の事《こと》、精《せい》を入《い》れるべし。

と読書して、特に兵書を真面目に読むことを奨励しています。忠孝を心掛けると共に、常に武士道を磨かねば、潔い死に方は出来ないので、心を武に励ますことが肝要であると言っています。

▲加藤清正の廟（京都市山科区・本圀寺）

「向上心」と「覚悟」を持つことの重要性を説く清正は、自分自身が若い頃からそれを心掛けていたに違いありません。高齢化社会の現代では、生涯現役や生涯学習の必要性が再認識されています。即ち死ぬまで働き、学び続けることが良いということですが、実はその気風は何も今に始まったことではなく、戦国時代でも如何に高齢となっても、やり甲斐と生き甲斐、そして使命感を持って意欲的に働くこと、学ぶことが評価されるべきなのだと清正は指摘しています。

英文 People who have hope until they die are reliable.

コラム⑳

加藤清正の正室・清浄院とその後の加藤氏

「関ケ原の戦い」に至るまでの徳川家康《とくがわいえやす》と石田三成《いしだみつなり》の対立の中で、三成をはじめとする豊臣体制維持派が、殊更《ことさら》に警戒心を強めたのは、政権奪取への野心があからさまに見える行動の一つである、家康の進めた婚姻政策に対してであった。

――大名間の縁組は事前に許可を得ること。

と文禄《ぶんろく》4(1595)年8月に豊臣秀吉《とよとみひでよし》が婚姻を通じての盟約を結ぶことを禁じ、慶長3(1598)年の秀吉の死後もこの掟は有効であった。

秀吉が家康と対立した際、合戦で雌雄が決さないことに気付いた秀吉は、家康を上洛させて秀吉の足下に屈するために様々なカードを切ったが、その中の極め付きが、秀吉が40代半ばの当時では老婆に近い実妹を無理やり離婚させて家康の正室として送り込んだことである。流石にしぶとい家康もこれには参って、遂に上洛して秀吉に膝を屈した。

姻戚によって同盟関係を結ぶことは戦国大名でなくとも、太古から知られた手法であったはずだが、家康は身をもって知ったこの方法で、豊臣体制を揺るがせようと試みた。

秀吉の死の翌年、家康はまず伊達政宗《だてまさむね》の娘・五郎八《いろは》姫を六男・忠輝の正室に迎え、よりによって福島正則《ふくしままさのり》の養嗣子・正之《まさゆき》に弟・松平康元の娘・満天《まて》姫を養女にして嫁がせた。更に秀吉の子飼い中の子飼いである加藤清正《かとうきよまさ》の後妻に、家康は叔父である水野忠重《みずのただしげ》の娘・**かな**(1582~1656)、つまり母方の従妹を養女として送り込んだ。翌年に「かな」が熊本で産んだ八十《やそ》姫は、後に家康の十男・紀伊大納言徳川頼宣《きいだいなごんとくがわよりのぶ》の正室となった。

慶長16(1611)年に清正が亡くなり出家した「かな」は**清浄院**《せいじょういん》と称し、清正と側室の間に生まれた未だ11歳の加藤忠広《ただひろ》を支え、熊本城に在って藩政に重きを成した。

清浄院は忠広の正室に家康の三女・振姫と蒲生《がもう》秀行《ひでゆき》の娘を2代将軍・秀忠の養女として熊本城に迎え、清正の長女・あま姫(後の本浄院《ほんじょういん》)を「徳川四天王」の榊原康政《さかきばらやすまさ》の息子・康勝《やすかつ》に嫁がせた。更に清正の没後にもかかわらず、実娘と頼宣の婚姻を履行させているのも、偏にこの清浄院の手腕によるものだ。

しかしながら、清浄院の苦心にもかかわらず、現代で言えば小学校高学年生で藩主となった忠広は我儘で、また**「朝鮮出兵」**で長く異国で在陣経験のある猛者揃いの家臣たちと対立し、組織をまとめることが出来なかったことに加えて、嫡男・加藤光広の不行跡を理由に、寛永9（1632）年に肥後熊本藩は改易となってしまった。

忠広は実母（清正の側室）、側室、侍女、家臣ら50名を連れて配流先の出羽《でわ》丸岡《まるおか》に移り、そこで1万石の「捨扶持《すてぶち》」を与えられ、悠々自適な日々を暮らすこと20年にも及び、承応《じょうおう》2（1653）年に亡くなった。

3代将軍・家光から偏諱と「松平」姓を与えられた光広は、徳川忠長をはじめ同年代の大名息子ら素行の悪いティーンエージャーのリーダー格だったらしく、家光をはじめ幕閣の逆鱗に触れて、加藤氏「取り潰し」のきっかけをつくった。

光広は本来ならば切腹ものながら、母方で家康の曾孫にあたったことから、飛騨《ひだ》高山《たかやま》藩主・金森《かなもり》重頼《しげより》に御預け処分となった。その配流先で1年後に亡くなった。毒殺とも、自害したとも伝わる。

加藤氏が改易となった後、清浄院は清正に所縁ある京の本圀寺《ほんこくじ》（当時は京都市伏見区内、現在は山科区へ移転）の門前で、亡き夫・清正の菩提を弔った。清正は朝鮮へ出征する際、この本圀寺に自らの抜け歯と毛髪を収めていたという。加藤氏が改易になって四半世紀近くも経った明暦2（1656）年、清正・忠広・光広の加藤三代の隆盛と終焉を見届けることになった清浄院は、75歳で生涯を終えた。

▲清正の娘・瑶林院と清浄院の墓碑（京都市山科区・本圀寺）

52

私欲のない公平な魂

臣《しん》は関東奉公《かんとうほうこう》の身《み》にて其《そ》の禄《ろく》を食《は》み、衣食常《いしょくつね》に足《た》れり今《いま》、君《きみ》の賜《し》を貪《むさぼ》りて浮《う》くべきや

【平岩 親吉 1542～1612】

徳川家康《とくがわいえやす》と同年に生まれた**平岩主計頭親吉《ひらいわかずえのかみちかよし》**は、松平氏の譜代の家臣の息子で、竹千代時代の家康と共に駿河の今川氏の人質として送られ、幼年期を家康と共に過ごします。家康にとっては「竹馬の友」であり、兄弟のような特別な立場にありました。

親吉の弟の康長《やすなが》が、未だ若年だった榊原康政《さかきばらやすまさ》と喧嘩になり、ケガをした時、誰もが重臣の親吉が激怒して、康政にお咎めがあるだろうと案じていたところ、**「康政は才智あり勇敢な者なので、いずれお役に立つ人財となるであろう。それに比べて我が弟は人に斬られるような者であるから、主君のお役に立つこともなく、無駄飯食いになるに違いない」**と弟の康長を蟄居させ、康政を不問にした上で昇進させます。親吉の私心の無さに誰もが感服したことは言うまでもありません。

親吉は家康の長男・信康《のぶやす》の傅役《もり》、後に「附家老《つけがろう》」となりましたが、天正7（1579）年に織田《おだ》信長《のぶなが》から信康が武田に内通して謀反の嫌疑を受けたと知り、急いで家康に面会します。

「これは明らかに讒言《ざんげん》です。信康様は無実です。全ての罪は傅役の自分にありますので、速やか

中文 我在关东做官，靠俸禄过活，衣食总是充足，所以现在无意贪图主公的赏赐。

に首を刎ねて織田殿にお届け下さい」と親吉が申し出たところ、家康は、

「信康の謀反の事実はないであろう。しかし乱世にある今、大国に挟まれた我らの頼れるのは信長の助力だけだ。今それを失えば、明日より危うくなるであろう。親子の情を捨てきれずに累代の家を滅ぼすのか。その方が命を捨てて、信康が助かるのであれば、その方の申すことは尤もであるが、信康を助けることが出来ない上に、その方まで失ってしまえば、ワシの恥を重ねることになる。その方の志はいつまでも忘れぬぞ」

と涙を流したため、親吉も言葉を重ねることが出来ず、声を上げて泣いたそうです。

「本能寺の変」の後、穴山信君《あなやまのぶただ》が横死したことから、甲斐が徳川領となった際、親吉が甲斐の代官に任ぜられて甲府へ進駐しました。武田氏滅亡以来、領民の心は落ち着きませんでしたが、親吉の巧みなマネジメントで公平に治めたことから、以前にも増して甲斐には平和と安寧がもたらされ、幕末まで長く徳川氏を支える重要な基盤となりました。

家康の優れた家臣たちを羨ましく思いながら、その懐柔に余念のない豊臣秀吉《とよとみひでよし》が、伏見城が落成した時、その祝と年末のお歳暮を兼ねて、黄金１００枚を本多忠勝《ほんだただかつ》、井伊直政《いいなおまさ》、榊原康政、そして親吉に秘かに下賜しました。井伊と本多はそのまま黙って懐に入れてしまいましたが、康政は家康に報告してその可否を尋ねました。他方、親吉は本項フレーズできっぱりと断って、その場で黄金を返上しました。まさに親吉は、「三河武士」の廉直さと頑固さを併せ持った見本のような人物でした。

▲平岩親吉の墓
（愛知県岡崎市・妙源寺）

英文 I am serving to Shogun Ieyasu and am living off the stipend. I always have enough food and clothing, so I have no intention of devouring what I received right now.

53

生涯現役を体現する

年寄《とし よ》りにても人《ひと》に寄《よ》るべし

【可児 吉長　1554～1613】

美濃に生まれて森可長《もりよしなが》、柴田勝家《しばたかついえ》、明智光秀《あけちみつひで》、前田利家《まえだとしいえ》、織田信孝《おだのぶたか》を経て、羽柴秀吉の甥・秀《ひで》次《つぐ》に仕えた**可児才蔵吉長**《かにさいぞうよしなが》は、槍の名手として知られていました。合戦で次々と敵を倒して討ち取った敵の首の口に笹を咥えさせ、戦場へ放置したことから、**「笹の才蔵」**と綽名されました。また一度の合戦の後で笹を咥えた首を数えると、いつも20近くに上ったと言われています。

「小牧《こまき》・長久手《ながくて》の戦い」で大敗を喫した主君の秀次と口論になり、才蔵は浪人となりました。福島正則が伊予今治城11万石の大名となった時、750石の俸禄を与えられて仕えることになりました。因みに才蔵は同時代において天下に名の知られた武将の一人でしたが、この知行がマックスで、**『名将言行録』**に収録されている名将たちの中はで断トツの低給取りでした。

「小田原征伐」で**「韮山城攻め」**の際、槍を振るって奮戦する才蔵の姿を見た城主の北条氏規《ほうじょううじのり》（31項）が、敵ながらその武勇に感心して城内から名を問い質したという逸話があります。

「関ケ原の戦い」の前哨戦**「岐阜城攻め」**でも活躍し、本戦の際に先鋒となった福島勢を出し抜いて前線に出ようとした松平忠吉《まつだいらただよし》を遮ったのが才蔵で、この時は井伊直政に言いくるめられて、忠吉に抜け駆けを許してしまいました。尚、才蔵は本戦では20の首を討ち取り、それ以来、家康

中文 老人大概也会依赖别人吧。

は正則に会う度に才蔵の息災を尋ねるようになったそうです。

「関ケ原の戦い」において才蔵らの大活躍によってトップの正則は、安芸《あき》広島《ひろしま》城42万石の大大名となりました。広島へ移って10年程した頃、城中である若侍が、

「どんな武勇な人でも、歳をとってしまったらダメだ。どんなに勇猛なことを言っても、若者に敵わない」

というのを耳にした才蔵は、本項フレーズで堂々と応えました。すると別の若侍が、

「どんなに剛勇な人でも、歳をとれば手足も弱くなってしまうでしょう」

と挑発するかのように尋ねると、

――**否々《いないな》、人《ひと》に寄《よ》るべし**。

と重ねて応えたそうです。体力には個人差があるものですが、負けず嫌いの性格のせいなのか、才蔵の人一倍の気概は、晩年になっても全く衰えることはありませんでした。才蔵は老年になっても重い甲冑を身に着けて、馬を乗り回していました。

▲可児才蔵の供養塔
（広島市東区・可児寺）

愛宕権現を信仰していた才蔵は、愛宕の縁日である慶長18（1613）年6月24日、身を清めてから鎧を着て、長刀を手にして床几に腰掛けたまま息絶えました。江戸時代末期まで、その墓前を通る人は、身分の高い人でも下馬して敬意を表したそうです。

英文 It depends on the person even if they are the same age.

ASANO Yoshinaga

54

壮年の日は過ぎ去るのみ

賢《けん》人《じん》の言《げん》、少《すこ》しも違《たが》いなし

【浅野 幸長 1576~1613】

徳川家康《とくがわいえやす》が征夷大将軍となって江戸幕府を開き、2年で息子の秀忠《ひでただ》に将軍職を譲って天下を徳川の世襲と明白にした後、豊臣恩顧の大名の中で、大坂の豊臣秀頼《とよとみひでより》への忠誠を隠すことなく堂々としていたのは、福島正則《ふくしままさのり》、加藤清正《かとうきよまさ》の他は、**浅《あさ》野《の》紀《き》伊《い》守《のかみ》幸長《よしなが》**だけでした。

慶長《けいちょう》16（1611）年3月18日、京都二条城において秀頼が家康と会見するために上洛する際、正則が大坂で留守居役となり、幸長は清正と共に秀頼に陪従しています。家康の娘婿となっていた池田輝政、家康の寵臣となった藤堂高虎も随伴しましたが、この二人は既に徳川へ軸足を移していました。しかしながら、この3ヶ月後に清正は病没し、2年後に幸長も病死したために、この二人には徳川による毒殺説が根強くあります。

仮に幸長と清正が慶長20年まで生き永らえていれば、「**大坂の陣**」の様相も少しばかり違った形になったやも知れないという期待が膨らみます。

幸長の勇猛さを伝える逸話として、23歳の時に朝鮮蔚山《ちょうせんうるさん》城での攻防戦の際、得意の銃を使って敵を倒していると、顔の半分が火薬の煙で真っ黒になっているのを見かねた者から、

「浅野殿は太閤殿下のご親族、急ぎ本丸へお入り下さい」

中文 贤人之言，丝毫不差。

と勧められましたが、最後まで持ち場を離れることはありませんでした。

幸長は石田三成と極めて仲が悪かった者の一人で、紀伊和歌山《きいわかやま》城主となった時、当時の著名な儒学者《じゅがくしゃ》である藤原惺窩《ふじはらせいか》が孟子《もうし》を講義した際、

――生於憂患而死於安樂。

という箇所を聞いて幸長は、

「ワシは三成とは関係が悪かった。そのためにあいつが生きている間は、意気盛んで人からの批判を受け入れることも出来ず、身体も堅固であった。しかし、三成が死んで、家康公に覚えめでたく、佐竹《さたけ》や島津《しまづ》などの待遇より上だ。しかし、これによって気が緩んで、病気になってしまった」

と述懐してから**「孟子《もうし》の言葉は少しも間違いがないなぁ」**と感慨深く呟きました。

幸長は気概も気力も大きく、まさに豪快であった。当時有名な遊女と浮名を流したり、身請けをしたりと女性関係も盛んで、そのために梅毒によって短命に終わってしまいました。

▲浅野幸長の供養塔
（和歌山県高野町・高野山奥之院）

幸長の長女は家康の孫・松平忠昌《まつだいらただまさ》の正室、次女は家康の八男・尾張大納言義直《おわりだいなごんよしなお》の正室となりました。幸長の弟にして後を継いだ長晟《ながあきら》は、蒲生秀行《がもうひでゆき》の正室にして未亡人となっていた家康の三女・振姫の婿となり、その間に生まれた光晟《みつあきら》のお陰で浅野氏は、徳川一門の外様大名として幕末まで重きをなすことになりました。

英文 The words of a wise man say nothing wrong, even a little.

55

我《われ》を欺《あざむ》くべしとく巧《たくら》む心根《こころね》、不明《ふめい》の智《ち》にては知《し》り難《がた》し

【本庄 繁長　1540~1614】

天文《てんぶん》20（1551）年に父の13回忌の法要が執り行われた際、叔父を自害に追い込んで実権を取り戻した13歳の少年が、後の**本庄大和守繁長**《ほんじょうやまとのかみしげなが》です。本庄氏は越後北部に割拠した「国人《こくじん》」で「揚北衆《あがきたしゅう》」筆頭の家柄でしたが、永禄元《えいろく》（1558）年に長尾景虎《ながおかげとら》（後の上杉謙信）に従い、「**第1次川中島の戦い**」で先陣を務めて武田軍を大いに破り武名を挙げます。

永禄11（1568）年4月、野心溢れる繁長は、出羽庄内《でわしょうない》の大宝寺義増《だいほうじよします》や甲斐《かい》の武田信玄《たけだしんげん》の誘いに応じて謙信に反旗を翻します。越後本庄《えちごほんじょう》城は1万の兵に囲まれますがよく凌ぎ、翌年3月に会津の蘆名盛氏《あしなもりうじ》の仲介によって繁長は、謙信に降伏して帰参が許されます。しかしながら、以後は「危険人物」扱いで、活躍する場は与えられませんでした。

謙信の死によって起きた「**御館《おたて》の乱**」を制した上杉景勝《うえすぎかげかつ》に従い、天正9（1581）年に同じ「揚北衆」である新発田重家《しばたしげいえ》討伐で繁長は武功を挙げます。更に次男の義勝を庄内の大宝寺義興《だいほうじよしおき》の養子に送り込んだことから、繁長は庄内地方を巡って出羽の最上義光《もがみよしあき》と対立します。天正《てんしょう》15（1587）年に義光をバックにした大宝寺氏の重臣・東禅寺義長《とうぜんじよしなが》に攻められて、出羽尾浦《でわおうら》城で義興が自害しますが、その養子である義勝は実父・繁長の許《もと》に逃れます。

中文 欺骗自己那种居心叵测，凭浅薄的智慧很难看透。

大いに怒った繁長は庄内へ侵攻すべく庄内の「国人《こくじん》」から百姓まで調略したところ、翌年に国境の越後《えちご》尾鍋《おなべ》城主の上山田《かみやまだ》某《なにがし》が内通して来たことから、景勝の許可を得て5600の兵を率いて出陣します。上山田某が途中で裏切り、繁長は現在の山形県酒田市での「**十五里ヶ原《じゅうごりがはら》の戦い**」で東禅寺義長の率いる1万8000と合戦になりますが、義長を討ち取って大勝利を収めます。僅か3日で庄内3郡を平定した繁長は、景勝に激賞されました。

実は上山田某が内通して来た際、「**固い約束をしたものの、これを頼みとしなかった**」と繁長は家臣に語っています。

「戦国の世において、こういった軍略は敵味方の双方にあるもので」

と言って本項フレーズを述べ、続けて繁長の武将としての覚悟を次のように説いています。

「口約束など手のひらを翻すことは出来るし、思い定めた志でさえ簡単に変わるもので、内通を悔いてやめるかも知れないから、これを疑っていては出撃することは出来ないので、内通が本当であっても罠であっても、よく思案して備える武略さえあれば必勝は間違いない」

▲本庄繁長の墓（福島県福島市・長楽寺）

「関ケ原」の際には、陸奥福島《むつふくしま》城代の繁長を恐れた伊達政宗は、福島へは侵攻することは出来ませんでした。戦後は家康との講和を逸早く景勝に進言し、自ら上洛して徳川方と交渉し、会津120万石から米沢30万石への減封処分となりながらも、上杉氏が改易を逃れたのは、偏に繁長の大きな武名と優れた武略に因るものであると言われています。

英文 A heart that secretly tries to deceive someone is too difficult to understand for a person that pursues wisdom.

56

忠義を以て説得する

小事《しょうじ》に拘《こだ》わり、大敵《たいてき》を忘《わす》れらるるは、名将《めいしょう》の為《な》さざる所《ところ》なり

【仙石 秀久 1552~1614】

「関ケ原」の際、徳川家康が息子の秀忠に命じて、精鋭の徳川本隊を率いて中山道へ行かせましたが、信州上田城《しんしゅううえだ》で真田昌幸の抵抗によって**「関ケ原」**の本戦に間に合わず、「天下一の遅参」に家康が大激怒した逸話はよく知られています。

遅参した秀忠との面会を拒否し、弁明の機会を与えない家康は、井伊直政《いいなおまさ》を通じて、

――上田《うえだ》を陥《おとす》ること能《あた》わず、また関ケ原《せきがはら》の戦《たたか》いに逢《あ》わざる。

とは一体《いったい》どうしてかと詰問しました。この時に徳川譜代の榊原康政《さかきばらやすまさ》らが切腹も辞さない覚悟で家康に嘆願した中、外様ながらも際立った弁明をして、家康の勘気を解いたと言われているのが、**仙石越前守秀久《せんごくえちぜんのかみひでひさ》**です。

信濃小諸《しなのこもろ》城主の秀久は、真田が反旗を鮮明にした際、上田城への力攻めに拘る秀忠を見て、

――力《ちから》を此《こ》の城《しろ》に尽《つ》くし給《たま》うべからず、速《すみ》やかに此《こ》の囲《かこ》みを解き、関ケ原《せきがはら》に向《む》かい給《たま》うべし。

と大久保忠隣《おおくぼただちか》と榊原康政を通じて秀忠を説得して関ケ原へ出発しましたが、時既に遅く、本戦終了から5日後になって、近江大津《おうみおおつ》城で何とか家康に追い付きました。家康は病気を理由に面会せず、その3日後にようやく伏見城で秀忠を引見します。陪席した秀久が、

中文 拘泥小事，忘记大敌，不是名将所为。

「関ケ原で既に勝たれ、今更にとやかく申しても仕方ありません。しかしながら、もし石田三成らの兵力が強く対峙したままであれば、秀忠公の大軍を押し寄せてこれまた勝利に貢献したはずです。勝った今、真田如きなどは飛脚を使わすだけで降伏するでしょう」

と指摘してから本項フレーズを述べました。家康は「よくぞ申した」と顔を和らげて秀久の忠義を褒め、秀忠を許しました。秀忠が秀久に感謝したことは、言うまでもありません。

秀久は14歳で木下藤吉郎《きのしたとうきちろう》時代からの豊臣秀吉に仕えた最古参の家臣の一人で、大坂城ではかの有名な大泥棒・石川五右衛門をねじ伏せて捕らえたと言われる豪傑です。

しかしながら、天正14（1586）年の「**九州征伐**」では、先鋒軍の大将として土佐の長曾我《ちょうそか》部《べ》元親《もとちか》、十河存保《そごうまさやす》らの兵を従えた総勢6000で九州へ上陸したものの、精強な島津1万の将兵と「**戸次川**《へつぎ》」で激突して大敗北を喫し、長曾我部元親の嫡男・信親《のぶちか》と十河存保を戦死させ、秀久自身は自領の讃岐へ敗走して「三国一の臆病者」と嘲笑され、武士としてのメンツを失いました。激怒した秀吉によって10万石を没収となり、高野山へ追放されてしまいました。

▲仙石秀久の墓
（長野県佐久市・西念寺）

「**小田原征伐**」の際、秀久は家康に「陣借り」をして戦った功績により、秀吉に帰参を許されて信濃小諸城5万石を与えられます。この時の家康の取り成しに感謝して以来、豊臣恩顧大名ながら家康シンパとなり、「**関ケ原**」後には秀忠の信頼も勝ち得ました。

秀久の子孫は、信濃上田《しなのうえだ》藩、但馬出石《たじまいずし》藩に転封となりながらも、幕末まで大名として存続しました。

英文 It is not the place for an effective leader to worry about small matters while forgetting his great enemy.

コラム㉑

戸次川の悲劇

仙谷秀久《せんごくひでひさ》の武将としての評価は、「**戸次川《へつぎ》の戦い**」での大敗北で最悪なものとなっている。現在でも無能のレッテルが貼られている武将が『**名将言行録**』に収録されているのは不思議だが、前項を見れば徳川家康・秀忠父子の信頼は絶大で、決して愚か者には見えない。

天正8（1580）年頃から、南九州を支配下に収めた薩摩の島津氏は、北上して豊後の大友宗麟《おおともそうりん》に挑んで九州統一を目指していた。かつては九州一の大名として知られた宗麟も、流石に島津の攻勢には耐えきれず、上洛して豊臣秀吉に救援を求めた。

天正14（1587）年冬、織田信長の「天下布武」事業を受け継ぐ秀吉は、勢力下に入れたばかりの四国勢・土佐《とさ》の長曾我部元親《ちょうそかべもとちか》と阿波《あわ》の十河存保《そごうまさやす》（1554～1587）に出陣を命じ、その主将に新たに讃岐を与えた秀吉子飼いの仙石秀久を選んだ。

2万の先発軍として派遣された秀久らは、大友と島津の戦いの最前線である豊後（大分県）南部の戸次川へ進軍して、島津家久《しまづいえひさ》を大将とする島津勢と対峙した。秀吉本軍の到着前に武功を挙げようと焦った秀久は、長曾我部らの四国勢に対して、渡河を強行して決戦に挑むという無謀な正面作戦を指示した。

元親の嫡男・長曾我部信親《ちょうそかべのぶちか》（1565～1587）は、若干22歳にもかかわらず堂々たる体格の立派な青年武将であったが、秀久の無謀な作戦に驚きながらも、秀吉の威光をバックにした秀久の命令には反対する術もなかった。

「決定に背いて戦わず、しかも敗軍の将としておめおめ帰れようか」
と家臣らに言い放つと、討死《うちじ》にする覚悟をしたという。

四国勢の渡河を待って伏兵で挟み撃ちにした伊集院忠棟《いじゅういんただむね》らの島津軍は、先陣の秀久勢を木っ端みじんに撃破するや、長曾我部勢に猛攻を加えた。大乱戦の中で十河存保は討ち取られ、信親も700人の兵と共に戦死し、元親も命からがらかろうじて戦場から離脱した。

真っ先に戦場から逃れた秀久は、自領の讃岐を経て淡路島まで逃げ帰ったことで、諸将からの失笑を買ったばかりか、大激怒した秀吉は讃岐を取り上げて秀久を追放処分とした。

奮戦空しく戦死した最愛の嫡男・信親の遺骸が、島津から丁重に送り届けられた後、元親はただただ悲嘆に暮れるのみであったという。この時に既に土佐の長曾我部氏は事実上、滅亡してしまったと言っても過言ではなく、これを見越して、秀吉は秀久に密命を与えたのではないかと邪推しなくもないが、それにしてはあまりにも悲惨である。

▲戸次川の古戦場跡
（大分県大分市戸次）

近年になって人気の高まる長曾我部氏への同情が集まる一方で、秀久の汚名はこの先も当分は晴れることがなさそうである。

▲十河一族の慰霊碑
（大分県大分市上戸次）

▲長宗我部信親の墓
（大分県大分市上戸次）

57

懐深く人財を受け入れる

尤《もっと》も槍《やり》の達人《たつじん》なり、必《かなら》ず我《わ》が目鑑《めがね》に違《たが》うべからず

【前田 利長　1562～1614】

文禄4（1595）年に「**豊臣秀次《とよとみひでつぐ》・切腹事件《せっぷくじけん》**」があり、その家臣であった富田蔵人高定《とみたくらんどたかさだ》は、京都の千本松原《せんぼんまつばら》で殉死すると公言しました。衆人環視の中を死装束を着た高定は、一族や友人らとの別れの盃を交わしているうちに泥酔して切腹場で大鼾《おおいびき》をかいている中、秀次のために殉死《じゅんし》するならば一族郎党を処刑すると秀吉からの命令が来たことから、その場から逃げるように立ち去り、大恥をかきました。臆病者と罵られた高定は、武士として面子丸潰れで隠棲することになります。

高定の才能を惜しんだ**前田中納言利長《まえだちゅうなごんとしなが》**は、再三にわたって使者を送っても反応が無いことから、自らが説得に赴きます。これを見た重臣たちは、世間の笑い者を雇うことに反対したところ、利長は「**勇敢な見どころのある男だ**」と言って本項フレーズを述べ、高定を1万石で召抱えました。因みに高定は、富田知信《とみたとものぶ》（82項）の実弟です。

「**関ケ原**」の際、徳川家康に味方することを決めた利長は、北国を固めるために石田三成に与《くみ》する加賀大聖寺《かがだいしょうじ》城主の山口宗永《やまぐちむねなが》を攻めました。真っ先に本丸の入口まで攻め入って槍を振るって奮戦する高定の姿に、利長をはじめ前田家中は目を見張ります。やがて深手を負った高定は、とうとう力尽きて敵に討たれる前に、自らの首を掻っ切って、見事な討死をしました。高定のお陰

中文 他的确是枪术高手。一定不会有误判。

で大聖寺城を落とした後、

「臆病者と陰口を叩いて、その方らが高定を死なせてしまったのだ」

と高定の死を惜しむ利長の姿を見て、その時になって初めて重臣たちは主君の人を見る目の確かさに感服しました。高定は再仕官の道を開いてくれた利長に対して、武士の誇りにかけて、その期待に応えようと覚悟を決め、生還することを期せずに合戦に臨んだのでした。

大聖寺の落城後、越前北庄《えちぜんきたのしょう》城主・青木重治《あおきしげはる》を囲み、加賀小松《かがこまつ》城主・丹羽長重《にわながしげ》と浅井畷《あさいなわて》で合戦となりました。利長と長重は妻が共に織田信長の娘という義兄弟の間柄で、二世同士のボンボン対決でしたが、合戦は一枚上の長重が勝利を収めました。しかしながら「**関ケ原**」後、利長は自らの戦功に変えて、青木重治と丹羽長重の二人の助命を嘆願した結果、二人は改易処分だけで済まされました。僚友であった佐々成政の助命嘆願をした父の利家のことを思い出した人々は、

「前田氏は親子二代、仁の心あり」と利長の評判が上がったそうです。

これ以前にも利長は、高山右近《たかやまうこん》を客将として高禄で迎えていますし、助命に奔走して八丈島に遠流となった妹婿の宇喜多秀家《うきたひでいえ》も10万石で招聘しようとしています。浪人中の立花宗茂《たちばなむねしげ》にも10万石で声を掛けましたが、利長が「**関ケ原**」で敵対したことから宗茂には、

「前田の腰抜けの世話にはならない」

と断られています。

利長は育ちの良い大大名としての気概と気風を備え、人財を愛する優れたトップでした。

▲前田利長の墓（富山県高岡市）

英文 That man must be a master of the spear. My eyes are not deceiving me.

コラム㉒

宇喜多秀家の正室

宇喜多秀家《うきたひでいえ》の正室である豪姫《ごう》（1574～1634）は、前田利家《まえだとしいえ》の四女であったが、1歳で当時の木下藤吉郎秀吉の養女となった。子宝に恵まれなかった秀吉夫婦は溺愛し、

――三国一の花婿を見付ける。

と秀吉に言わせしめた。その豪姫の相手に選ばれたのが、秀吉の猶子《ゆうし》（相続権のない養子）にしてイケメン武将の宇喜多秀家であった。その結婚の宴は、まさに「ひな祭り」のように美しく艶やかであったという。

『**名将言行録**』の「**豊臣秀吉の巻**」に、天正19（1591）年4月に宇喜多秀家の正室が妖怪に取りつかれた話が載っている。

噂を聞いた秀吉は、秀家の屋敷に直々に赴いて祈祷師らに問い質すと、どうやら老狐が取りついたらしいということが判明した。そこで秀吉は、豪姫より狐を退散させなくば、伏見稲荷大社を破却するばかりか、日本全国でこれから毎年にわたって狐狩りをさせるという書状を稲荷神社の神官に渡したところ、豪姫の病はピタリと止んだという。

「**関ケ原**」の際に戦場から逃げ戻った秀家を見事に匿って逃がした豪姫は、名の通りの豪傑な姫君である。養母である高台院《こうだいいん》（秀吉の妻・ねね）としばし暮らした後、夫の秀家と息子の秀高・秀継が八丈島へ流罪と決まると、兄の前田利長のいる加賀金沢に引きとられて余生を過ごした。

京都にいる間にキリスト教の洗礼を受けて「マリア」という洗礼名を授けられ、金沢で与えられた屋敷の隣には、前田家に身を寄せていた日本一のキリシタン武将として知られた高山右近が住んでいたが、二人の間にはキリシタン同士の交流があったと伝わっている。

晩年を過ごした金沢の大蓮寺《だいれん》には、生き別れになった豪姫と秀家の分骨を収めた供養塔が、400年近い歳月を経た平成7（1995）年に建立されて祀られている。また豪姫がついぞ渡ることはなかった遠海の八丈島には、秀家と並んだ二人の座像が遥か遠く本州方面を向いて建てられている。

コラム㉓

秀頼の青天白日

10万に及ぶ浪人、即ち失業者と非正規社員たちが籠った天下の名城・大坂城を徳川家康《とくがわいえやす》の号令一下で参陣した大名たちが20万を超える将兵で囲み、慶長19（1614）年11月19日未明、豊臣方の木津《きづ》川口《かわぐち》砦へ徳川方の攻撃によって開戦した。

有名な**「真田丸《さなだまる》の戦い」**などを含め籠城する豊臣方は士気も高く、淀殿は「10年は持ち堪えられる」と豪語しただけあった。しかしながら、家康はイギリスやオランダから買い込んだ4門のカルバリン砲と12門の半カノン砲を含め100門を超える大砲で一斉砲撃を行う一方、巧みな和議工作によって12月19日に講和の条件が合意、20日には誓書が交換されて砲撃が中止となり和平が成立した。ここまでの戦いが**「大坂冬の陣」**と呼ばれている。

家康の命で諸大名は囲みを解き、家康も駿府へ帰還した。束の間の和平であったことは、当時の人々もよく認識していたらしく、真田幸村の言葉が**『名将言行録』**に残されている。

東西の和平がなった時、幸村は松平忠直《まつだいらただなお》に仕える原貞胤《はらさだたね》との旧交を温めるため、大坂城内の屋敷に招いて一献傾けた際、

——**御和睦《おんわぼく》も一旦《いったん》のこと、終《つい》にはまた御弓箭《ごきゅうせん》に罷《まか》り成《な》るべくと存《ぞん》ずれば、幸村父子《ゆきむらふし》は一両《いちりょう》年《ねん》の内《うち》には討死《うちじに》と思《おも》い定《さだ》めたれ。**

と言って別れの言葉を述べたことが記されている。実際は半年も経たないうちに再び戦火を交えることになった。

講和条件を基にまさに難攻不落の大坂城の本丸を残して、二の丸、三の丸、そして真田丸も破却され、東西南の堀も埋められた。しかしながら、大坂城に籠った浪人の多くは城から立ち去らず再戦を待ち望む気運も高く、年が改まって慶長20（1615）年3月には、京や伏見で放火などのゲリラ活動を行う豊臣方の浪人たちの挑発的行動は、家康に再戦の恰好の口実を与えた。

家康は大坂城内の全浪人の解雇、秀頼の大和郡山への移封を要求した。その正式な拒否回答を大野治長より受けた家康は、4月6、7日に諸大名に鳥羽・伏見に集結を命じた。この時、豊臣方に勝ち目

はないと見切りをつけて浪人たちは城を退去した。その中には宿老格の織田有斎・頼長親子も含まれていた。浪人衆は8万弱にまで減少したが、残った者たちの士気は変わらず旺盛であった。

裸同然の大坂城での籠城戦が望めないことは、豊臣方の諸将・浪人たちもよく承知していた。4月4日に家康は江戸を離れて名古屋へ出立すると共に、6日には美濃《みの》・伊勢《いせ》・尾張《おわり》・三河《みかわ》の諸大名に出陣命令、7日には西国大名への出陣命令が発せられた。

前年の「**冬の陣**」で淀川という自然の要害に阻まれた大坂城の北の守りは強固であることが十分に証明されたが、堀が埋められても堅牢さは不動であるとすれば、徳川方は南方面から紀州街道・奈良街道を北上して大坂城へ進軍してくることが予想され、豊臣方では城南方面での一大決戦の方針が決められた。

家康から諸大名への出陣命令が発せられる前日の4月5日、豊臣方は戦場と想定される城南方面の立地の視察を兼ねた演習を行った。太閤秀吉以来の「千成り瓢箪《せんなりびょうたん》」の馬印が大坂城の外へ久々に出たのである。大野治長《おおのはるなが》が本丸で留守居役となり、鎧をまとった豊臣秀頼が馬上の人となって、木村《きむら》重成《しげなり》と後藤基次《ごとうもとつぐ》を先鋒とし、大手門から堂々と出立した。

麾下には毛利勝永《もうりかつなが》が秀頼の兜を持って供奉し、後続の備えは真田幸村《さなだゆきむら》と長曽我部盛親《ちょうそかべもりちか》が固め、殿《しんがり》は大野治房《おおのはるふさ》が務めるという秀頼率いる豊臣軍は阿《あ》倍野《べの》、四天王寺《してんのうじ》、住吉《すみよし》、茶臼山《ちゃうすやま》を巡回し、その軍列は太閤秀吉の時代を思い起こさせる華やかなものであったという。

大坂城が陥落するまで遂に前線に出ることがなく、城の中に籠って天守閣から合戦の様子を遠く眺めていただけの軟弱なイメージがある秀頼だが、その堂々たる体格で知られた大将姿は、往時の秀吉の華やかな軍装以上に、母方の祖父・浅井長政の姿を彷彿させたに違いない。その晩には、全将兵に酒食が秀頼より振舞われた。決戦を前にした不安と緊張を一気に吹き飛ばす程、8万もの将兵たちが一体となって大きな気焔を挙げたという。

「**大坂夏の陣**」は、5月6日の「**道明寺《どうみょうじ》・誉田《ほんだ》合戦**」「**八尾《やお》・若江《わかえ》合戦**」、翌日の「**天王寺《てんのうじ》・岡山《おかやま》合戦**」

での豊臣方の大奮戦を経て、8日に山里丸に籠る秀頼が、母の淀殿ら30余名と共に自害することによって僅か3日間で終結した。最後の決戦に出撃が叶わなかった秀頼であったが、そのひと月前の大軍を率いての巡察が、武将として秀頼の人生における最良の「晴天白日」であったに違いない。

昭和55（1980）年に大坂城三の丸の学術調査が行われた際、立派な副葬品と共に丁寧に埋葬された首、それも介錯の跡がしっかりとある貴人らしき首が発見された。歯の摩耗や骨のつくりから、20代の大柄の青年、それも身分ある人物のものであるとの研究結果から、秀頼の首級と認定された。秀頼が再建に尽くした所縁ある京・清涼寺に、秀頼の首塚がつくられている。

▲淀君の墓（大阪市北区・太融寺）

▲秀頼の首塚（京都市右京区・清涼寺）

▲秀頼・淀君の自刃地（大阪市中央区・大阪城内）

58

勝負を超越する気位

此《こ》の節《せつ》に臨《のぞ》みて、心《こころ》替《か》わり致《いた》さんこと、武士《ぶし》の本意《ほんい》にあらず

【後藤 基次　1560~1615】

黒田官兵衛《くろだかんべえ》の家老であった**後藤又兵衛基次**《ごとうまたべえもとつぐ》は、**「関ケ原」**後に黒田長政《くろだながまさ》が筑前福岡《ちくぜんふくおか》52万石の大大名となると、1万石という大名並みの俸禄を与えられました。又兵衛の父は播磨《はりま》の「国人《こくじん》」で官兵衛と肩を並べた領主でした。又兵衛も稀代の名将である官兵衛に心服していましたが、独立心は元々旺盛でしたので、二代目の長政を軽んじるところがありました。

慶長11（1606）年、遂に長政との不和から又兵衛は、筑前から出奔して故郷の播磨へ帰って隠棲し、慶長19（1614）年の**「大坂の陣」**を迎えることになります。

実は徳川幕府の首脳は、早くから又兵衛が大坂へ入城することを案じ、黒田家へ帰参するための工作を行って又兵衛を懐柔しようとしていました。家康は大坂へ入城した浪人リストを見た時、武田遺臣の御宿政友《みしゅくまさとも》と後藤基次の二人以外は、無名の者ばかりと安心したそうです。その報せを同じく聞いた犬猿の仲であった旧主の長政は、又兵衛ならば2、3000の兵を手足の如く使うであろうと言って、恩讐を超えて次のように讃えています。

――大坂にては後藤に過ぐる者あるまじ。

大坂では慶長18（1613）年以降に入城した者たちは、新参者と処遇されましたが、以前に

中文 在这个节骨眼上，改变心意，不是武士的本意。

大名であった長曾我部《ちょうそかべ》盛親《もりちか》、真田《さなだ》幸村《ゆきむら》、毛利《もうり》勝永《かつなが》に加えて、又兵衛も黒田長政の下で1万石の大名格であったことから、宇喜多《うきた》秀家《ひでいえ》の下で3万3000石を領した明石《あかし》掃部《かもん》と共に、最高意思決定の場である軍議への参加を許される**「大坂五人衆」**の一人とされました。

「冬の陣」の最大の激戦である**「鴫野《しぎの》・今福《いまふく》の合戦」**では、初陣ながら奮戦する木村《きむら》重成《しげなり》を囲む佐竹《さたけ》義宣《よしのぶ》の軍に襲い掛かった又兵衛は、佐竹勢を壊滅寸前までに追い詰めます。対岸にいた上杉《うえすぎ》景勝《かげかつ》が大和川を渡って佐竹勢の加勢に回り、その際に上杉の鉄砲隊からの弾が又兵衛の左腕を傷付けました。その時に又兵衛は少しも慌てず、

――かすり傷だ。自分の命ある限り、秀頼公のご運は尽きない。

と言い放って大坂城へ撤退しました。気概溢れる士《さむらい》、まさに「リーダーたる者」の言動です。

翌年の**「夏の陣」**の大激戦となった**「道明寺《どうみょうじ》の合戦」**の数日前、又兵衛の武勇を惜しんだ家康は、播磨一国を与えると又兵衛に使者を送ります。又兵衛は**「大坂城が20日も保つことは出来ないであろう」**と述べてから、本項フレーズで言明しました。**「昨年より大坂から俸禄をもらっていて、今更になって裏切ることなどご免被る」**と丁重に断りました。

▲後藤基次の墓
（鳥取県鳥取市・景福寺）

残る力をふりしぼって又兵衛は、10倍以上の敵を前にして大奮戦し、一時は敵を追い返す程でしたが、衆寡敵せずして、伊達政宗の兵によって最期は討ち取られてしまいました。

又兵衛の息子が鳥取藩池田氏に仕えたことから、鳥取市内にその墓が残されています。

英文 It was not my true intention to change my mind at this minute.

59

恥ずべきこととは何か

先君《せんくん》、我《われ》を愛《あい》す、故《ゆえ》に此《こ》の言《げん》あり 然《しか》れども誼《よしみ》、敢《あ》えて受《う》けず

【本多 忠朝　1582~1615】

「徳川四天王」の一人である本多忠勝《ほんだただかつ》が、慶長15（1610）年に病で亡くなる際、長男の本多《ほんだ》美濃守忠政《みののかみただまさ》には伊勢桑名《いせくわな》藩10万石の地位と家宝を相続させ、上総大多喜《かずさおおたき》藩5万石の小藩を受け継ぐ次男の**本多出雲守忠朝**《ほんだいずものかみただとも》には、財政的にも苦しいだろうから、1万5000両のキャッシュを譲ると家臣に遺言を残しました。家臣からその話を聞いた長男の忠政は大激怒して、

「ワシは本多家の嫡男だ。我が家の財産は全てワシのものだ」

と言って、遺産を全て自分が独り占めしてしまいました。このことを知った忠朝は、

「ウチの組織は小さいので、そんなに費用は掛からない。兄のところは大所帯で付き合いも多いので、金も必要だろう」

と納得して本項フレーズを述べました。流石にこの弟の言葉を漏れ聞いた兄の忠政は大いに恥じて、忠朝を招いて黄金を渡そうとしましたが、忠朝が固辞すると、

「これは親父の遺命だぞ」

と説得しますが、

中文 先君爱护我，所以才有此言。但恕我不敢接受兄的好意。

「家財は全て長男が相続すべきです」

と重ねて固辞しました。ところが、この事が徳川家康の耳に入ったことを知った親族たちは慌てて協議して、兄弟で折半させることで決着しました。忠朝はこの時に受け取った金を全て金庫に入れて封印し、その死後に一銭も使われていなかったことが判明しています。

忠朝は父に従って参戦した**「関ケ原」**の際、敵中突破を試みた島津を相手に太刀が曲がって鞘に収まらなくなるまで奮戦し、家康から激賞されています。それから19年後の**「大坂冬の陣」**でも活躍した忠朝ですが、ある晩に深酒をしたために不覚を取り、出陣が遅れて大敗を喫したことがありました。「油断」を戒めるために家康は、敢えて諸将がいる万座の席で、

「お前は、オヤジの武名を汚すのか」

と忠朝を一喝しました。武士としての面目を失った忠朝は、翌年の**「夏の陣」**の**「天王寺・岡山の合戦」**で先鋒を務めます。松平忠直《まつだいらただなお》の大軍を蹴散らして襲い掛かる毛利勝永《もうりかつなが》を相手に大奮戦しますが、大型の鉄砲で狙撃されて倒れ、今際の際に次の言葉を言い残して戦死しました。

——戒《いまし》むべきは酒《さけ》なり、今後《こんご》に我《わ》が墓《はか》に詣《もう》でる者《もの》は、必《かなら》ず酒嫌《さけぎら》いとなるべし。

▲本多忠朝の墓
（大阪市天王寺区・一心寺）

大阪天王寺の超高層ビル「あべのハルカス」から近い忠朝の戦死地のそばの一心寺にある墓は、江戸時代からアルコール中毒から脱却したい者たちが、「酒封じの神」となった忠朝に願掛けをしています。名誉挽回して神となった忠朝の墓に詣でる人は、現在でも絶えることがありません。

英文 My late father loved me and took good care of me, and that is why he said this, but I dare not accept my elder brother's kindness.

60

世の中の流れに抗う意志

凡《およ》そ家《いえ》の亡《ほろ》ぶべき時《とき》、人《ひと》の死《し》すべき時《とき》に至《いた》らば潔《いさぎよ》く身《み》を失《うしな》いてこそ勇士《ゆうし》の本意《ほんい》なるべけれ

【真田 幸村 1567～1615】

「大坂の陣」で大坂城に籠った15万人近い浪人衆は、非常に戦意が高くて最期まで戦い抜く者が多く、20万人で攻め寄せた徳川方の諸大名は予想外の苦戦を強いられました。

寄せ手側の多くは豊臣恩顧の大名で、幼君だった秀頼や寡婦の淀君に対面した記憶も未だ薄くなく、幾ら世の中が変わったとはいえ、敵とすべきかと誰もが逡巡したでしょう。

また秀忠に将軍職を譲ったとはいえ、実力者の家康は70歳を超えていて、明日に死んでもおかしくないことを考慮すれば、一度騒乱となれば所領を増やすチャンスという一抹の期待から、少しでも兵力は温存しておきたかったという打算があったかも知れません。実際に遅参した毛利や島津などは、中高校生の遅刻理由とさして変わりがないような弁明をしています。

秀吉の**「天下統一」「朝鮮出兵」「関ケ原」**の頃から、戦馴れした者が世代交代したこと、幕藩体制が整備されていく中、諸大名に仕える武士たちの緊張感が薄れ、束の間の太平の世を謳歌して、武士の本来の意義を忘れて武道を疎かにしつつありました。

現代日本において、非正規雇用労働者が増加したのは１９９０年頃からとされ、２００４年に

中文 大凡家道将亡，人之将死之时，潇洒赴死，才是勇敢领袖的本愿啊。

▲真田幸村の供養塔
（長野県上田市真田町・長谷寺）

は労働人口の3割が非正規雇用となりました。400年前に時を遡れば、1590年の**「小田原征伐」**による**「天下統一」**から1603年に江戸幕府が開かれるのと軌を一にします。最近では非正規雇用者のスキルアップやリスキリングを奨励していますが、これは武士道を磨かねばならないと名将たちが常に言っていたことと同じではないでしょうか。

「大坂冬の陣」では真田丸で武名を挙げた幸村ですが、**「大坂夏の陣」**では浅野、藤堂、伊達、井伊といった勇猛な大軍と激戦を繰り広げて、一歩も退かない戦いぶりを示し、家康の旗本を蹴散らして徳川勢に大打撃も与えてもいます。そして最期の最後まで裏切者を出さずに幸村に従った将兵と共に討死にしました。幸村をはじめ非正規の浪人たちは、能力がありながらも社会構造の変化によって非正規側、反主流側に不本意ながらも追いやられた者たちばかりで、**「大坂の陣」**はその怒りの大爆発と意地の見せ場となったのです。

「関ケ原」前夜、徳川に与するか、石田三成の誘いに乗るか、真田昌幸が長男の信之と次男の幸村に問い掛けた時、三成に加担しようとする父や弟に対し、徳川が勝った際には自分の功績に変えて助命嘆願して、家が滅びない世にすると明言した信之に対して、本項フレーズを述べて幸村は、汚名と共に身を保って生き永らえて、家の滅亡を避けるのは恥ずべきと応じたことから、信之が激高して刀を抜きますが、幸村は泰然自若として、

――只今《ただいま》ここにて首《くび》を刎《は》ねられんことを許《ゆる》されよ、豊臣家《とよとみけ》の為《ため》に身《み》を失《うしな》い申《もう》さん志《こころざし》なり。

と応じています。

英文 When the time comes to an organisation or a person to be doomed to death, an effective leader would gracefully accept his end.

61

最後までプライドを失うな

某《それがし》は真田左衛門佐《さなださえもんのすけ》の嫡子《ちゃくし》、一方《いっぽう》の大将分《たいしょうぶん》ゆえ、膝甲《はいだて》は取《と》り申《もう》さぬ

【真田 幸昌 1600~1615】

真田左衛門佐幸村《さなださえもんのすけゆきむら》の嫡子として、僅《わず》か15歳にして、見事に自裁して士《サムライ》として名を残したのが、**真田大介幸昌**《さなだだいすけゆきまさ》です。「**大坂夏の陣**」の終幕となる豊臣秀頼《とよとみひでより》の自害に際し、武士の仁義に従って死んだ25名の一人に名を連ねています。最年少にして『**名将言行録**』に名を記される大助の事績は、まさにその「死に様《ざま》」の見事さにあります。

父の幸村と共に大坂城へ入城した大助は、「**大坂冬の陣**」での「**真田丸**」における合戦が初陣となりました。そして「**大坂夏の陣**」の最後の激戦である5月6日の「**誉田表《ほんだおもて》の合戦**」で功名を挙げた大助は、その翌日に茶臼山の東に父と共に布陣した際、

「ワシは必ず討死にするから、汝《なんじ》は秀頼公の最期にお供せよ」

と父の幸村から命ぜられて大坂城へ戻り、表御門の門前で黒い鹿角の大立物の兜を被って守備に付きました。秀頼が櫓へ退去した際、その側近の一人が大助を見付けて、

「真田は譜代ではなく、牢人として入城したのだから、最期まで見届ける必要はない。既に譜代の者でさえ退去しているので、その方は幼少の身だから退去せよ」

中文 我身为真田幸村的嫡子，是一方大将，所以不摘下头盔。

と声を掛けてくれました。前日に交わした父との約束があると言って、大助は頑なに拒みました。秀頼らが自害した櫓に火が放たれた際、大量の火薬を使った大爆発により、その猛火によって多くの遺体は、男女の区別が分からない程に焼け焦げたものでした。首の無い大柄の遺体のそばに『吉光』の名刀があり、それが秀頼ということにされました。

古来より武士は切腹する際、鎧を脱ぎ捨ててから自害したもので、大助が鎧を脱ぎ捨てて座を改めて刀を抜いて自害しようとした時、膝甲《はいだて》を装着したままであったのを見咎められ、何故に取らないのかと指摘された際、

「将《しょう》の家《いえ》に生《う》まれた者《もの》は、こうした場合《ばあい》は膝甲《はいだて》を取《と》らぬと聞《き》いております」

と大介は前置きした後、本項フレーズを述べて、外様とはいえ大将の気概を見せました。

落城後に徳川の旗本・石谷貞清《いしがやさだきよ》が実況見分をした際、多くの首のない遺体の中で、具足のみ脱いで膝甲を装着した遺体を見付けたので、捕虜に問うと、

――これこそ真田大助です。

▲真田幸村・幸昌の供養塔
（長野県長野市・長国寺）

と証言するや、その捕虜は落涙しました。大介は切腹した際に見苦しくないように、前日から断食してその最後に臨んだという話を聞いた徳川の武士たちは、大助の振舞いが立派な武士の鑑《かがみ》として、自分たちの子弟に教え伝えたことから、大助の名が長きにわたって遺されました。

大助の覚悟ある死は、幸隆以来の真田の武名の最後を飾った大輪のあだ花となりました。

英文 I am General Sanada Yukimura's legitimate son yet I am a commander, so I won't take off the cuisses.

62

自らの決着を選ぶ

大御所《おおごしょ》は誠《まこと》に天下《てんか》の仁君《じんくん》なり

【増田 長盛 1545～1615】

天正元（1573）年に近江《おうみ》長浜《ながはま》城主となった羽柴秀吉《はしばひでよし》は、28歳と当時では青年期を過ぎた年齢の**増田《ました》右衛門尉《うえもんのじょう》長盛《ながもり》**を召抱えました。長盛のキャリアは200石からのスタートで、秀吉の出世街道に追従して、文禄4（1595）年には大和郡山《やまとこおりやま》城で20万石もの所領を与えられました。22年で1000倍の報酬を得たことになりますが、これは文官としては秀吉の義弟である浅井長《あざいなが》政《まさ》の甲斐22万石に次ぐ破格の石高でした。更に長盛は、豊臣家の直轄領100万石の代官も任され、秀吉からの絶大な信頼を受けています。

「関ケ原」の際には三成らと共に家康の弾劾状に名を連ねている長盛ですが、長政や正家らと同じく、家康に内通するかのように上方の動きを書状で送ったりもしています。一見すると裏切り行為に見えますが、これは文官としての現実的な判断と、常にトップマネジメントの重心に敏感であることからの保険的な行動であったのでしょう。

長盛は文官であることから、武士として軟弱であると誤解されがちですが、優れた武士を愛することで知られていました。**「関ケ原」**の際に配下の1000騎のうち、700騎を郡山城と共に渡辺了《わたなべおわる》に預け、自らは300騎を率いて大坂城西の丸の守備に付きました。客将待遇の1万石で

中文 大将军正是天下的仁君。

長盛に仕えていた渡辺了が、城代として比類なき働きをしたことは、拙著の『**名将言行録に学ぶリーダー哲学**』の82項で紹介しています。

「**関ケ原**」後に長盛は、家康の譜代家臣である武蔵岩槻《むさしいわつき》城主・高力忠房《こうりきただふさ》に預けられました。やがて「**大坂の陣**」の前に大坂城に浪人が続々と入城した際、家康は高力を通じて、

「太閤秀吉公から大恩の深き者なれば、秀頼公の行く末を見届けんため、大坂へ上り給え」

と長盛に伝えると、長盛は家康のその寛大な言葉に対して本項フレーズを述べ感謝して、

「無役の自分が今更、大坂城へ入って新参の浪人共を指揮しても、大きな成果をあげることは出来ず、かえって秀吉公のお目に適わなかったという残念な結果になるでしょう」

と言って配流先の岩槻で蟄居し続けたいと申し出ました。やがて大坂が落城して秀頼が死んだ報を聞いた長盛は、高力に対して次のように申し述べます。

——此《こ》の度《たび》の一乱《いちらん》、終《おわ》りの所《ところ》を承《うけたまわ》りたく罷《まか》り在《あ》りし所《ところ》、時節到来《じせつとうらい》し、秀頼公《ひでよりこう》ご生害《しょうがい》ありし上《うえ》は、某《それがし》こと何を頼みにし、暫《しばら》くも存命申《ぞんめいもう》すべきや、身《み》の暇《いとま》を賜《たまわ》り候《そうら》へ。

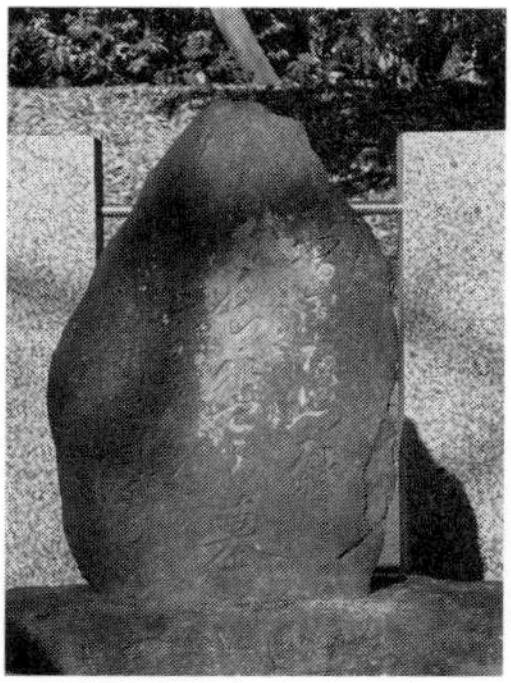
▲増田長盛の墓
（埼玉県新座市・平林寺）

慶長20（1615）年5月27日に切腹して武士としての人生に決着をつけました。

長盛の息子・長次《ながつぐ》は、家康の息子・義直《よしなお》に仕えていましたが、その許可を得て「**大坂夏の陣**」の際に大坂城へ入り、父・長盛の偏諱を昔に受けたという縁のある長曾我部盛親《ちょうそかべもりちか》の指揮下に入り、「**八尾の合戦**」の激戦の中で見事に戦死しています。

英文 Shogun Ieyasu is the truly exceptional ruler in the whole world.

63

苦悩の連続に耐える

今《いま》、何《なん》の面目《めんぼく》ありて再《ふたた》び見参《けんざん》すべきと参《まい》らず

【片桐 貞盛 1556~1615】

遠く武蔵《むさし》で増田長盛《ましたながもり》が豊臣家に殉じ切腹して果てた翌日の慶長20（1615）年5月28日、駿府の屋敷で本項フレーズを言い残して西の大坂を向き割腹し、潔く武士としての面目を立てたのが、**「賤ケ岳《しずがたけ》の七本槍」**の一人であった且元《かつもと》の諱《いみな》で知られる**片桐東市正《かたぎりひがしいちのかみ》貞盛**です。大坂城落城で秀頼と淀殿が、自害した20日後のことでした。

「関ケ原」後から**「大坂の陣」**までの15年、貞盛の苦心は誰も計り知ることは出来ません。戦国時代を生き抜き、2万8000石とはいえ大名の列に加わる者として、徳川の権威が高まり権力が強まる一方の中、まさに井の中の蛙と同じ状態にあった大坂城の秀頼・淀君をはじめ豊臣譜代の直臣たちに囲まれ、貞盛の心中はまさに「四面楚歌」の苦悩の日々であったに違いないでしょう。貞盛はある時、秀頼を諫《いさ》めて、

「徳川公は今川義元の誼《よしみ》を失うことなく、氏真の面倒を見ました。また織田信長の好意を忘れることなく、信雄を助けました。秀吉公もそのことをよくご存知でしたので、家康公に秀頼様を託されました。ですので、秀頼様が家康公が仲良く接すれば、身を長く保つことが出来ましょう。さもなくば、禍の種とみなされてしまいます」

中文 现在，我还有什么面目再来见您呢？

▲片桐貞盛の墓
（静岡県駿河区・誓願寺）

と説いたところ、秀頼は納得したものの、その側近たちは良い顔をしませんでした。しかしながら、貞盛が腐心して東西を取り持って妥協点を見出そうとしたのは、この辺りに目算があったと推察することが出来ます。

浅井長政の家臣・片桐直貞《かたぎりなおさだ》の息子である貞盛は、小谷城の落城まで長政に仕えていました。淀殿にとっては、自分が物心のつく前から父に仕えていた、まさに家臣中の家臣でした。大坂城主の家老である以上に淀殿親子の家臣を自認していた貞盛の現実的な妥協点を図る交渉は、徳川を目の敵とする大坂城内においては、良く見えても弱腰、悪く見れば裏切りでしかありませんでした。むしろ身内から足を引っ張られながら、交渉を務める貞盛の苦悩を一番に理解していたのは、実は交渉相手のトップである家康であったのかも知れません。

貞盛が**「方広寺鐘銘事件《ほうこうじしょうめいじけん》」**の処理について、駿府で協議してまとめた妥協案を大坂城に持ち帰った際、それは家康へ従属せよという裏切りの証拠だとして、大坂譜代の若手が貞盛を暗殺しようとします。織田信雄《おだのぶかつ》からの報せを聞いた貞盛は、遂に大坂城から妻子を含めた一族郎党と共に退去します。

交渉担当役の貞盛の罷免を宣戦布告と見なした家康は、諸大名に出陣を命じます。上洛した家康は、貞盛と弟の貞隆を召し出しますが、本項フレーズで貞盛は辞退しました。そこで本多正純が東西の決裂には貞盛に罪はないと明言して、家康との間を取り持ちました。家康と相まみえた貞盛の心中は、どのようなものであったでしょうか。

英文 How could I serve my ex-master again after all that?

コラム㉔ その後の片桐氏

大坂落城から20日後に自責の念で切腹した片桐且元の死は、息子によって病死として幕府に届けられた。虚偽の報告であることは明白だったが、それを口実に改易せず、大和龍田《やまとたつた》藩4万石の相続が息子に認められたのは、徳川家康が武士の「惻隠《そくいん》の情」で黙認させたからに違いない。

且元の後継者である**片桐出雲守孝利《かたぎりいずものかみたかとし》**（1601〜1638）は父の豊臣時代の人脈とノウハウを使って、高野山などの寺社造営の奉行を務めたが、38歳にして亡くなった。正室は徳川譜代の伊奈忠政の娘で、利根川や荒川の付替えなどの大土木工事を差配した伊奈忠次の孫にあたる。いわば東西ゼネコン・ファミリー同士での婚姻であった。

孝利の弟・為元が末期養子《まつごようし》（危篤となった当主が緊急に縁組した養子）として幕府に相続が認められたが、龍田藩は1万石に減封された。為元も44歳で承応3（1654）年に亡くなり、その息子の為次が継いだが、翌年に15歳で死去したことから、龍田藩は無嗣改易となった。世の人々は豊臣氏の怒りがようやく収まったのだと噂したという。

兄の且元に従って若い頃から秀吉に出仕した**片桐主膳正貞隆《かたぎりしゅぜんのかみさだたか》**（1560〜1627）は、「**関ケ原**」の際には「大津城攻め」に参陣しているが、戦後に所領を安堵されて兄と同じく秀頼に仕えた。徳川への内通を疑われた兄の且元が大坂城を退去する際には、平服姿の兄以下4000人の親族郎党を守り、居城の摂津茨木城まで退去している。貞隆は「**大阪の陣**」後、2代将軍秀忠によって大和小泉《やまとこいずみ》藩1万6000石を与えられ初代藩主となった。父の跡を継いだのが**片桐石見守貞昌《かたぎりいわみのかみさだまさ》**、茶人・**片桐石州《かたぎりせきしゅう》**の名で知られる武家茶道の開祖となった。

▲片桐孝利夫妻の墓
（東京都港区・源昌寺）

コラム㉕

且元の首塚

片桐且元《かたぎりかつもと》の片桐氏は、信濃伊那郡片桐《しなのいなぐんかたぎり》を発祥とし、源頼朝《みなもとのよりとも》の頃から史料に名前が散見される小豪族であったという。承久《じょうきゅう》3（1221）年に起きた**「承久の乱」**の際、鎌倉幕府サイドで活躍した片桐為頼《かたぎりためより》なる武士が、近江伊香郡高月《おうみいかぐんたかつき》（滋賀県長浜市高月）に所領を得て土着し、その子孫が「国人《こくじん》」領主となった。

且元の父の**片桐肥後守直貞**《かたぎりひごのかみなおさだ》（1521～1591）は、北近江の戦国大名・浅井氏に出仕していたことから、且元は浅井氏の本拠・小谷城のある浅井郡須賀谷《すがたに》の片桐屋敷で生まれている。

▲片桐且元の首塚（滋賀県高月町）

実は且元の首塚というのが、JR北陸本線高月駅から歩いて3分程の所にある。以前は大きなケヤキの大木があったそうだが、そこには昭和54（1979）年に建てられた石碑が残されている。

淀殿・秀頼母子が自害した報せを聞いて、且元は悶絶して過ごした20日後に切腹したと伝わっているが、幕府へは病死として届けられ、その首は葡萄酒に漬けられて、近江高月の先祖の地まで運ばれて、菩提寺・圓通寺《えんつうじ》の祖先の墓に埋葬されたのだという。現在でも高月には、片桐姓の人が多く住んでいる。

▲片桐且元の顕彰碑（大阪府茨木市・茨木城跡）

64

保身より遥かに重要なもの

要害《ようがい》に頼《たの》むと言《い》うは、人《ひと》にも寄《よ》り、時《とき》にも寄《よ》るべきものなり

【徳川 家康 1543~1616】

ある年の激しい暴風雨で洪水が起き、家康の居城である三河岡崎城下を流れる矢作《やはぎ》川に掛かる矢作橋が、壊れて流れてしまいました。家康が早速に橋の掛け直しを命じると、重臣たちは口を揃えて、次のように提案して来ました。

「兼ねてより思っておりましたが、この橋は世間にも稀な大きな橋ですので、非常に多額な費用が掛かります。戦国の世である今、城下にこのような大きな川が流れていることは、第一に要害になります。今回たまたま橋が流れてしまったことを幸いにして、今後は舟渡しとされては如何でしょうか」

すると家康は、この橋は古来より日本国中で名高く、異国にまで聞こえている橋だとして、

――**然《しか》るに入費《にゅうひ》多《おお》きとて、今更《いまさら》橋を止《や》めて舟渡《ふなわた》しにし、往還《おうかん》の旅人《たびびと》に難儀《なんぎ》を掛《か》からんこと、人《ひと》に君《きみ》たる者《もの》の本意《ほんい》にあらず。**

と費用を惜しんで自分の保身の都合で、急に橋を止めて舟渡しにして、往還の旅人たちに迷惑を掛けてしまうようなことは「人の上に立つトップたる者」がするべきではなく、あくまでも「リーダーたる者」は自分個人の利益ではなく、世の中の多くの人々の利益になることを優先するべき

中文 依靠险要之地，既看人也看时机。

であると明言して、急いで橋を掛け直すように命じました。そして続けて本項フレーズを述べました。

家康が最も尊敬した名将・武田信玄の「人は城、人は石垣、人は堀」は、立派な城を築くより組織を支える人こそ大切であるという名言と同じ趣旨の内容です。鉄壁の守りや堅牢な備えがあったとしても、そこに籠る人々の心が崩れてしまえば、容易に内部から崩壊してしまうことを戒めている訳です。

名将と称されるトップリーダーたちは、島津義久《しまづよしひさ》や伊達政宗《だてまさむね》なども同じことを述べていますが、戦国時代の「リーダーたる者」たちは、「ハコモノ」でなく「ヒト」にこそ組織マネジメントのパワーがあることを見抜き、尚且つしっかりと実践躬行することが出来たからこそ、生き抜くことが出来たのでしょう。

確かに戦国時代において、城を頼りにした武田勝頼《たけだかつより》も北条氏政《ほうじょううじまさ》も豊臣秀頼《とよとみひでより》も滅んでしまっていますが、果たして現代日本の政治や経済のリーダーが笑うことが出来るでしょうか。

予期せぬ困難や危機から身を守るために慎重な構えをとり、自己保身を最優先にする者は、「リーダーたる者」の資格なしと家康から厳しく叱り飛ばしてもらいたいところです。

▲徳川家康の墓
（愛知県岡崎市・大樹寺）

実は矢作川に初めて橋が架けられたのは、家康の「関東移封」後の慶長7（1602）年で、江戸時代に11回ばかり架け替えられ、現在のコンクリート製の橋は平成23（2011）年の16代目です。

英文 It depends on who and when is replying on a place where the terrain is difficult and suitable for defending against enemies.

コラム㉖

家康の3人の娘

徳川家康には5人の娘がいたが、四女と五女は夭《よう》折《せつ》したので、成人したのは3人―**亀姫《かめひめ》・督姫《とくひめ》・振姫《ふりひめ》**―であった。

亀姫は奥平信昌に嫁いで、4人の男子に恵まれた。長男以外の3人は外祖父に当たる家康の養子となって「松平」姓を許され、徳川氏の最も信頼する藩屏《はんぺい》となった。中でも末弟の松平忠明《まつだいらただあきら》は家康のお気に入りの孫で**「大坂の陣」**に際しては、美濃の諸大名を率いて一方の大将となった。陣後には摂津《せっつ》大《おお》坂《さか》藩10万石を与えられ、現在の大阪市の街並みに繋がる復興に貢献した。また3代将軍・家光の後継人に井伊直孝と共に2代将軍・秀忠から指名され、共に大政参与《たいせいさんよ》、後の大老職に就いている。

亀姫の子孫である奥平松平氏は、豊前中津《ぶぜんなかつ》藩10万石を本家とし、その他の4藩と共に幕末まで存続した。

池田輝政《いけだてるまさ》と再婚した督姫《とくひめ》、浅野長晟《あさのながあきら》と再婚した振姫《ふりひめ》は、外様の大大名を実質的に将軍家の身内の譜代大名化した功績を残した。

督姫は初め北条氏直《ほうじょううじなお》の正室となったが、北条氏が滅亡した後、秀吉の命で池田輝政《いけだてるまさ》と再婚したことから、結果として本来ならば豊臣派の輝政を家康サイドに追いやることになった。督姫は輝政の先妻の嫡男・利隆《としたか》に本家を継がせるものの、自分の産んだ息子である忠継《ただつぐ》・忠雄《ただかつ》に嫡男同様の大藩を父・家康から授からせている。

三女の振姫も豊臣秀吉の命で蒲生氏郷《がもううじさと》の嫡男・秀行《ひでゆき》に嫁ぎ、二人の息子に蒲生氏を継がせて大名とした。秀行の死後に父・家康の命で息子を置いて蒲生氏を出て、紀州和歌山《きしゅうわかやま》藩主・浅野幸長《あさのよしなが》の弟である長晟と再婚し、後継者のいない浅野家との間に嫡男・光晟《みつあきら》を得た。産後の肥立ちが悪く、その16日後に38歳で亡くなってしまった。息子の光晟は将軍・家光の従弟として外様大名ながらも重きをなし、秀吉の親族である浅野氏を徳川一門が取り込むことに貢献した。

浅野長晟は振姫の亡くなった翌年に高野山・奥之院に、供養塔を建立している。中の橋と御影橋の間に佇む「二番石」は、高野山で二番目の大きさを誇る。長晟が安芸《あき》広島《ひろしま》藩42万6000石に転封となった後に和歌山藩を継いだ徳川頼宣《とくがわよりのぶ》は、姉の振姫を偲んで供養塔を和歌山城下の光恩寺《こうおんじ》に建立している。

家康の3人の娘は、父譲りで当然ながら気も強く、名将たる夫を尻に敷き、それぞれの家のマネジメントを司った。彼女たちが男子であったならば、将軍職を争う程の器量と気概があった名将となったはずである。

▲伝・亀姫の墓
（愛知県岡崎市・法蔵寺）

▲振姫の供養塔
（和歌山県和歌山市・光恩寺）

▲督姫の墓
（京都市東山区・知恩院）

コラム㉗ 家康の兄 ―松平忠政―

徳川家康に異母兄がいたことはあまり知られていない。家康には「於大《おだい》の方」の再婚先で生まれた久松《ひさまつ》家の異父弟については、家康はそれなりの処遇をしていることで知られているが、詳しい事績やその存在すら確かとされていない家康の兄である**松平忠政**《まつだいらただまさ》については、かなり冷遇をしている。

家康の母である「於大の方」は有名だが、家康の父である松平広忠《まつだいらひろただ》は、天文10（1541）年に於大を迎える前に「於久《おひさ》の方」という正室がいた。松平一門にして三河《みかわ》岩津《いわつ》城主の大給和泉守乗正《おおぎゅういずみのかみのりまさ》の娘であった。

広忠とこの於久との間に生まれたのが、忠政である。於大が岡崎城に入る前、於久と忠政は、城から出て桑谷《くわたに》村へ移らされた。しかしながら、広忠の於久への寵愛は変わらなかったらしく、家康の誕生した天文11（1543）年12月26日には、於久との二番目の息子が生まれている。出家したこの家康の弟とされる恵最《えさい》は、現在の岡崎市内に広忠寺《こうちゅうじ》を開いている。広忠、於久、忠政の五輪塔が残されている。同寺には「**桶狭間**」後に晴れて岡崎城主となった家康が於久を訪ね、父・広忠の供養を懇ろに頼んだと伝承されている。

また広忠寺から車で10分程の法蔵寺《ほうぞうじ》にも、広忠、於久、忠政の3人の墓に加えて、家康の異母妹二人の墓も並んでいる。

織田信長が信秀の嫡男とされながらも実は三男で、庶長子として信広が知られており、信長に従って各地に転戦し、朝廷への使者も務めていることが記録に残されている。しかしながら、家康の異母兄にあたるというこの忠政には、そういった事績は全く残されていない。武将として活躍するには身体的な支障があったのかとも想像されるが、実像は不明である。

忠政は従五位下・右京大夫《うきょうたゆう》に叙任されたと言われているが、これも確証はなく、慶長4（1599）年に亡くなっている。忠政には康久、長清の二人の男子がいたと伝わるが、そのうちの子孫の一系統が、酒井雅樂頭《さかいうたのかみ》家に代々仕えた。

『寛政重修諸家譜』で忠政の子孫を自称する三つ

の松平家は、その130年前に編纂された『寛永諸系図伝』には掲載されていない上、口伝以外に何も証拠がないことから、江戸幕府からその真偽について質されたその子孫は、証拠を差し出すことが出来なかったという。

▲松平忠政・広忠・於久の墓（愛知県岡崎市・広忠寺）

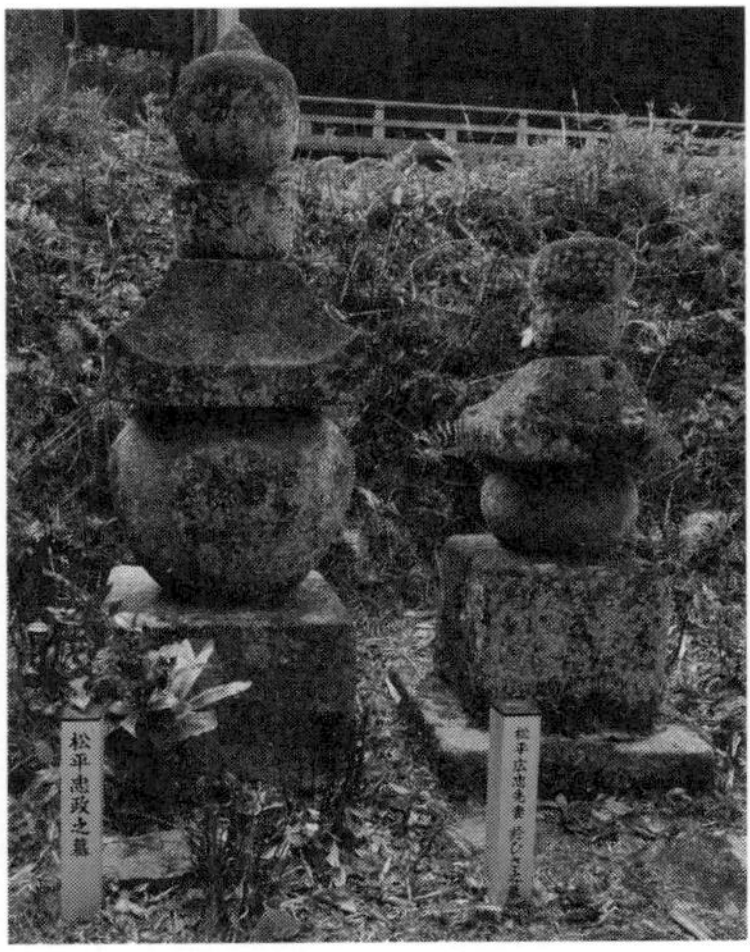

▲左・松平忠政／右・於久の方の墓
（愛知県岡崎市・法蔵寺）

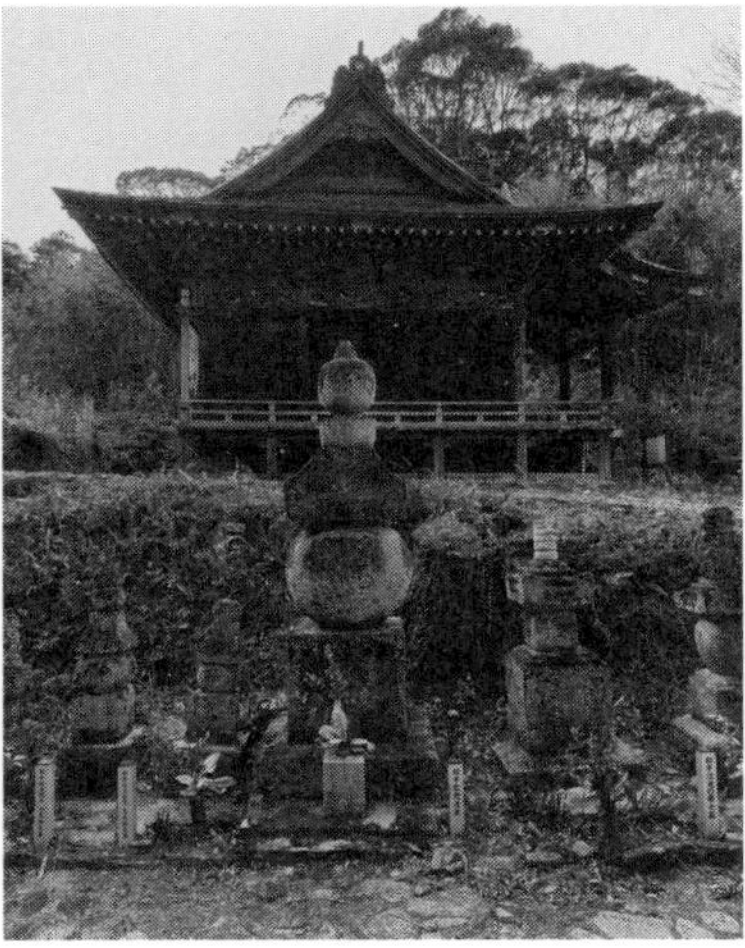

▲松平広忠の供養塔
（愛知県岡崎市・法蔵寺）

コラム㉘

家康の養女政策

徳川家康には11男5女がおり、ご落胤《らくいん》の噂がある者もその他に数名いる。その子女を使って家康は、他の戦国大名と同様に婚姻政策によって自らの組織強化と、勢力拡大に努めている。しかしながら、幾ら子沢山《こだくさん》とはいえ、実子には限りがあることから、親族や家臣の子弟を養子に迎えて、政略結婚をさせることもしばしば行われた。

一説に家康には男子3人、女子18人の養子がいたという。

家康の養女は、本多忠勝《ほんだただかつ》の娘・小松姫《こまつ》で、真田《さなだ》昌幸《まさゆき》の嫡男・信之《のぶゆき》の正室として送り込まれている。「関ケ原」前に舅の昌幸が出陣先の下野小山《しもつけおやま》から信州上田城《しんしゅううえだ》へ戻る途中、言葉巧みに小松姫が守る上野沼田城《こうずけぬまた》に入ろうとしたが、小松姫には夫・信之の許可なしには入れないと断ったことで知られる「表裏比興者《ひょうりひきょうもの》」の曲者《くせもの》として奸智に長けた舅を警戒し、自らが人質になるような事態を避けた賢明な判断であった。小松姫はまさに名将の器であった。

豊臣秀吉が亡くなった後、家康の婚姻政策が加速化した。まず異父妹の栄姫《さかえ》を養女にして黒田長政《くろだながまさ》に嫁がせた。この後から長政は、既に家康の次女の婿・池田輝政《いけだてるまさ》と共に徳川政権樹立のための数々の調略や工作に活躍している。更に家康は叔父の水野忠重《みずののただしげ》の娘である従妹を加藤清正《かとうきよまさ》の継室に送り込んでいる。

養女とはいえ、家康と舅の関係が結べるという効果は諸大名にとっては絶大で、家康は疑似的な姻戚関係の構築を「関ケ原」後も積極的に進めた。それは豊臣恩顧の外様大名たちを切り崩すためであったことは明白だ。家康の長男・信康の娘二人も養女にして、蜂須賀、堀、小笠原といった外様大名と姻戚関係を結んだ。

家康の異父弟である松平康元《まつだいらやすもと》(1552~1603)は、6男6女に恵まれた。6人の娘は全て、家康の養女となって有力大名の正室に収まっている。天下一の実力者の家康の養女として嫁ぐことは、当時において最良の縁談であったはずである。

康元の長女は、譜代格の岡部長盛《おかべながもり》(父の正綱《まさつな》は駿府での竹千代時代の友)の継室、二女は同じく譜代格の菅沼定仍《すがぬまさだより》の正室、三女は定仍《さだより》の弟の菅沼定芳《すがぬまさだよし》の正室、そして四女の満天《まて》姫は福島正則の養嗣子・正之《まさゆき》、後に津軽信牧《つがるのぶひら》の正室、五女は田中忠政《たなかただまさ》、後に松平成重《まつだいらなりしげ》(「**伏見城**」で戦死した松平近正《まつだいらちかまさ》の孫)の正室、末の娘は中村忠一《なかむらただかず》の正室の後、毛利秀元《もうりひでもと》の後室に収まっている。

　そもそも康元は、家康の母・於大《おだい》の再婚した久松俊勝《ひさまつとしかつ》との間に生まれた康元・康俊《やすとし》・定勝《さだかつ》の三兄弟の一番上で、家康の信頼をよく勝ち得て裏方で義兄を支えた。「**関ケ原**」の際には江戸城の留守居役を任され、その功績で下総関宿《しもうさせきやど》藩4万石の初代藩主となっている。

▲小松姫の墓
(群馬県沼田市・正覚寺)

▲康元の長女・岡部長盛正室の墓
(東京都港区・泉岳寺)

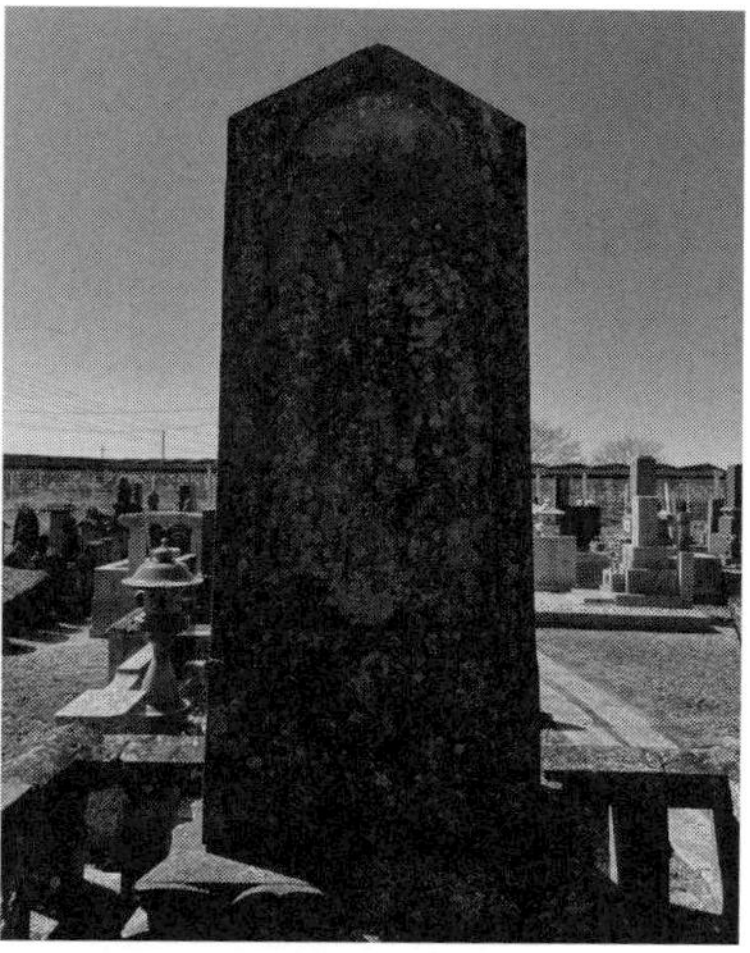
▲松平康元の墓
(千葉県野田市関宿・宗英寺)

65

組織のために自分を律する

乱世《らんせい》には大将《たいしょう》の威《い》軽《かる》くして下《した》より狎易《なれやす》し
治世《ちせい》には大将《たいしょう》の重《おも》くなりて下《した》より狎難《なれかた》きものなり

【本多 正信　1538~1616】

若年を理由に豊臣秀吉に減封されていた蒲生秀行《がもうひでゆき》は、徳川家康の三女・振《ふり》姫を妻としていたことから、「関ケ原」後に徳川一門として陸奥会津《むつあいづ》藩60万石の藩主に復帰します。その秀行の重臣である蒲生郷成《がもうさとなり》が、家康の参謀である**本多佐渡守正信**《ほんださどのかみまさのぶ》に会って尋ねます。

――秀行は父の氏郷《うじさと》のように、家来に親しく接することがありません。

と自ら先陣を切って突撃する猛将で知られた氏郷と、織田信長《おだのぶなが》の次女との間に生まれたにもかかわらず、秀行は、幼少の頃から病弱で実戦で槍を振うことは出来ませんでした。そのコンプレックスのせいで空威張りしていた主人について、その器量を案じての相談でした。すると正信は、**「乱世と平時ではトップの在り方は違うもの」**と前置きをして本項フレーズを述べました。ここで正信が郷成に述べた言葉の正誤は別にして、もし逆の内容で質問をされた場合、恐らく正信は相手に合わせて本項フレーズと逆の内容で答えたはずでしょう。というのも、戦国時代の梟雄《きょうゆう》として名高い松永久秀《まつながひさひで》が、正信を一目見るなり次のように評しています。

――徳川家の侍の多くは武勇の輩ばかりだが、この正信だけは剛でなく柔でもなく、また卑し

中文 在乱世，大将威严不足，下属容易对其无礼；在治世，大将威严足够，下属不敢对其无礼。

くもない。これは普通の器量の持ち主ではない。

三河松平氏の譜代の家に生まれながら正信は、熱心な本願寺門徒として「三河一向一揆《みかわいっこういっき》」に加わって家康に反乱し、後に出奔します。10年近く諸国を放浪してから、友人にして同僚だった大《おお》久保《くぼ》忠世《ただよ》の取り成しで家康のもとに帰参しました。それから正信は家康の懐刀として、その知力によって天下取りに大いに貢献します。正信は何かと陰気臭く、ズル賢いイメージがありますが、その冷徹にして明晰な頭脳は、武勇一辺倒ばかりの家康の組織の者たちからすれば、畏怖畏敬の対象でしかなかったからでしょう。

蒲生秀行が若くして逝去し、その息子の忠郷《たださと》も早世したため、蒲生氏は伊予松山《いよまつやま》に転封となり、代わって伊予松山から加藤嘉明《かとうよしあきら》が会津43万石を与えられます。この決定に唯一人、正信が異議を唱えたことを伝え聞いた嘉明は、正信に面談を申し出てその訳を問い質します。

——**貴公《きこう》は豊臣家《とよとみけ》の恩深《おんふか》く、人《ひと》の疑《うたが》いあるべし。功《こう》を成《な》り名《な》を挙《あ》げたら身《み》を退《ひ》くことあり。大《たい》国《こく》を領《りょう》せば禍《わざわい》あるべし。**

▲本多正信の供養塔
（愛知県安城市・本證寺）

正信の言葉に流石の名将・嘉明もグーの音が出なかったそうです。正信は他人にだけでなく、自分に厳しく身を律していました。家康や秀忠から加増の話が出ても、2万石以上は受けず、3万石以上の加増は受けるなと息子の正純に遺言していた程です。常日頃から正信は、

——**大明《たいめい》に私照《ししょう》なし、至公《しこう》に私心《ししん》なし（太陽が公平に照らすように、私心なく世に尽くす）。**

と「リーダーたる者」の心得を説いていました。

英文 In turbulent times, the power of an effective leader is treated lightly and is easier to break down from below; in a well-governed reign, the power of a top leader is strong and more difficult to break down from below.

66

権威を恐れない強烈な自負

今度《こんど》の様《さま》なる花見同前《はなみどうぜん》のことに感状《かんじょう》を賜《たまわ》りたり

【水原 親憲 1546~1616年6月】

天正15（1587）年に収束した越後の**「新発田重家《しばたしげいえ》の乱」**で、越後の有力「国人《こくじん》」集団である「揚北衆《あがきたしゅう》」の一つである水原氏の当主が戦死したため、上杉景勝《うえすぎかげかつ》の命で越後浦佐《えちごうらさ》城主・大関親《おおぜきちか》信《のぶ》の息子がその名跡を継いで、**水原常陸介親憲《すいばらひたちのすけちかのり》**を名乗ります。

親憲は上杉謙信《うえすぎけんしん》の死によって起きた後継者争いである**「御館《おだて》の乱」**の際には、景勝を支持して重臣となり、上杉の「会津移封」の折には猪苗代《いなわしろ》城代に任ぜられています。慶長5（1600）年の**「出羽長谷堂《でわはせどう》城の戦い」**では、出羽山形へ出陣して最上義光《もがみよしあき》と戦い、鉄砲隊200名を率いて殿《しんがり》を務めて追撃する最上軍に大打撃を与えています。

実は徳川家康が**「会津征伐」**のために下野《しもつけ》小山《おやま》に至り、石田三成《いしだみつなり》の挙兵の報を受けて、反転西上した際、窮地から逃れる吉事《ラッキー》に上杉家中が沸き立った時、親憲は、

「上方と我らの間に挟まれることを恐れて、家康が引き揚げて行ったと喜ぶのは愚かなこと、家康は諸将と謀って上方へ軍を向けたのであろう。戦の勝敗は測り難いと雖も、恐らく家康が勝利を収めるだろう」

と唯一人、親憲だけが上杉の諸将の中で家康の勝利を予想したそうです。

中文 像这次赏花，做了差不多的事情，就得到了感谢状。

「大坂冬の陣」の際、今福《いまふく》で佐竹義宣《さたけよしのぶ》が苦戦して上杉に救援を求めた時、景勝が直ちに親憲に出撃を命じました。親憲は自分の甲冑が古くて見苦しいため、猿楽で使う派手な半臂《はんぴ》(半袖の上衣)を具足の上に着用して700の鉄砲隊を指揮しました。その見事な采配を遠くから眺めていた家康は、

「流石《さすが》、上杉は古風な家、鎧直垂《よろいひたたれ》を着用して出陣しておる者がおるぞ」

と平安時代の武者と同じ出で立ちと誤解して感心しましたが、徳川の将兵たちは、平安時代の老将・斎藤実盛《さいとうさねもり》にちなんで「実盛」と親憲に綽名を付けて笑ったそうです。しかしながら、この時の抜群の活躍で陪臣《ばいしん》(家臣の家臣)の身分でありながら親憲は、徳川秀忠から特別に感状を賜りました。家康からも「謙信以来の武名を未だに残している」と激賞されましたが、その際、宛名が「杉原常陸介《すぎはらひたちのすけ》殿」と書き間違われていたためか、非礼にもその場で開封して目を通してから、手紙を推し戴いて退出して行きました。陣所へ戻ってから親憲は家来たちに、

▲水原親憲の墓
(山形県米沢市・林泉寺)

「この度の戦《いくさ》は子供の石投げ合戦のようなもので、別に怖くも骨折りとも思わなかった。昔、謙信公の下で関東や越後の戦場を駆け回っていた頃は、今日死ぬか明日死ぬかと思う激しい合戦に明け暮れたが、一度も感状など貰った覚えはなかった」

と語り本項フレーズを言い放って大笑いしました。それは武門の名だたる徳川へのせめてもの意趣返しだったのでしょう。以後、親憲は「すいばら」の読みのままで、自らの姓を「杉原」に改めました。

英文 I received a letter of commendation for doing the same amount of work as going to see the cherry blossoms like this time.

コラム㉙

上杉に徹底抗戦した越後の猛将
—新発田重家—

馬車馬のようにこき使われて、ボロボロになるまで働き尽くしたにもかかわらず、組織から追放されてしまう有能な人物は、いつの時代のどこの組織にもいる。

戦国時代において、越後の上杉氏に「犬馬《けんば》の労《ろう》」を尽くしながら、後に抵抗勢力として排除されてしまったのが、**新発田因幡守重家**《しばたいなばのかみしげいえ》（1547〜1587）である。

織田信長の「**上杉攻め**」を担当した柴田勝家《しばたかついえ》と、重家は名前が似ている上に勇猛な大将であることも同じだが、両者の間には全く親戚関係はない。こちらの新発田氏は、現在の新潟県新発田市から三条市までを支配した有力な「国人」で、阿賀野《あがの》川の北岸の「国人《こくじん》」たちと共に「揚北衆《あがきた》」と呼ばれていた。

新発田氏の当主・長敦《ながあつ》は同じ「揚北衆」の五十《いじ》公野《みの》氏を継いだ実弟の治長《はるなが》と共に、謙信に従って「**川中島の戦い**」「**関東出兵**」で活躍した。天正6（1578）年、謙信が急死して跡目争いの「**御館《おたて》の乱**」が起こると、長敦と治長の兄弟は逸早《いちはや》く景《かげ》勝《かつ》を支持し、その勝利に貢献した。しかしながら、長敦が病死し、治長が俄かに新発田氏を継いで**重《しげ》家《いえ》**と名を改めた。

兄と共に攻略した三条城を与えられると期待していた重家だったが、新発田氏の家督相続と領地の安堵だけしか与えられなかった。景勝は自分の直臣たちに厚い恩賞を施し、三条城は甘粕景持《あまかすかげもち》に与えられた。信濃川と阿賀野川によって広大な水郷地帯にして水運の要衝である三条地方を獲得できなかった重家は、一転して反景勝に転じたのは言うまでもない。

不満を募らす重家は、天正9（1581）年に越後北部に隣接する会津の芦名盛隆《あしなもりたか》と米沢の伊達輝宗を味方に引き入れて、景勝から自立を試みて反旗を翻した。景勝は討伐軍を差し向けたが、上杉の討伐軍は撃退されてしまった。「**本能寺の変**」後、織田軍が北陸から撤退したことを機会に景勝は、重家を幾度となく攻めるものの遂に勝てず、一時は景勝自身が危うく討ち取られそうな場面もあったという。

天正13（1585）年、伊達輝宗が息子の政宗に家督を譲ってから、伊達と蘆名で対立が始まり、重家を支援する様相も変わり始めた。その翌年に景勝が上洛して豊臣秀吉に臣従を誓ったことから、秀吉の支援を受けた景勝は藤田信吉《ふじたのぶよし》らに命じて攻勢に転じた。1万の大軍で新発田城を囲み、重家に味方する近隣の城を次々と落としたため、遂に重家は打って出て大奮戦し、最期に戦場で腹を掻っ捌いて見事に散ったという。「重家の乱」を鎮圧するために、景勝は7年もの歳月を費やさせねばならなかった。

慶長3（1598）年、丹羽長秀の家臣で秀吉に独立大名として取り立てられた**溝口伯耆《みぞぐちほうき》守秀勝《のかみひでかつ》**が、越後新発田城6万石で入城した際、真っ先に重家の菩提寺を保護し、崇敬の念を示したという。重家が紛れもなく不運な名将であったという証左であろう。

▲新発田重家の墓
（新潟県新発田市・福勝寺）

▲新発田重家の像
（新潟県新発田市・福勝寺門前）

▲溝口秀勝の墓
（新潟県新発田市・宝光寺）

▲新発田城三階櫓
（新潟県新発田市）

67

本質を見抜く冷静な視点

理《り》の本《もと》を正《ただ》し、我《わ》が心《こころ》に落《お》として、他《た》の事《こと》を積《つ》もるべし

【藤田 信吉 1559~1616】

天文15（1546）年の**「河越《かわごえ》城の戦い」**で、関東管領《かんとうかんれい》・上杉憲政《うえすぎのりまさ》に味方した武蔵天神山《むさしてんじんやま》城主・藤田康利《ふじたやすとし》は、関東制覇を目指す小田原の北条氏康《ほうじょううじやす》に敗れて服属しました。康利は娘の婿に氏康の四男・氏邦《うじくに》を迎えて、藤田家の家督を譲ります。康利の次男にして氏邦の義弟にあたるとされているのが、**藤田能登守信吉**《ふじたのとのかみのぶよし》です。

上杉謙信《うえすぎけんしん》が急死してその後継で揉めている隙に、越後に接する北関東の要衝である上野沼田《こうずけぬまた》城を北条氏が奪取した際、信吉が城代として任されます。やがて真田昌幸《さなだまさゆき》の誘いで武田氏に寝返ると、そこで活躍した信吉は主君である武田勝頼《たけだかつより》の兄・海野信親《うんののぶちか》の娘婿になります。

天正10（1582）年に甲斐武田氏が滅亡し、**「本能寺の変」**を機に越後《えちご》の上杉景勝《うえすぎかげかつ》に従います。直江兼続《なおえかねつぐ》と共に佐渡島の平定で武功を上げた信吉は、新参の余所者ながらも上杉氏の重臣となります。企業を渡り歩く転職者が、短期間で重役の仲間入りを果たした訳です。

天正16（1588）年、羽柴秀吉《はしばひでよし》に臣従するべく景勝が上京した際、秀吉が夜にわざわざ景勝の滞在先を訪ねて来て宴が催されました。その帰り際に秀吉が、

――川中島で武田信玄の弟・信繁《のぶしげ》を討った勇者ではないか。

中文 端正道理之本，落实于心，其他事宜可慢慢积累。

と上杉の猛将・梅津宗賢《うめつそうけん》に声を掛け、盃を与えます。上杉家中では秀吉が宗賢を見知っていることに驚き、皆々が「流石《さすが》、秀吉」と感心している中、信吉は、

「上京する我らの様子を見定めるために、秀吉は京都の玄関口である粟田口に出向いて、越後出身の浪人を側に置いて、馬上の諸将たちを指さしてあれは誰かと一通り尋ねたのであろう。よくよく考えれば、こんなことは奇妙なことでも不思議なことでも何でもない」

と喝破して本項フレーズを述べて、冷静に物事の本質を見極めることの大切さを説いたのです。後日このことを耳にした秀吉は、「信吉には大将の器量あり」と誉め讃えました。

慶長3（1598）年に景勝が会津に移封された際、信吉は越後津川《えちごつがわ》城1万5000石を与えられますが、**「家康に与《くみ》すべし」**と主張して直江兼続らと対立したことから、上杉家中で居場所を無くして家康の許《もと》に出奔します。結果的に信吉は、**「関ケ原」**の発端となった**「会津征伐」**のきっかけをつくってしまうことになりました。

「関ケ原」後に信吉は、家康から下野西方《しもつけにしかた》城1万5000石を与えられます。**「大坂の陣」**では、家康の命で榊原康勝《さかきばらやすかつ》の軍監を務めますが、その進言によって味方が大敗し、家康の外孫である小《お》笠原秀政《がさわらひでまさ》らが戦死したため、大激怒した家康によって改易されてしまいます。

一説によれば配所に赴く途中、中山道の奈良井宿《ならい》で信吉は自害したとも伝えられています。乱世を巧みに生き延びて来た信吉ですが、晩年の失態でこれまでの武功も全てを失ってしまいました。

▲藤田信吉の墓
（栃木県栃木市西方町・実相寺）

英文 Clarify the causes of things, take its understanding deeply into your heart, and then build up other things one by one.

自力でのし上がる強さ

68

如何《いか》に知音《ちいん》を持《も》つとも、頼《たの》まずに只《ただ》我《わ》が身《み》一《ひと》つと心得《こころえ》るべし

【鍋島 直茂 1538~1618】

肥前《ひぜん》の戦国大名・龍造寺隆信《りゅうぞうじたかのぶ》の片腕にして義弟の**鍋島加賀守直茂《なべしまかがのかみなおしげ》**は、トップによく仕える一方で、遠慮なく諫言をして組織を支えた人です。天正9（1581）年、筑後柳川《ちくごやながわ》城主・蒲池鎮漣《かまちしげなみ》を誅殺して柳川城代となり、筑後《ちくご》一国をマネジメントした実績があり、後に豊臣秀吉、徳川家康にその才能を高く買われて、主家に代わって肥前佐賀《ひぜんさが》藩の藩祖となりました。

戦国時代という動乱の浮き沈みの激しい中で成り上がり、見事に生き抜いた「リーダーたる者」を個人的に挙げるとすれば、この直茂と藤堂高虎《とうどうたかとら》が双璧でしょう。共に名門の生まれではなく、個人の才覚と時代のパワーバランスを嗅ぎ分ける嗅覚、時のトップへの献身的な忠功によって巧みに生き抜き、掌中に収めた組織を江戸時代末期まで持続させました。

「先見の明」のある直茂が、遠く先のことを思慮深く考えていたことを示す逸話があります。庭で接ぎ木をさせているのを見た直茂は、供する家臣に「汝も接ぎ木をするか」と尋ねます。

「私は高齢ですので、最早そのようなことは致しません」と応えると直茂は、

――汝《なんじ》が見《み》るべきと思《おも》う候《ぞうろう》や、何故子供《こども》や孫《まご》どもへはとらせぬぞ。物事《ものごと》は我《わ》が為《ため》に計《はか》りにせぬ

中文 无论认识多少人，都不要依赖他们，要明白只有自己这一个身体。

ものぞ。末代《まつだい》他人《たにん》の為《ため》にするものぞ。

と自分のためではなく、子孫のためになることを人間は考えるべきだろうと叱っています。将来の世代の事を考えて植林をしたり、環境問題を考えたりするのと同じ長期的な視野です。

後に「葉隠《はがくれ》」という武士道のバイブルを生んだ肥前佐賀藩には、記録を残すという気風があったのか、直茂のトップとしての心得を知る言葉が多く残されています。本項フレーズもその一つです。「どんな友人がいてもアテにせず、自分の身一つと考えよ」と「リーダーたる者」は孤高であれと教えています。今少しばかり直茂の言葉を列挙してみましょう。

- **人《ひと》の能《よ》き所作《しょさ》の分別《ふんべつ》を見取《みと》りて、我《わ》が分別《ふんべつ》に為《な》すなり。**
- **大事《だいじ》な思案《しあん》は軽《かる》くすべし。また万事《ばんじ》したるきこと、十《じゅう》に七《なな》つは悪《わる》し。**
- **時節到来《じせつとうらい》すれば、家《いえ》は崩《くず》るるものなり、時節到来《じせつとうらい》と思《おも》はば、崩《くず》したるが能《よ》きなり。**
- **大将《たいしょう》の人《ひと》を持《も》つこと情《じょう》なり。大将《たいしょう》は無欲《むよく》に慈悲《じひ》深《ぶか》く、如何《いか》にも正直《しょうじき》にすべし。**
- **能《よ》き大将《たいしょう》、能《よ》き人持《ひとも》たるは、城郭《じょうかく》如何《いか》にも入るべし、悪《あし》き大将《たいしょう》の人持《ひとも》たぬは、城郭《じょうかく》堅固なりとも無益《むえき》なり。**

▲鍋島直茂の供養塔
（和歌山県高野町・高野山奥之院）

- **盤《ばん》の遊《あそ》びも何《なん》の勝負《しょうぶ》も、人《ひと》に語《かた》ると言《い》うは悪《あ》しきなり、分《ぶん》別《べつ》には勝《かち》ても上《うえ》に出さぬがよし。**
- **我《わ》が気《き》に入《い》らぬことが、我《わ》が為《ため》に成《な》るものなり。**
- **侍《さむらい》たらん者《もの》は、不断《ふだん》、心《こころ》ゆるすこと勿《なか》れ。**
- **今《いま》より先《さき》のことを知《し》ることは、甚《はなは》だ難《がた》し、ただ気遣《きづか》いさえすれば、先《さき》を知《し》るものなり。**

英文 No matter how many people you know, don't rely on them; just make sure that you work it out yourself with one's very body.

コラム㉚

『名将言行録』に出て来る幽霊

迷信や呪いが現在以上に信じられていた戦国時代にあって、幽霊が出るとなれば、恐れること甚だしく、心穏やかではなくなるはずだ。しかしながら、現代人と変わらぬ合理的思考の持主で幽霊を退散させた人物がいる。「**鍋島直茂《なべしまなおしげ》の条**」に次のような幽霊の話が記載されている。

慶長11（1606）年のある日、佐賀《さが》城に勤める侍女と侍たちの不義密通が発覚した際、直茂は男女14名を捕えて、ことごとく処刑を命じた。

するとやがて三の丸の部屋部屋で、また薄暗い堀端に幽霊が、毎夜現れるようになった。侍女たちは恐れて直茂の夫人に訴えたところ、夫人は加持《かじ》祈祷《きとう》を行って何とか退散させようとしたが、全く効果はなかった。そこで思い余って夫人はようやく直茂に告げた。

直茂の答えは思いもよらず、

「さては何と愉快なこと。首を斬ってもまだ足らないのか。死んで行くべき所にも行けず、迷って徘徊して幽霊となって苦しんでいるのは、非常に珍しいことだ。ならばそのまま幽霊のままでおれば良い」

と吐き捨てように言い放ったところ、それ以降はピタリと幽霊が現れなくなったという。

この時より15年程前の天正19（1591）年2月28日、豊臣秀吉の命によって聚楽第《じゅらくだい》内の自邸にて千利休が自害した。享年70。

その利休の死から間もなくしてから、秀吉が茶室に入って火を灯して炭を入れている時、利休の幽霊を目撃したという話が「**堀直寄《ほりなおより》の条**」に記されている。

秀吉が目撃した利休の姿は、黒頭巾を被って炉のそばに座り、その形相は凄まじく、その目から光を生じ、その息は火を噴く姿であったという。秀吉は、

――無礼なり。

と言って一喝するや、利休の霊は消え去ったという。その後に小姓であった堀直寄が部屋をくまなく調べたが、何の痕跡も残されていなかったという。

利休が死を賜ったことについては、様々な理由

▲佐賀城跡（佐賀県佐賀市）

や憶測がなされているが、正確なことは不明だ。最高権力を手中に収めて並ぶものなき立場に立った秀吉が、「裸の王様」になった時、したり顔で指図する人間、自分と同じように一目置かれるような人間が不要になったことが一因であることは確かだ。

利休の死の前後から、どうやら秀吉は心身のバランスを崩していたらしい。『ヨハネの黙示録』のような恐ろしい利休の姿を見た秀吉は、単に錯乱をして幻覚を見ただけなのであろうか。

▲千利休の供養塔
（大阪府堺市・南宗寺）

69

細部を重んじるマネジメント

相励《あいはげ》ますは強《つよ》みになり、相争《あいあらそ》うは弱《よわ》みになりて敗《はい》を取《と》るの基本《きほん》なり

【安藤 重信　1557~1621】

祖父は松平広忠《まつだいらひろただ》、父は徳川家康《とくがわいえやす》のために、各々戦場で倒れた徳川譜代の**安藤対馬守重信《あんどうつしまのかみしげのぶ》**は、大変な怪力の持主でした。鎧を着せた小姓を碁盤の上に載せて、そのまま持ち上げて城内を一周することが出来、また船で移動中に海中に落ちた家来を重信が引き揚げた際、少しばかり掴んだにもかかわらず、その家来の腕には後々まで痣が残った程だそうです。

そんな豪傑なイメージがある重信ですが、内面は非常にきめ細かな神経の持主でもありました。将軍・秀忠に従って上洛した際、諸大名が大勢の将兵と共に集まる中、狼藉や不法を働く者が多く風紀が乱れ、京の女性たちが迷惑していることを耳にした重信は、

「好奇旺盛で物見高いのは女性の癖だから、特段の用事がなければ、洛中に将兵が溢れている間は外に出てはいけない。夫が油断しているからトラブルが起きる」

と京都所司代《きょうとしょしだい》から通達を出させ、更に重信は、

――此《こ》の度《たび》の不法《ふほう》は先《ま》ず御旗本《おはたもと》より御吟味《ごぎんみ》あらば諸家中《しょかちゅう》は、油断《ゆだん》あるべからず。

とまずは将軍の旗本の不法行為から取り締まるので、気を付けるようにと厳命したことから、

中文 互相鼓励能增强实力，但互相争斗会导致软弱，从而战败，这是基本道理。

京での武士たちによるトラブルは直ちに収まりました。

重信は「**関ケ原**」の際、徳川秀忠に従って中山道を上って「**信濃上田《しなのうえだ》城攻め**」に参加し、秀忠が将軍職を継いだ時に老中に任じられました。大晦日の晩に秀忠といつものように囲碁をして、なかなか帰してもらえませんでした。重信が門松の準備をしたいから失礼したいと告げると秀忠は、門松を重信の屋敷に設置するように控えの者に命じたことから、以来、重信には諸大名で唯一、毎年将軍から門松が拝領されるようになったそうです。

「**大坂冬の陣**」の際、阿部正之が使者として帰って来る時、防御策の外を通って行くのを見咎めた重信が、

「**不必要な勇敢さだ。合戦に際しては勇み、用心の際には怯えるくらいが良いという言葉の通り、いつでも竹柵の中を通れ**」と命じました。すると正之は、

「先に使いに行って帰って来た者が、こっちが道だと言われたので、外を通りました」

と応えたところ重信は、

「**先輩はそうやって後輩の心を試す悪い習慣がある。これでは一致団結など出来ない**」

▲安藤重信の供養塔
（東京都杉並区・栖岸院）

と言って、本項フレーズで組織は互いに励めば強くなり、互いに争えば弱くなり、敗北の原因となるので、組織のメンバーは自らを戒めて心得違いしないようにと諭しました。

重信は10年に及んで老中職にあり、そのマネジメント手腕には定評があり、将軍・秀忠からの信頼の厚さは格別でした。重信は、上野高崎《こうずけたかさき》藩5万6000石を与えられています。

英文 Encouraging one another can be a strength, but competing with others can make you weak and basically lead to defeat.

70

リーダーならではの損得勘定

倹約《けんやく》と申《もう》すは少《すこ》しの費《つい》をも厭《いと》い用立《ようた》つことは大分《だいぶ》にても惜《お》しまぬこそ道理《どうり》に叶《かな》うべけん

【黒田 長政 1568~1623】

同輩の浅野幸長《あさのよしなが》（54項）が、天下で武勇ある者と大きく評価されていることに対して、**「お前のオヤジ（浅野長政《あさのながまさ》）は武名が高くないから、その息子だと得だよな」**と自分は14歳の頃から度々手柄を立てているにもかかわらず、何かと父・黒田官兵衛《くろだかんべえ》と比べられては、正しく評価されないことをぼやいたのが**黒田筑前守長政《くろだちくぜんのかみながまさ》**です。

しかしながら**「関ケ原の戦い」**の際には本戦だけでなく、調略活動を含めて大活躍したことから一躍出世して、筑前《ちくぜん》一国52万３０００石（当時で日本第6位）を与えられて初代福岡藩主となり、長政は武人としても父を超える名声を手にすることが出来ました。長政は更に倹約の才という優れたDNAも、父の官兵衛からしっかりと受け継いでいます。

江戸から福岡への参勤帰りの途中、京伏見に長政が到着した際、代官衆や馴染みの人々が訪ねて来て夕食を共にしました。長政が離席した際に代官の一人が追い掛けて来て、

「先年、代官所の勘定が合わず責任問題になりそうな時、長政様が金子《きんす》をお貸し下さりました。お陰様で勘定も合い、某《それがし》の責任も問われませんでした。遅くなりましたが、お借りした金子を

中文 所谓节俭，是连一点点费用都吝啬；所谓慷慨，是即便花费巨大也在所不惜，这才是应有的道理。

お返し申し上げます」

そうして懐中より金子を取り出して、長政の前に差し出しました。すると長政は、

「貴公は愚かなことを申されますなぁ。この長政にとってその程度の金子を受け取って、どれだけ役に立つでしょうか。貴公は久しき友人ですから気の毒に思い、金を用立てただけ。元より返済してもらおうなどとは考えていません。初めから差し上げると申し上げたなら、貴公も受け取り難いと思い、敢えてお貸しすると申し上げただけで、返済はご無用です」

と長政は受け取りませんでした。代官は涙を流して、その心遣いに感謝しました。このやりとりを陰で聞いていた人が、何故に返済金を受け取らなかったのかと長政に尋ねます。

長政は笑いながら、

「彼の生涯の一大事を救うための金ですから、ハナッから返納など望む気などありませんでした。某《それがし》が平生倹約を専《もっぱ》らにするのも、緊急な時のためです。人の難儀を救うためには幾らの金銀であっても惜しむべきではありません。彼は一旦、勘定の不足を解消したでしょうが、きっと自分の財産も処分してその勘定の補填に使っているでしょうから、それ以後も困窮していると推察しています。そんな状況で返済などさせたら、もっと困窮の度合いが増すでしょうし、初めに金を貸したことも無駄になってしまうからです」

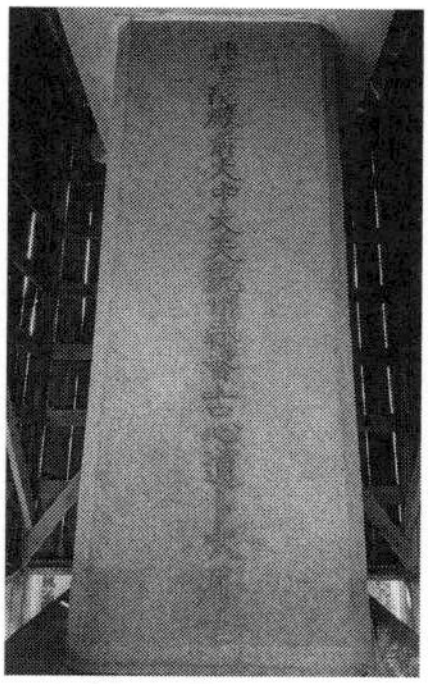

▲黒田長政の墓
（東京都港区・祥雲寺）

と言ってから本項フレーズを述べました。これを聞いた人々は、長政の「リーダーたる者」の心根に感服したことは言うまでもありません。

英文 Being frugal means not wanting to waste money even a little, and being willing to spend it when it's useful.

71

間違いを潔く認める素直さ

士《サムライ》は約《やく》に違《たがい》を以《もっ》て恥《はじ》と為《な》す

【福島 正則　1561～1624】

「**関ケ原**」の前哨戦となった「**岐阜城攻め**」に成功した**福島左近衛権少将正則**《ふくしまさこのえのごんのしょうしょうまさのり》は、降伏した城主・織田秀信《おだひでのぶ》が高野山へ向かうべく、諸将の陣の真ん中を少人数の供と行き過ぎる時、誰かの発した「秀信を捕えてしまえ」という声を聞いた正則は、本項フレーズで約束を破ることは「リーダーたる者」として恥だと断じて、次のように言って固く制止させました。

「**和睦が成立して戦いを止めた後に、相手を陥れようとするのは、武士として失格だ**」

正則は血の気が多く、無知無学で乱暴者のイメージがあります。確かに酒乱にして強情粗野な性質を備えてはいますが、実は武士として非常に誇り高く潔い人物である上、妙に素直な部分がありました。

ある時、福島家の三重臣 ―大橋政貞《おおはしまささだ》・福島治重《ふくしまはるしげ》・尾関正勝《おぜきまさかつ》― が相談し、トップである正則の欠点を書き並べて改善を求める書面を渡しました。一瞥《いちべつ》した正則が大激怒して、読みもせずにその場を立ち去ろうとしましたが、大橋が正則の着物の裾を押え付けます。

「**この野郎、誰のお陰で幹部にまでなれたと思っているのだ。怪《け》しからん**」

と怒りの収まらない正則が刀を抜いて、大橋の目の前に突き付けました。すると大橋が、

中文 领袖以违背诺言为耻。

「私のような者をお取立てになったのも、お目鏡違いかも知れません。ですので、お諫め申して上げております。是非ともこれをお読み下さい」

と必死の嘆願をしながら首を前に差し出すと、我に返った正則が涙を流しながら刀を納めて座り直し、改善提案を一つひとつじっくりと読み始めました。やがて正則は、

――皆々《みなみな》の諫《いさ》めの旨《むね》に随《したが》うべし。

と答えました。激高しながらも諫言は聞くというこの殊勝な態度が、気性の荒さを補って余りある正則の天性の魅力であったと家臣たちは感じたに違いありません。

またある日、正則が城門の外の石垣に立て掛けられている槍を見て、日差しの強い所に置いておくと槍が痛むと怒った正則が、槍のカバーを外してみると赤く錆びていました。

「武士の大切な道具である槍を錆びつかせている腰抜けは、どこのどいつだ！」

と大声で叫ぶと、その槍は名人・可児才蔵《かにさいぞう》（53項）のものでした。ムッとして才蔵が、

「槍の先をご覧下さい」

▲福島正則の墓
（愛知県あま市・菊泉院）

と冷ややかに言うので、正則が槍を手に取ってみると、槍先三寸ばかりが氷のように研ぎ澄まされていました。目を見張っている正則に対して、勝ち誇ったように才蔵が、

「槍は先で突くものです」

と説明するや、正則は大いに驚いてその槍を鞘に納めて、自らが丁寧に元の立て掛けてあった場所へ槍を戻したそうです。何とも微笑ましい正則らしい逸話です。

英文 An effective leader is ashamed to violate the rules.

コラム31

八丈島の酒

福島正則は大の酒好きで、関東の酒は不味いということから、江戸に滞在する時はわざわざ「灘の生一本」を船で兵庫から家臣に運ばせていた。

ある年のこと、酒を積んだ船が暴風雨に遭って八丈島に流れ着いた。すると浜辺に白髪の老人がどこからともなく現れて、どこの船かと尋ね、目敏く積まれた酒樽を見付けて、重ねて尋ねて来た。怪しみながらも家臣は、

「福島左衛門大夫《さえもんだゆう》の船だ」

と答えるとその老人は、

「ほぉ、正則殿の酒か」

と感慨深げな様子だった。そして、

「その酒、少しばかりもらえないか。既に酒の味も忘れたが、久々に一杯呑んでみたい」

とねだった。どうやら流人らしいことは察したが、正則の家臣はどうもこの老人は只者ではないと思って名前を尋ねたところ、老人は、

「ワシはかつて太閤《たいこう》殿下の五大老の一人、宇喜多《うきた》中納言秀家《ちゅうなごんひでいえ》のなれの果てよ」

と答えた。仰天した正則の家臣は、幸いにも融通と機転の利く者だったので、

「正則公の大事な酒でござるが、お名前をお聞きしたからには、一樽差し上げましょう」

と言って四斗樽を一つに肴を付けて献上した。老人が大喜びしたことは言うまでもない。

やがて暴風雨も収まって、江戸へ向かって帆を挙げて出港した。江戸屋敷に酒樽を運び込んだ正則の家臣は、上役に酒樽が一つ無くなったことを含めて、八丈島での出来事をありのままに報告した。するとと早速に正則から呼び出しがあった。誰もがその家臣がお手討ちになると固唾を飲んでいると、

「その方、天晴《あっぱ》れじゃ。船の酒が全て海に沈んでもワシにとっては大したことではない。しかしながら、ワシの指図を受けることが出来ない遠隔地において、的確な判断をしたことは見事だ。もしお前がワシに遠慮して酒を惜しんだなら、ワシは吝嗇《ケチ》の汚名を世に残したであろう。多くの樽から少しずつ酒を抜いて誤魔化すことも出来たであろうし、樽が海に落ちたと嘘も言えたであろうが、

正直に申し出たことは実に律儀であり、誠に殊勝なり」

と正則はその家臣を大いに褒め称えたという。まさに名将の下に名臣あり。正則らしい痛快な逸話である。

▲八丈島
（東京都八丈町）

▲福島正則の生誕地
（愛知県あま市）

▲福島正則の霊廟
（長野県小布施町・岩松院）

72

本音でトップとぶつかる

其《そ》の儀《ぎ》は重《かさ》ねて口《くち》もきかれ申《もう》さず 諸人《しょじん》の存《ぞん》じ入《い》りも違《たが》い申《もう》す

【成瀬 正成 1567〜1625】

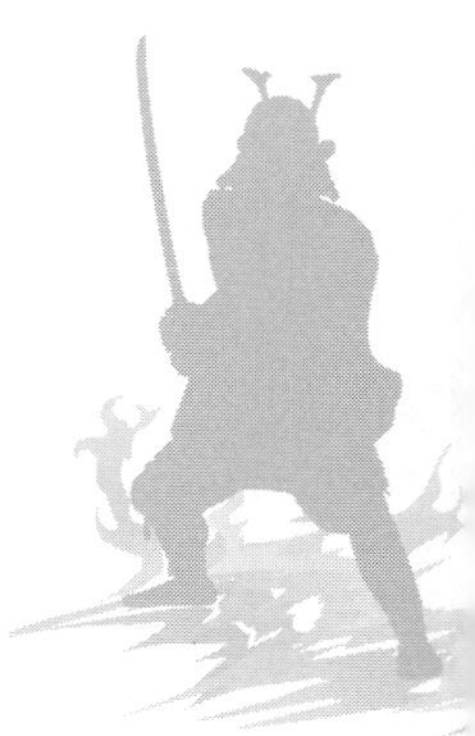

大名たちは自分の幼い後継者に、組織の中で最も信頼できる「文武両道」の家臣を傅役《もりやく》に抜擢し、政治や軍事の教育をさせながら、組織マネジメントの補佐と代行をさせせました。

徳川家康は九男・義直《よしなお》、十男・頼宣《よりのぶ》を大名に取り立てる際、それぞれの傅役に松平康重《まつだいらやすしげ》、永井《ながい》直勝《なおかつ》へ打診したところ、「草履取りになっても将軍直属でありたい」と固辞されました。家康の息子とはいえ将軍の家臣、その家老となることは「陪臣《ばいしん》」として一段低い身分になることから、声掛けをしてもことごとく固辞されました。いったい誰に下命が降るのか、我が身を心配して囁《ささや》き合う家臣たちを見て、流石の家康も体調を崩して食事も進まず鷹狩りにも出掛けなくなりました。

そんな家康の心労を察した**成瀬隼人正正成**《なるせはやとのしょうまさなり》は、同僚の安藤直次《あんどうなおつぐ》に声を掛け、

——何をするも奉公なれば。

と誘って**「ご命令あればお受けします」**と正成が申し出たので、家康は大いに喜び、

——附け置くとも、是までの通り用事、相変らず申し付けるべし。

と幕府直属の「御目付役」として、正成を義直、直次を頼宣に附けながらも、独立大名格にす

中文 此事未曾再从您口中听到，想必众人想法也不尽相同吧。

るという「御付家老《おつけがろう》」という職制を設けて任じました。

「大坂夏の陣」の際、家康が義直・頼房に出撃を命じるために茶臼山本陣に呼び出した際、義直がなかなか到着せず、苛立った家康が、

「正成が臆病風に吹かれたのか、義直を連れてさっさと来い」

と陣幕の外まで聞こえる程の大声で命令を伝えたので、伝令より早く正成にそのことが伝わりました。これを聞いた正成は、

「ワシが臆病であったことなど一度としてないわ。家康様こそ『三方ヶ原』で武田信玄に腰を抜かされたであろう」

と激怒しました。家康の許《もと》に参陣した正成は、**「お若い義直様の許《もと》で働く者たちは自分を頼りにしているので、腰抜け呼ばわりされると自分への信頼や態度も変わることになるので、発言は慎重になさって下さい」**と本項フレーズを述べました。

▲成瀬正成の墓
（愛知県犬山市・臨渓院）

家康も正成が「臆病者」呼ばわりしたことなど全く気にしていないと前置きしてから、

「中務《なかつかさ》（本多忠勝《ほんだただかつ》）、兵部《ひょうぶ》（井伊直政《いいなおまさ》）、式部《しきぶ》（榊原康政《さかきばらやすまさ》）など死《し》して後《のち》、誰《だれ》も弓箭《きゅうせん》の法《ほう》を知《し》らず、汝《なんじ》は少《すこ》し其《そ》の心《こころ》あり」

と褒めました。正成は家康の組織において17歳の最年少で一方の将に取り立てられて以来、戦場で大いに活躍し、2000石の知行の時に豊臣秀吉から5万石を与えると家康を通じて招かれた際には、**「二君に仕えたくないので、腹を切る」**と固辞した「三河武士」の頑固者の一人です。

英文 I haven't heard about that again, and I think everyone has a different opinion.

73

一生に悔いを残すな

此《こ》の刀《かたな》は尊《そん》祖《そ》公《こう》の帯《お》び給《たま》いし所《ところ》公《こう》之《これ》を視《み》給《たま》わば遺《い》像《ぞう》に対《たい》し給《たま》うが如《ごと》くならん

【永井 直勝　1563〜1626】

天正12（1584）年の「**小牧《こまき》・長久手《ながくて》の戦い**」において、敵の副将たる池田勝入斎信輝《いけだしょうにゅうさいのぶてる》の首を挙げた**永井右近大夫直勝《ながいうこんだいふながかつ》**は、三河碧海郡《みかわへきかい》の「国人《こくじん》」で松平広忠《まつだいらひろただ》に仕えて織田信秀《おだのぶひで》に対抗した長田《ながた》重元《しげもと》の子として生まれます。平安時代末期に活躍した源義朝《みなもとのよしとも》を裏切った長田忠致《ながたただむね》の子孫ということで、「主人殺し」で縁起が悪いとして直勝は「長田」→「永井」と姓を改めたと言われています。

「**小牧・長久手**」で激突した豊臣秀吉と徳川家康が和睦してから10年後、文禄3（1594）年になって秀吉は、自らに従う大名同士の和合となる婚姻を命じます。産後ウツで妻が実家に帰ってヤモメ暮らしを強いられていた池田輝政《いけだてるまさ》（一時は秀吉の養子格であった）に、北条氏直から離縁されて出戻っていた家康の次女・督姫《とくひめ》を娶わせたのです。この結婚は家康にとっても秀吉の縁者にして若手武将の輝政を婿と出来、輝政にしても豊臣政権№2の家康を舅と出来ることは、またとない組み合わせでした。

しかしながら、この目出度い報せを聞いて、背中に冷たいものが一気に走ったのが、誰であろうか直勝でした。婚姻関係が結ばれてから間もなくして、輝政より父を討ち取った者から話を聞

中文 这把刀是祖上佩戴过的，您看到它应该会有如面对先祖画像一般的感受吧。

きたいと家康に申し入れがあり、家康は直勝へ出向くように命じます。

「三河武士」の直勝は手討ちとなることを覚悟して輝政の屋敷へ参上したところ、意外にも歓待されます。これを機会にして徳川とのシコリを無くしておくようにと輝政は秀吉から命じられていたとも勘繰れます。**「小牧・長久手」**の合戦の話を一通り聞き終えた輝政から、

——禄《ろく》は幾《いく》ばくなりや。

と尋ねられた直勝が**「七〇〇〇石」**と答えたところ、輝政は自分の父の首の値段がそんなに低いのかと嘆息したそうです。

時は流れて江戸時代初期、輝政の最初の妻（17項・中川清秀《なかがわきよひで》の娘）との嫡男・利隆《としたか》（播磨姫路《はりまひめじ》藩主）と、榊原康政《さかきばらやすまさ》（43項）の娘で2代将軍・秀忠の養女との間に生まれた光政《みつまさ》が元服して間もない頃、余命いくばくもない老将となった直勝が、光政の曽祖父にあたる勝入斎を討ち取った時に分捕った篠雪《ささのゆき》という名刀を届けさせ、本項フレーズで返還すると申し出ます。光政は大いに喜び、数日間は興奮しながらその刀を鑑賞し、何を直勝に返礼に与えようかと考えていると、フッと思い付いて直勝へ使者を送ります。

▲永井直勝の顕彰碑
（京都市宇治市・興聖寺）

「この刀が貴公の手に落ちたことは、天下の人々の周知していることです。これは当家に保管するより、貴家において長く保管されるのが宜しいかと存じます」

と刀を返して来ました。後に名君と称えられる光政の粋な計らいに、誰もが感動したことは言うまでもありません。

人生の総決算となったこの後、直勝は他界しました。

英文 This sword was worn by your grandfather, and when you see it, you will feel your grandfather the same way as looking at his portrait.

74

臆病神《おくびょうがみ》は何《い》つの間《ま》に付《つ》きぬるや

【久世 広宣　1561~1626】

KUZE Hironobu

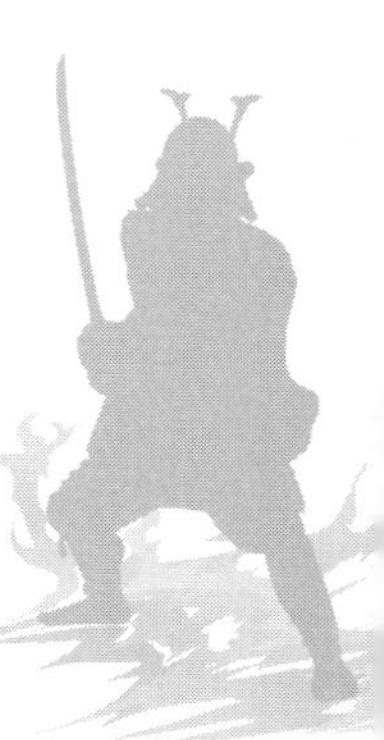

戦国時代の代表的な合戦である**「長篠の戦い」**を誘発した原因の一つは、その前年にあたる天正2（1574）年の武田勝頼《たけだかつより》による遠江《とおとうみ》への侵攻にあります。

父である信玄が果たしえなかった遠江高天神城《たかてんじん》（静岡県掛川市）の攻略に成功した勝頼は、2ケ月にわたる籠城戦を戦い抜いて開城降伏した徳川方の将兵を寛大に扱い、希望する者は徳川の許《もと》へ帰還させる余裕を見せたのです。その中の一人が**久世三左衛門広宣**《くぜさんざえもんひろのぶ》です。

広宣は同じく帰還した大須賀康高《おおすがやすたか》（24項）の副将となり、家康の命で高天神城《たかてんじん》を奪還すべく武田との最前線に配されました。遂に天正8（1580）年に武田勢から高天神城の奪還に成功した包囲戦では、武田勢が夜中に最後の突撃を敢行した際、広宣は刀と刀が打ち合う火花で、敵味方の顔を判別したという程の激戦となりました。

この時に降伏した武田の将兵たちは、広宣たちの時と違って、織田信長《おだのぶなが》の命令でほぼ全員が処刑され、勝頼は高天神城を見捨てた臆病者な大将と喧伝されました。武田氏の組織や支配する領地の中ではトップへの不審が募り、面子《メンツ》を大いに失った勝頼は滅亡に追い込まれることになりました。

中文 不知何时怯懦之神附体了？

その後も広宣は康高の旗下で活躍し、康高の死後は外孫の忠政《ただまさ》（榊原康政《さかきばらやすまさ》の長男）、その子の忠次《ただつぐ》に仕え、康政の配下とされましたが、やがて家康の直参旗本に取り立てられます。

「大坂冬の陣」の折に「榊原康勝《さかきばらやすかつ》（康政の次男）の布陣について見て参れ」という命を受けて遣わされた際、榊原康政の麾下時代の同僚の一人が直参旗本となった広宣を妬んで、

「そこは敵方から鉄砲が激しく撃ち込まれて来て危ないから、早く帰られよ」

と嫌味な言い方で声を掛けて来ました。広宣は我関せずの態度で落ち着いて前線まで馬で乗り入れて見て回って戻って来ています。すると広宣は、

「昔は榊原家と言えば、城方と寄せ手の旗先が行き違う程まで接近したものだ。ここは未だ敵から遠いのに危険だという。ついこの間まで貴殿と肩を並べ、膝を組んで親しんでいた頃は、こんな事は無かったであろう」

と述べてから一呼吸を置いて、本項フレーズを言い放ちました。誰も広宣に応える者はありませんでした。また斥候を命じられた際、その仕事ぶりを見た家康が、

「広宣は心《こころ》に剛《ごう》なきを知《し》りて、生得《せいとく》の剛《ごう》ある者《もの》に劣《おと》らじと励《はげ》む故《ゆえ》、其《そ》の働《はたら》きひと際踏《きわふ》みしめたる所《ところ》ありて奥深《おくふか》し」

▲久世広宣の墓
（静岡県掛川市・浄泉寺）

と慎重な姿勢で勇敢な者に負けないようにと心掛けているからこそ、腕に自信がある者より一段上のクオリティの高い仕事をするのだと広宣を大いに評価しています。

広宣の次男の広之《ひろゆき》は小姓から老中となり、下総関宿《しもうさせきやど》藩6万石の大名にまで出世しています。

英文 Since when have you been possessed by the god of cowardice?

コラム32

越後騒動

慶長13（1608）年に越後三条《えちごさんじょう》藩・初代藩主の堀直政《ほりなおまさ》（45項）が死去した後、次男の直寄《なおより》（87項）と仲の悪かった異母兄の直清《なおきよ》が三条藩5万石を継いだ。直清は本家の当主である越後福嶋《えちごふくしま》藩45万石の二代藩主・堀忠俊《ほりただとし》（堀秀治《ほりひではる》の息子）と謀って、直寄を排除すべく暗殺しようとした事件がある。

直寄は不穏な動きを察知して徳川家康に訴えたところ、幕府の裁定は、直清は出羽山形《でわやまがた》藩主の最《も》上《がみ》義光《よしあき》に預けられることになり、直寄は越後村上《えちごむらかみ》藩10万石に転封となった。また主人の堀忠俊は、家中取締り不届きを理由に越後国主45万石を改易となり、陸奥磐城平《むついわきだいら》藩主の鳥居忠政《とりいただまさ》に預けられた。

忠俊の正室は本多忠政《ほんだただまさ》の娘にして家康の養女であったが、この時に離縁となって、翌年に日向延《ひなたのべ》岡《おか》藩主の有馬直純《ありまなおずみ》と再婚している。

忠俊の息子の秀俊《ひでとし》は早世したために、名将・堀《ほり》秀政《ひでまさ》の子孫は絶えてしまったが、秀政の従兄にして補佐役であった堀直政の子孫は、直寄とその弟を通じて三家も大名として幕末まで存続した。

▲堀直寄の墓
（新潟県五泉市・英林寺）

▲堀忠俊の墓
（福島県いわき市・長源寺）

4 人がついてくる人になれ

75

難局を乗り越える才覚

暫《しば》し免《め》さんに何《なん》にか苦《くる》しかるべきか

【脇坂 安治 1554～1626】

——**脇坂《わきさか》などと同列《どうれつ》にされるのは甚《はなは》だ迷惑《めいわく》だ。**

と「**賤ケ岳《しずがたけ》の七本槍**」に筆頭であった福島正則《ふくしままさのり》が語ったという**脇坂中務小輔安治《わきざかなかつかさしょうゆうやすはる》**は、地元・近江の領主である浅井長政《あざいながまさ》に仕え、その滅亡後には明智光秀に仕えていましたが、自ら志願して羽《は》柴秀吉《しばひでよし》の家臣となります。

「**本能寺の変**」の後、秀吉と柴田勝家《しばたかついえ》が争った「**賤ケ岳の戦い**」で功名を上げた7人、即ち「**七本槍**」の中で安治は30歳と最も年長でしたが、江戸幕府の体制下の寛永3（1626）年まで生き残り、大名・脇坂家のご隠居として京都で73歳にて往生しました。

京都は安治の安住の地であったのか、秀吉時代に安治の屋敷があった場所が現在の伏見区中書《ちゅうしょ》島《じま》という地名として残っています。これは安治の官名・中務小輔《なかつかさしょうゆう》の唐名「**中書《ちゅうじょう》**」に由来しています。

安治は「**関ケ原の戦い**」で小早川秀秋の裏切りに便乗して、東軍に寝返った4人の武将の一人ながら、幕末まで大名として唯一人、家を残した立ち回りの見事さと強《した》かさ、そしてしぶとさから、さぞかしセコくて抜け目のない人物ではないかと色眼鏡で見てしまいがちです。

しかしながら、激動の時代に巧みに難局を乗り越えて脇坂家という組織を残した理由は、勇猛

中文 暂时不叫我，有什么困扰吗？

ながらも「脇」がやや甘い安治の人の良さにあったのではないかと思わせる逸話があります。

「賤ケ岳の戦い」の翌年、秀吉が織田信雄《おだのぶかつ》と対立した際、信雄の家老である瀧川雄利《たきがわかつとし》が秀吉への人質として、息子を安治の許《もと》に預けていました。戦《いくさ》となる前に息子を奪回しようとした雄利は、妻が危篤と偽って一目だけ息子に会わせたいと安治に懇願しました。哀れに思った安治は本項フレーズを述べて送り出すと、雄利は伊賀上野《いがうえの》城に籠城して反旗を翻します。

「よもや敵に内通したのではないか」と秀吉が激怒すると安治は、母親を人質として秀吉に差し出して20騎で出撃し、恩賞をチラつかせて伊賀の「国人《こくじん》」たちを味方に付け、城を急襲して雄利を伊勢に追い落としました。疑っていた秀吉の勘気も解けたことは、言うまでもありません。

昨今お隣の「韓流」歴史物のドラマや映画は、目を見張るような素晴らしい大作が制作されるようになりました。朝鮮の名将「李舜臣《りしゅんしん》」を主役にした作品では、倭軍との海戦シーンなどはド迫力満点です。ここで驚くのは、安治が何故か李舜臣の好敵手として、朝鮮で大いに暴れた加藤清正や小西行長を凌駕する程の憎き「倭将」として、大物武将の一人として描かれていることです。

▲脇坂安治の供養塔
（和歌山県高野町・高野山奥之院）

同じ**「七本槍」**の清正さえも、安治と同列を嫌がるでしょうか。それとも韓国では無名の福島正則が何と言うのか、出来ることならば安治の名誉のために、代わって尋ねてみたいところです。

英文 Is there any trouble not summoning him for some time?

76

組織繁栄に心を尽くす

先《ま》ず御留守《おるす》に残《のこ》りたる人々《ひとびと》を御吟味《ごぎんみ》なくば以後《いご》、誰《だれ》か勇《いさ》み申《もう》すべき

【酒井 忠利 1559~1627】

幕末に大名としての酒井氏は、七家も存在していました。徳川家と祖先を同じくする縁戚であることから、酒井氏は御三家・越前松平家・会津松平家に準じる親藩格でした。

その酒井氏には、「左衛門尉《さえもんのじょう》酒井家」と「雅楽頭《うたのかみ》酒井家」と呼ばれる二系統があります。これは松平氏初代・親氏が松平氏の入婿となる前に、三河碧海郡《みかわへきかい》酒井《さかい》郷の領主・酒井忠則《さかいただのり》の娘婿となって出来た酒井広親《さかいひろちか》に、左衛門尉氏忠《うじただ》と雅楽頭家忠《いえただ》の二人の息子が生まれて分かれたことによります。共に代々、松平氏の親類衆筆頭として仕えました。

雅楽頭酒井家5代当主の酒井雅楽助正親《さかいうたのすけまさちか》は、人質として駿府にあった家康の後見役を務め、「**桶狭間**」後に岡崎城へ家康が帰還した後、三河西尾《みかわにしお》城を任されるようになりました。この正親の二人の優れた息子・酒井河内守重忠《さかいかわうちのかみしげただ》と**酒井備後守忠利**《さかいびんごのかみただとし》は、共に家康に仕えます。

忠利は「**小牧《こまき》・長久手《ながくて》の戦い**」で大きな武功を挙げ、「関東移封」に際しては、武蔵川越《むさしかわごえ》において兄の重忠が1万石、弟の忠利には3000石を与えられました。

「**上田城攻め**」に手古摺《てこず》って「**関ケ原**」の本戦に徳川秀忠《とくがわひでただ》が遅参した際、激怒した家康が秀忠は

中文 若不先酬谢看守城池者，以后谁还会勇敢努力呢？

おろか麾下の諸将との対面も拒否した時、取次役の井伊直政《いいなおまさ》が、遅参の不覚は秀忠様を支える各々《おのおの》方に責任があると指摘し、誰も二の句を継げませんでした。更に直政が若殿の秀忠様への世間の評価が下がることは誠に残念でならないと言うと、遂に忠利が激怒します。

――兵部（直政のこと）、只今の一言、心得難し。

「大殿がどんなに機嫌が悪くても、若殿の悔やむ気持ちも推察して、お二人の心が離れないようにするのが役目にもかかわらず、他人事のようなことを申すとは」と言い放つや、

――兵部、覚悟せよ。

と忠利が直政に詰め寄ります。この時は本多康重《ほんだやすしげ》と牧野康成《まきのやすなり》が間に入って事なきを得ましたが、歴戦の勇である忠利の迫力に誰もが圧され、直政も怒るどころか、忠利の言動を大いに讃えたそうです。忠利には家康より特に加増があり、駿河田中《するがたなか》藩1万石の大名となります。

「大坂夏の陣」の際、忠利は従軍を願うも「留守こそ大事」として、江戸留守居役を命ぜられます。陣後に秀忠が凱旋して江戸城大手門に入るすれ違い様、忠利は自分の屋敷へ戻って引き籠ります。再三の命令に応じてようやく登城した忠利は、

「誰もが戦場へお供したいところ、上意によって残りましたが、留守の守りが固かったからこそ、安心して戦って勝利を得られたはずです」と前置きして本項フレーズを述べました。この提言は直ぐに聞き届けられ、留守役の者たちから報償がされました。武蔵川越《むさしかわごえ》藩3万7000石に加増された忠利は、老中を拝命し、亡くなるまでその任にありました。

▲酒井忠利の墓
（福井県小浜市・空印寺）

英文 If we don't first reward those who took care of our castle while we were away, how could we courageously try our hardest?

77

一頭地を抜く実務能力

守成《しゅせい》に至《いた》りては、則《すなわ》ち文武《ぶんぶ》兼《か》ね備《そな》えるにあらずんば不可《ふか》なり

【大久保 忠隣 1553~1628】

江戸幕府を開いて太平の世を築いた徳川家康には、「徳川四天王」や「徳川十六神将」と呼称された名将だけでなく、「三河武士」と称えられた譜代の優れた多くの家臣たちに恵まれていました。その中でも**大久保相模守忠隣**《おおくぼさがみのかみただちか》は、白眉《はくび》でしょう。

面構《つらがま》えが家康に気に入られた忠隣は、11歳で家康に秘書見習いとして近侍します。やがてその武勇を買われて「**三河一向一揆**」「**姉川の戦い**」では、常に家康の下で旗鼓《きこ》を掌《つかさど》り、「**三方ヶ原の戦い**」で徳川勢が壊滅した際、家康の傍らを離れずに浜松城まで追従した程です。勿論、家康の「**伊賀越え**」の時も忠隣は随従しています。

天正14（1586）年、家康が本拠地を駿府《すんぷ》に移すと忠隣は奉行に任じられます。そこで見事なマネジメント手腕を発揮します。その評判が高くなったある時、友人の一人から、

「君《きみ》の事《こと》を見《み》ていると、弁《べん》ならずにあらざるなり。然《しか》れども大臣《だいじん》の体《てい》にあらず」

と忠告をされた忠隣は、それからますます言葉を慎むようになったそうです。晩年になって、

――**沈毅《ちんき》にして純厚《じゅんこう》、言語《げんご》寡《すくな》し、謀慮《ぼうりょ》饒《ゆたか》なり。**

と『**名将言行録**』には、別人のように寡黙にして泰然自若とした忠隣の評が記されています。

中文 至于守成，非文武兼备不可。

三河《みかわ》、遠江《とおとうみ》、駿河《するが》、甲斐《かい》、信濃《しなの》の5ヶ国の行政を任された忠隣は、地方政権ながらも家康政府の首相を務めるまでになりました。文禄2（1593）年には、秀忠の「附家老《つけがろう》」となり、翌年には父の遺領と合わせて相模小田原《さがみおだわら》藩6万5000石の初代藩主となります。

「関ヶ原」の際には、秀忠に従って中山道を進み、上田城の真田昌幸《さなだまさゆき》に釘付けにされて本戦に間に合わず、秀忠に**「日本一の遅参」**の汚名を背負わせてしまいます。激怒した家康が秀忠との対面を拒絶した際、自らの責任であると一命を投げ出して家康の勘気を解きました。

家康が後継者として成人した3人の息子・秀康《ひでやす》、秀忠《ひでただ》、忠吉《ただよし》の誰を選ぶかと意見を求めた時、秀康を本多正信《ほんだまさのぶ》が推し、井伊直政《いいなおまさ》や本多忠勝《ほんだただかつ》らは忠吉の名を挙げました。二人とも武勇に優れた立派な武将であると前置きしてから忠隣は、本項フレーズで唯一人《ただひとり》、秀忠を推します。秀康は秀吉の養子であり、嫡子は前から秀忠であり、それを変えることは、太平の世で諸将に示しがつかず国家騒乱の種となると、推薦の根拠も示して家康を納得させました。

慶長15（1610）年、江戸幕府の老中となりましたが、本多正信父子との権力闘争で失脚して近江彦根《おうみひこね》藩主・井伊直孝《いいなおたか》に預けられます。

▲大久保忠隣の墓
（京都市上京区・本禅寺）

忠隣が豊臣恩顧の西国大名と親しく、豊臣氏とも融和的だったことが、家康から遠ざけられたのが真の理由とも伝わっています。

家康の死後、忠隣を尊敬する直孝が、赦免の嘆願を秀忠にしようとした際、家康への不忠になるからと断っています。蟄居すること14年、75歳にて不遇の中で静かに亡くなりました。

英文 It is impossible to protect our castle without having both literary and military skills.

78

与えられた持ち場で全力を尽くせ

人《ひと》を使《つか》うに必《かなら》ず情《じょう》を以《もっ》てす、人生意気《じんせいいき》に感《かん》ず

【藤堂 高虎　1556〜1630】

浅井長政《あざいながまさ》→阿閉貞征《あとじさだゆき》→磯野員昌《いそのかずまさ》→津田信澄《つだのぶずみ》→豊臣秀長《とよとみひでなが》→豊臣秀保《とよとみひでやす》→豊臣秀吉《とよとみひでよし》→豊臣秀《とよとみひで》頼《より》→徳川家康《とくがわいえやす》→徳川秀忠《とくがわひでただ》→徳川家光《とくがわいえみつ》と11人の主君に仕えた**藤堂《とうどう》左近衛権少将《さこんえのごんのしょうしょう》兼《けん》和泉守《いずみのかみ》高虎《たかとら》**は、近江犬上郡《おうみいぬかみ》藤堂村（滋賀県甲良《こうら》町）の出身で、裸一貫で伊勢津《いせつ》藩32万3000石の大大名となりました。

主君を何度も変えることを善《よ》しとしない江戸時代や昭和の御世では、「二君にまみれ過ぎ」ということで、その評価が低い名将の一人でしたが、高虎のような「渡《わた》り奉公人《ほうこうにん》」が大量にいたのが、まさに弱肉強食の戦国時代です。

転職が当たり前の昨今、自分の才能をより活かせる場所を求め、自らのキャリアを磨くために常に新しい機会を窺ってチャンレンジする意志がない者はダメだという風潮ですので、実は現代に生きる私たちは、「第二の戦国時代」に生きているのかも知れません。そうであるとすれば、キャリア転職の大成功者である大先輩の高虎の言動から学べることは、限りなくあるはずです。

一見すると気紛れのように勤務先を転々としているように見える高虎ですが、それぞれの職場が破綻する最後まで、しっかりと勤め上げています。決して困難にぶち当たって逃げ出している

中文 用人必须以情感动人，人生就是感情动人的东西。

ような転職は一つもなく、最後の最後までその困難な状況を打開しようと粉骨砕身しています。

浅井長政から津田信澄への転職は、広い意味での近江という地方組織でのトップマネジメント体制の変更による配置転換を経験した下積み時代、次に豊臣秀長に才能を認められて「株式会社トヨトミ」のグループ会社に転職して中間管理職となり、更に業界における№2の新興勢力企業グループ「株式会社トクガワホールディングス」にヘッドハンティングされて、上席役員にして子会社のトップを任されてという感じで、三段階で着実にキャリアアップしたと解釈することも出来ます。

様々な組織の職場で揉まれて磨かれて生き残った苦労人だけあり、高虎は自分の配下の者が転職をしようと申し出ると、翌日に茶会を開いて太刀を与え、転職先で上手くいかない時はいつでも戻って来い、それも同じ報酬待遇で迎えると保証したそうです。

実際に藤堂氏の組織には「出戻組《でもどりぐみ》」が多くいたそうです。高虎が自ら辛酸を舐めて到達した人財マネジメントの極意が、本項フレーズです。

▲藤堂高虎の供養塔
（三重県伊賀市・上行寺）

意気に感じた者だからこそ、命を捨てて恩に報いる奉公が出来るというのは、トップからの絶頼な信頼、与えられたチャンスに対してその恩に報いるという姿勢で高虎は生き抜いて来たからでしょう。その意味で、豊臣秀長や徳川家康のように、組織に属するメンバーたちを大切にする「リーダーたる者」になることを高虎は目指していたのではないでしょうか。

英文 I should always be considerate when using people.

79

出処進退に表れた気骨

左《さ》もなくは城《しろ》を枕《まくら》に致《いた》すとも、お渡《わた》し申《もう》すこと叶《かな》うべからず

【福島 治重 1557～1630】

「賤ケ岳《しずがたけ》の七本槍」の筆頭として5000石を与えられた福島正則《ふくしままさのり》が、その内の1500石を分け与えた上に「福島」姓を与えて厚遇して自らの補佐役《アドバイザー》としたのが、福島丹波守治重《ふくしまたんばのかみはるしげ》です。

「関ケ原の戦い」の際には東軍の最前線で陣頭指揮を執り、右膝を負傷して後に足が不自由になるまで奮戦した治重は、正則に毛利輝元《もうりてるもと》の旧領・安芸広島《あきひろしま》城49万8000石をもたらし、治重自身は名将・小早川隆景《こばやかわたかかげ》の隠居城であった備後三原《びんごみはら》城3万石を得ました。

「大坂の陣」に際して正則は江戸城で軟禁され、本国宛に「徳川へ味方せよ」という手紙を書かされます。行間を読んでトップの意志を察した治重は、豊臣方への参戦を主張しましたが、今や大組織となった福島家中にはリスクをとる気概のある者は誰もいませんでした。

豊臣氏が滅亡して用済みとなった正則が、言い掛りで元和5（1619）年に信濃川中島《しなのかわなかじま》4万5000石に転封と決まった際、幕府は広島城の明け渡しを求めて、竹中重義《たけなかしげよし》、永井直勝《ながいなおかつ》（73項）、安藤重信《あんどうしげのぶ》（69項）といった歴戦の勇士を上使として派遣します。更に西から毛利秀元が1万の兵、東から加藤嘉明が7000の兵で広島城へ押し寄せ、更に森忠政《もりただまさ》、池田忠継《いけだただつぐ》、蜂須賀《はちすか》至鎮《よししげ》、山内忠義《やまうちただよし》らの中四国の諸大名5万の将兵が広島城を囲みました。丁度4年前に落城したば

中文 否则，即便以城池为枕席而死，也绝不会交出城池。

かりの大坂城の如く、城に籠る福島武士1万人を一気に攻め寄せようとします。開城勧告に対して治重は、使者を通じて、

「たとえ上意だとしても、主人の命令なくば開城しない。主人よりの命令書を確認した上ならば、城もお渡し致しましょう」

と堂々と述べて本項フレーズで徹底抗戦の意志を示します。大軍を前にして直ぐに降伏するだろうと高を括っていた幕府の上使たちは、仰天して江戸へ急使を走らせます。

「家康公がご存命ならば、色々と申し上げたいこともあるが、代替わりした今となっては、申し上げることは特にない」

と幕府首脳の詰問に正則はあっさり答えて、広島城の明け渡し命令を自筆でしたためます。その書状を見て治重は、城の隅々まで綺麗に掃き清めさせてから城の明け渡しに応じました。

この時の治重の一世一代の勝負のお陰で「福島武士」の名は高まり、諸大名から再就職の引き合いが殺到し、治重自身も尾張徳川から2万石、加賀前田から3万石でスカウトされる程でしたが、**「老い先短い身に過分な話だが、二君には仕えない」**と丁重に断り、京都の東山で余生を過ごしました。出処進退の見事さこそ「武士道」と呼ぶに相応しく、現在においても「リーダーたる者」の気骨と意地、そして矜持の見本となるでしょう。

▲福島治重の墓
（京都市右京区・妙心寺）

福島氏に縁の人々の墓がある妙心寺海福院に、福島正則・忠勝《ただかつ》親子の供養塔から少し離れたところに佇む治重の供養塔には、何とも言えない爽やかな風に包まれています。

英文 I will not hand over my castle even if I die with my castle as a pillow.

80

強者の振る舞いを見よ

如何《いか》なる名城《めいじょう》に立《た》て籠《こ》もり、如何《いか》なる手立《てだ》てありとも軍《ぐん》に理《り》を得《う》ることあらんや

【大崎　長行　1560～1632】

「賤ケ岳《しずがたけ》の七本槍」が本当に実戦で活躍したのかと議論になった時、その後方で進軍していた**大崎玄蕃允《げんばんのすけ》長行**の証言によって、各人の槍の功名が羽柴秀吉《はしばひでよし》に認定されました。

長行は８００石で木村常陸介重玆《きむらひたちのすけしげこれ》（重成《しげなり》の父）に仕え、常陸介が仕える豊臣秀次《とよとみひでつぐ》に連座して改易となると、長行は浪人生活を送った後に尾張清洲《おわりきよす》城主の福島正則《ふくしままさのり》に召し出されました。

徳川家康の**「会津討伐」**で出征した正則に代わって、長行が清洲城を預かった際、常陸介に共に仕えていた木村宗左衛門《きむらそうざもん》が石田三成《いしだみつなり》からの使者となって、城の明け渡しを求めて来ました。家中の誰もが了承しようとした時、長行は次のように強硬に反対しました。

「主君からの命令書が来れば別だが、どうして他人を勝手に城に入れるのだ」

と言って、城門を頑なに閉ざして城の守備を固めました。この話を聞いた家康は、

――大崎玄蕃《おおさきげんば》は兼《か》ねて聞《き》き及《およ》びたる兵《つわもの》なり、福島《ふくしま》は能《よ》き者《もの》を持《も》たれ候《そうろう》。関ケ原《せきがはら》の勝利《しょうり》は、大崎《おおさき》が清洲《きよす》を丈夫《じょうぶ》に持《も》ちたる故《ゆえ》なり。

と後々まで長行の功績を語ったそうです。**「関ケ原」**の最大の功労者として主人の正則が安芸広

中文 无论立足多么名城，无论用何种手段，都于军事无益。

▲大崎長行が城代を務めた備後鞆城からの風景
（広島県福山市鞆町）

島の大大名になると、長行は備後鞆城《びんごとも》2万石を与えられました。

「大坂の陣」で豊臣氏が滅亡した後、正則は用済みと判断した幕府は、難癖をつけて大幅減封を決めました。江戸屋敷に正則を軟禁し、幕府は開城の使者を広島へ送り、西国大名に総勢10万の派兵を命じます。鞆城を引き上げて広島城で籠城しようという騒ぎの中で長行は、

——此《こ》の城《しろ》は主君《しゅくん》より御預《おあず》けの城《しろ》なれば、主君《しゅくん》の御意《ぎょい》なくば開《ひら》くこと罷《まか》りならず。

と清洲城を預かっていた20年前の信念から少しもブレずに応じて、籠城の準備を命じます。しかしながら、皆が慌ただしく備える中、長行はチンタラと甲冑を取り出し、柱にもたれかかって転寝《うたたね》している始末で、臆病風に吹かれたかと誰もが嘲笑しました。それを聞いた長行は**「将軍を敵にして、天下の軍勢を引き請けば」**と言ってから、本項フレーズを述べました。江戸からの使者の前で城より出て**「大崎玄蕃と申す者にて候」**と名乗って、自分一人が切腹して城の士卒男女を残らず助命賜りたいと言えば良いだけなので、皆が慌てて籠城の準備をする必要などないと明快に述べました。

福島氏の改易後、秀忠の命で徳川頼宣《とくがわよりのぶ》に召し出された際、自己紹介を命ぜられた長行が、

「与一郎《よいちろう》と呼ばれた頃から槍一本で、木村家にいる時は鬼玄蕃《おにげんばん》と呼ばれ、福島家では一手の大将となって、備後鞆《びんごとも》の城主になりました。若い頃から鈍くはなかったと思います」

と淡々と述べると、そこにいた誰もがその本物の「士《サムライ》」の迫力に感服して言葉を発せなかったそうです。

英文 No matter how great a castle is that you are barricading, and no matter what kind of tactics you have, it won't be of any benefit to the soldiers either way.

81

恩義に報いるべき時

予《よ》、今《いま》、彼《かれ》が危《あや》うきをるに忍《しの》びず身命《しんめい》を棄《す》てて之《これ》を救《すく》いたるのみ

【佐竹 義宣 1570～1633】

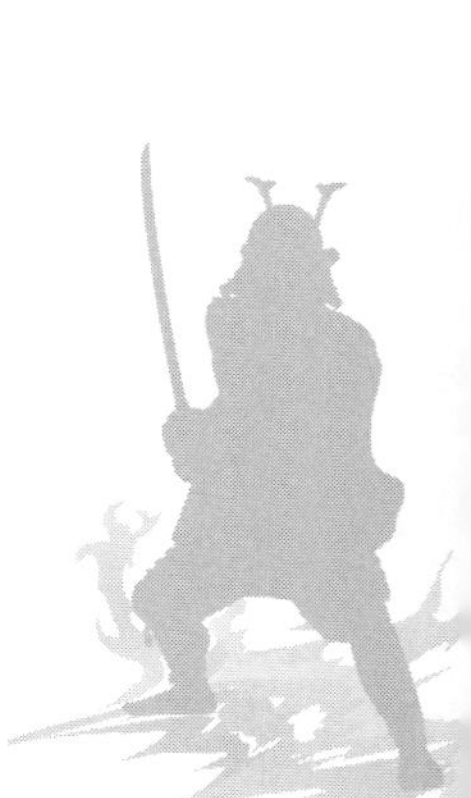

５００年にわたって常陸《ひたち》に割拠した佐竹氏は「**関ケ原**」の際、石田三成を支持して中立という日和見《ひよりみ》な態度を見せたことから、**佐竹左京大夫兼右近権中将義宣**《さたけさきょうだゆうけんうこのえのちゅうしょうよしのぶ》は、54万石から21万石に減封の上、出羽の奥地へ移封処分となりました。

豊臣秀吉の亡き後に権力奪取を目指す徳川家康が、「**会津討伐**」に際して関東の諸大名に出陣を命じた際、義宣は容易に腰を上げようとはしませんでした。義宣が家康への旗幟《きし》を鮮明にしなかった理由は色々と推察されますが、何よりも義宣は、何かと反りの合わない伊達政宗《だてまさむね》と轡《くつわ》を並べることを是としませんでした。

現在の福島県を巡って長年にわたって対立した佐竹と伊達が行きついたところが、天正17（1589）年の「**摺上原**《すりあげがはら》**の戦い**」でした。この時に政宗が破った蘆名義広《あしなよしひろ》は、義宣の実弟でした。実は政宗は義宣・義広兄弟の母方の従兄で、義宣の母は政宗の父である輝宗《てるむね》の妹でしたので、皆が伊達晴宗《だてはれむね》の孫にあたりました。更にこの晴宗の母の父が芦名氏13代の蘆名盛高《あしなもりたか》でしたので、親戚筋の伊達と佐竹の間で会津の蘆名氏が取り合いとなりました。

中文 如今见他危难，于心不忍，所以只能舍身相救。

「小田原征伐」の際、義宣は以前より音信のやり取りのあった景勝や三成からの誘いに応じて、逸早《いちはや》く小田原の秀吉の許《もと》へ参陣して領地を安堵されました。その足で**「忍城水攻《おしじょうみずぜ》め」**に従軍しています。三成を通じて豊臣政権をバックにつけた義宣は、常陸全域の制圧に成功し、また従弟の宇《う》都宮国綱《つのみやくにつな》が秀吉の不興を買って慶長2（1597）年に改易された際も、連座するところを三成によって義宣は救われます。

この時の三成の恩義を大としたことから、**「関ケ原」**の前年に加藤清正《かとうきよまさ》や福島正則《ふくしままさのり》の諸将が三成の大坂屋敷を襲撃するという情報を得た義宣は、直ちに急行して三成を護衛して伏見《ふしみ》城下の宇喜《うき》多秀家《たひでいえ》の屋敷へ護送して救出しています。義宣のこの行動は聞いた古田織部正重勝《ふるたおりべのしょうしげかつ》は、家康に謝罪へ行くべきだとアドバイスします。

「平素《へいそ》より諸将《しょしょう》に恨《うら》みなし。三成《みつなり》はまた公命《こうめい》に反《そむ》きたる事《こと》なし。然《しか》るに諸将《しょしょう》を伐《うた》んとする者《もの》は私《し》意《い》の為《な》す処《ところ》なり」

義を欠く行為は出来ないとして義宣は、本項フレーズで堂々と応えました。すると家康は、

「義宣、身命をなげうって旧恩に報いるとは、誠の義なり」

と大いに義理固い義宣の言動を評価しました。**「関ケ原」**の2年後の慶長7（1602）年になり、ようやく義宣が伏見城へ出向いて家康に謝罪した際、

「今の世に、佐竹程の律儀な者は見たことがないが、あまり律儀過ぎても困るのぉ」

と律儀者で知られた家康に評される程、義宣は堅物でした。

▲佐竹義宣の霊廟
（秋田県秋田市・天徳寺）

英文 I can't bear to see him in danger now, so I will just sacrifice my life in order to save him.

82

奮闘に光明を見出せ

大坂《おおさか》の御催促《ごさいそく》を承《うけたまわ》りて、馳《は》せ参《まい》らん為《ため》に急《いそ》ぎ東国《とうごく》を去《さ》りて只今《ただいま》、本国《ほんごく》に戻《もど》り候《そうろう》

【富田 信高 ?〜1633】

豊臣秀吉の生国所縁《しょうごくゆかり》の尾張《おわり》出身者の加藤清正《かとうきよまさ》・福島正則《ふくしままさのり》と、秀吉が出世して近江長浜《おうみながはま》城主となってから迎えた近江出身者の石田三成《いしだみつなり》らの間での派閥抗争は、最終的に**「関ケ原の戦い」**を引き起こし、豊臣政権の弱体化、ひいては滅亡を招く一因となりました。

近江浅井《おうみあざい》郡の生まれで織田信長に仕えていた富田左近将監知信《とみたさこんしょうげんとものぶ》は、**「本能寺の変」**後に羽柴秀吉に従って側近となります。一白《いっぱく》の名で知られた知信は、**「小牧《こまき》・長久手《ながくて》の戦い」**の際には織田信雄《おだのぶかつ》や徳川家康との和睦交渉、**「小田原征伐」**の発端となった上野名胡桃《こうずけなぐるみ》城が真田昌幸から後北条氏へ譲渡される際には立会人を務め、小田原城で北条氏政《ほうじょううじまさ》と直接交渉もしています。実務的な外交を手堅く務めたことから、知信は伊勢安濃津《いせあのうつ》城5万石を与えられます。

実は**『名将言行録』**の**「富田知信の条」**に記されている人物は、一白こと富田知信の長男である**富田信濃守信高**《とみたしなののかみのぶたか》のことです。近江所縁でありながら、父譲りの「三成嫌い」で知られた信高は、**「関ケ原」**の際にはその前年に父の一白が亡くなって、その跡を継いだばかりでした。

「会津征伐」で下野小山《しもつけおやま》に300の将兵を率いて出陣していた信高は、三成挙兵の報を知った

中文 应大坂要求，为了赶路，刚从东国回到本国。

徳川家康の指示で、交通の要衝である安濃津城を確保するべく急ぎ帰還します。友人の三河吉田《みかわよしだ》城主（愛知県豊橋市）の池田輝政《いけだてるまさ》に船を借りて、軍勢を分乗させて伊勢湾を渡ろうとしますが、伊勢志摩の水軍大将で名高い九鬼嘉隆《くきよしたか》が、大船団で既に海上封鎖をしていました。

信高は兼ねてから親しい嘉隆の船に近付いて、本項フレーズを大声で叫んでその前を漕いで安濃津城へ辿り着き、総勢1700の将兵で籠城します。

石田三成《いしだみつなり》へ敵意むき出しの信高が籠る安濃津城は、**「伏見城攻め」**後の次段階の攻略目標となり、毛利秀元《もうりひでもと》、吉川広家《きっかわひろいえ》、長束正家《なつかまさいえ》、長曾我部盛親《ちょうそかべもりちか》、鍋島勝茂《なべしまかつしげ》らの3万に城を囲まれて大攻防戦が繰り広げられました。文官の父と違って武勇に優れる信高は、自らが槍を振るって奮戦しますが、やがて敵に囲まれて絶体絶命に陥ります。すると城門が開いて眉目秀麗な若武者が、短騎で駆け付けて、敵兵を突き殺して信高を救出します。この時の若武者は実は信高の妻で、宇喜多忠家《うきたただいえ》（直家の弟）の娘にして武芸に極めて優れた女子でした。

衆寡敵せずして降伏した信高は高野山へ上りますが、**「関ケ原」**後の論功行賞で家康は落城したとはいえ奮戦した信高の功績を認め、2万石を加増しました。慶長13（1608）年には信高は伊予《いよ》板島《いたじま》城12万石に加増転封となり、伊予宇和島領の基盤を整備します。その5年後に妻の弟の坂崎出羽守《さかざきでわのかみ》が「千姫事件」で謀反を起こし、親しかった大久保長安《おおくぼながやす》の失脚に連座して、信高は改易となってしまいます。

陸奥《むつ》磐城平《いわきたいら》藩の鳥居忠政《とりいただまさ》に預けられた信高は、20年近く蟄居生活を送り、その地でひっそりと亡くなりました。

▲富田信高の墓
（福島県いわき市・禅長寺）

英文 I am currently on my way back to my home country from East Japan, as I have been requested from Osaka to come quickly.

83

トップが見るべきものとは

どんな事《こと》にもお用《もち》いになるようになれば良《よ》いものも悪《わる》くなるものだ

【安藤 直次　1555〜1635】

徳川家康は60歳前後にもうけた3人の息子の義直《よしなお》・頼宣《よりのぶ》・頼房《よりふさ》を手許《てもと》において可愛がり、江戸幕府による全国支配を盤石なものにするため、3人の息子を要衝の尾張名古屋《おわりなごや》、紀州和歌山《きしゅうわかやま》、常陸水戸《ひたちみと》にそれぞれ配したことはよく知られています。ティーンエージャーの3人には、優れた傅役《もりやく》、即ち教育係たる「御附家老《おつけがろう》」が家康からそれぞれに配されます。

まず義直に対しては「成瀬隼人正《なるせはやとのしょう》の軍功才智は幕府内でも指折りだ」と説明し、次に頼房を呼んで中山備前守《なかやまびぜんのかみ》と村瀬左馬介《むらせさまのすけ》の経歴を詳しく述べます。そして最後に頼宣を呼び寄せて、頼宣の「附家老《つけがろう》」となる**安藤帯刀先生直次《あんどうたちはきのせんじょうなおつぐ》**を紹介しながら、家康は、

――分別才智武勇兼備《ぶんべつさいちぶゆうけんび》したる故、取り分けて何を申し立てることなり。

と全てに抜きん出ているので、特別に何に優れているのかを説明する必要はないと言いました。

直次は若い頃から勇敢にして義に厚く、兄弟の契りを結んだ永井直勝《ながいなおかつ》や同僚の井伊直政《いいなおまさ》の功名を扶《たす》けながら、自らの功績を誇らず控え目な人柄でした。家康の「関東移封」に際して旧功ある近臣に1万石を与えられた際、手違いで直次だけが5000石でしたが、全く不平を漏らさずに普

中文 无论什么东西，如果随意使用，再好的东西也会变坏。

▲安藤直次の墓
（愛知県岡崎市・妙源寺）

通に仕え続けました。やがて10年の歳月が流れた時、直次だけが5000石だったと指摘された家康は、直次の殊勝な振舞いと忠義を褒めて、差額の5000石×10年分を一気に与えたという逸話があります。

元和5（1619）年、徳川頼宣が17歳にして紀州和歌山《きしゅうわかやま》藩55万石の大領主になった際、直次には紀州田辺《きしゅうたなべ》藩3万8000石を与えられ、頼宣の絶大な信頼を受けました。

ある時、英国使節から望遠鏡を献上された家康は、それを頼宣に与えます。頼宣は大喜びで国へ帰るや、城の櫓に登ってはあちこちを眺めます。遠方の景色はおろか城下を往来する人々の顔だけでなく、着物の紋所までしっかり見える代物でした。頼宣があれやこれや見たことを興奮して皆に話すと、直次は**「優れ物ですな」**と言ってその望遠鏡を持ち出すや、隣の間の敷居に打ち付けて木っ端みじんに砕きました。仰天した頼宣は直次の気が触れたのかと、小姓に命じて帰宅する直次の跡を付けさせて探らせました。その小姓を見咎めた直次は、

「望遠鏡は戦場や船中でご覧になったり、山林や海辺でご覧になったりするには重宝するもの」

と前置きして本項フレーズを述べました。薬用人参と同じで処方を誤ると毒になるように、

「家臣たちのプライベートの姿をのぞき見すれば、気を抜いてダラダラしている者や、酒に酔って醜態を晒している者も見えるだろう、偉そうに言うワシも陰で何をしているか分からない。人の影の部分を見てしまうと、今まで優れた者だと思っていたものを嫌になるかも知れない。一国を治める者は、下のことを厳しく見過ぎてはいけない」

と直次は、トップマネジメントの心得を説きました。

英文 If you use it for anything, even good things will turn bad.

84

私情に囚われないフェア精神

心強《こころつよ》くも無礼《ぶれい》を仕《つかまつ》る者《もの》こそ、却《かえっ》て奥床《おくゆか》しく存《ぞん》じ一廉《ひとかど》御用《ごよう》に立《た》つべき器量《きりょう》と見立《みた》て候《そうろう》

【酒井 忠世 1572～1636】

名将たちが当たり前のように備えていて、現代日本のリーダーに著しく欠けている資質とは何かと問われれば、「フェア精神」を挙げる人が少なくないのではないでしょうか。

ある時、江戸城内で新規召抱《めしかか》えの神谷与七郎清正《かみやよしちろうきよまさ》という者が、**酒井雅楽頭忠世《さかいうたのかみただよ》**と行き当たったので、脇に避けて頭を下げて挨拶をしたことがありました。何か考え事をしていたのか、忠世がそのまま無視して行ってしまいました。面子を失った神谷はそのことを根に持って、「あんな無礼な奴は見たことない」「武士として失格だ」とか、あちらこちらで忠世の悪口を言うようになりました。それを耳にした徳川家康は、神谷をクビにしようと忠世に提案します。

「１０００石で召抱えると約束したが、８００石にすると言って、神谷を怒らせてみよう」

神谷が文句を言ってきたら、即刻クビにしようという訳です。すると忠世は、

「それでは１０００石で召抱えるという約束と違います。むしろあんな優秀な男はいませんので、２０００石を与えたら如何ですか」と答えます。驚いた家康は、次のように問い掛けます。

「あの男はあちらこちらで、お前の悪口を言っている非礼な者ではないか」

中文 心志坚定、行为无礼的人反而可爱，我认为他们是可造之材。

そこで忠世が本項フレーズで応えました。組織の採用に際して「能力第一主義」を徹底しているリアリストからすれば、自分の悪口や批判など全く眼中になく、組織全体の効率と向上の前ならば、個人的な怒りや恨みなどは些も気になることはありませんでした。

「ならば幾らで召抱えるのが妥当だろうか」と家康が尋ねます。

「約束の倍の2000石で如何でしょうか」

と忠世が投げ掛けると、吝嗇で知られる家康だけあり、ディスカウントして、

「よく分かった。1500石にしよう」

忠世の推薦で当初の1000石でなく1500百石の旗本として召抱えられることが正式に決まったことを家康から聞かされた神谷は、公私にとらわれない「フェア精神」を備える忠世の言動に落涙し、自らの不明を恥じて忠勤に励みました。

忠世の現実的な思考が窺える逸話が、いま一つ残されています。3代将軍・家光が、「豊国社が廃れていると聞いた。徳川家が今日あるのも、秀吉に恩義がある。修理してやって手厚く祀れ」と命じたところ、すると忠世が応じます。

「神霊は人の敬に集まり、神威はこれによって生じます。これを廃する時は威が無く、威が無ければ祟りません。秀頼を滅ぼしているので、神社を直してかえって邪気が集まって禍のタネになるかも知れませんので、そのまま放っておかれるのがよろしいかと存じます」

との説明に家光も納得し、そのまま放置になりました。

▲酒井忠世の墓
（群馬県前橋市・龍海寺）

英文 People who have a strong will and are even rude are actually cute, and we see them as people who are worthy of being useful.

85

地に足の付いた危機管理

禍《わざわい》は内《うち》より起《お》こりて、外《そと》より来《き》たらず

【伊達 政宗 1567~1636】

名門の「プリンス」として生まれ育ち、気性が激しく武門の道に長け、歌道や茶道にも通じる洒落者にして、筆まめで多くの手紙を今日まで残し、その「文武両道」ぶりで知られる大大名と言えば、**伊達陸奥守政宗**《だてむつのかみまさむね》でしょう。実は政宗とよく似たタイプの4歳上の細川越中守忠興《ほそかわえっちゅうのかみただおき》も、戦国武将ながらも3代将軍・家光の代まで共に長生きをしています。

「小田原征伐」にわざと遅参してきた政宗が激怒した秀吉に監禁された時、冥土の土産話に千《せんの》利休《りきゅう》から茶を習いたいと申し出たことから、秀吉が「鄙《ひな》の都人《みやこひと》」と後に政宗を評しました。現在の山形県米沢市に生まれた政宗ですが、伊達氏の歴代当主は上洛して足利将軍からの「偏諱」と高い官位を賜り、政治のみならず文化も含めた幅広い情報収集に余念がありませんでした。

政宗が若かりし頃、その武名を天下に轟かせたのは、天正17（1589）6月5日（旧暦）に**「摺上原《すりあげはら》の戦い」**で蘆名義広《あしなよしひろ》を破り、その広大な蘆名領の併合に成功して南奥州を統一した時です。本拠地を出羽米沢《でわよねざわ》城から会津黒川《あいづくろかわ》城へ移した政宗は、母や妻も呼び寄せ、城下に家臣たちに屋敷を割り当てて妻子も引っ越しさせました。その重臣たちが、

「我らの組織も大きくなり、幹部たちが集まって会議をしたり、他家からの使者の往来も増えた

中文 祸乱由内而生，不是从外面来的。

り、その対応のためには城が少し手狭で粗末です。またそこで城を増築して城下も広く整備致しましょう。今のままでは外聞も良くないものと存じます」

と勧めました。すると政宗は、

「昔から隣国の大将に助けをも求めて、国を持ち応えた者などいない。だから敵が押し寄せれば境で撃退するか、領内深く誘い込んで殲滅するか、もしくは潔く討死にするだけだと以前から決めている。籠城しても誰かが助けてくれる訳でもなく、餓死するだけだ。新たに得たこの城を後生大事にして住もうとも思っていない。来春には関東へ進出するつもりだ」

と自らの方針を述べ、自分の頭の中は、遠征の計画、軍事の費用、諸将への報償、不忠不義者への処罰など、組織マネジメント以外に何も無いと宣言します。続けて、

「古い家が滅亡するのは、組織内に不満を持つ者がトップを裏切り、敵に内通して組織内の結束が揺るぎ、遂には崩壊しているような例が多い」

と指摘してから本項フレーズを述べました。

▲伊達政宗の供養塔
（和歌山県高野町・高野山奥之院）

「他国の者が粗末な城を見て笑えば、ワシも恥ずかしくは思うが、国全体のことを考えれば、そんな恥など大したことはない」

と言明したリアリストな政宗は、現代政治や経営の世界においても、一つ頭の抜けた優れた「リーダーたる者」として、大いに名を挙げたに違いありません。

英文 Calamity comes from within, not from outside.

コラム33

「天文の乱」のきっかけをつくった戦国随一の奥羽の種馬・伊達稙宗

陸奥南部の「国人《こくじん》」の一つであった伊達氏が、陸奥の有力戦国大名にのし上がったのは、伊達氏14代当主の伊達左京大夫稙宗《だてさきょうのだゆうたねむね》（1488〜1565）の功績である。稙宗は曽祖父の持宗《もちむね》以来、上洛して室町幕府の歴代将軍から「諱《いみな》」を拝領しているように、13代将軍・足利義稙《あしかがよしたね》の偏諱を受けている。

更に先祖が代々与えられていた官職である「兵部《へいぶ》少輔《しょうゆ》」や「大膳大夫《だいぜんだいぶ》」より一ランク上の「左京大夫《さきょうのだゆう》」に任官している。この官職は、管領代として京で重きをなした西国の大大名の大内義興《おおうちよしおき》と同じであった。何よりも特筆すべきは、従来は置かれていなかった「陸奥守護職《むつしゅごしょく》」に新たに任ぜられたことであり、当時の記録によると奥州の地において藤原秀衡《ふじわらひでひら》以来の快挙と賞されている。これらの特典を受けることが出来たのは、莫大な財産を伊達氏が保有していたから外ならない。

この稙宗なくば、曾孫の「独眼龍政宗」の活躍もなく、今日の仙台市の繁栄もなかったであろう。

稙宗が「塵芥集《じんかいしゅう》」という法律を定めて領国整備を行ったことは、奥州のみならず全国的に見ても快挙であるが、何よりも稙宗が奥州随一の地位を築き上げることが出来た要因は、男子14名・女子7名の恵まれた子女の婚姻政策によるものである。

——戦争は他家に任せておけ。幸いなオーストリアよ、汝は結婚せよ。

の言葉で有名な欧州の名門・ハプスブルク家は、戦争によってではなく、婚姻により領土を拡大したことで知られるが、その中でも最も成功したのが、神聖ローマ帝国皇帝にしてオーストリア大公であったマクシミリアン大帝（1459〜1519）であった。遠く離れた日本の奥州の稙宗と、同じ時代に生きている。

稙宗は子女を蘆名《あしな》氏、相馬《そうま》氏、大崎《おおさき》氏、葛西《かさい》氏、二階堂《にかいどう》氏、田村《たむら》氏、梁川《やながわ》氏、亘理《わたり》氏、桑折《こおり》氏といった陸奥「国人」に加えて常陸《ひたち》の佐竹《さたけ》氏にまで送り込んだことから、親戚でない「国人《こくじん》」は、白河《しらかわ》の白河氏と二本松《にほんまつ》の畠山《はたけやま》氏だけしかなかった。

稙宗は戦争にも強く、当主になった早々に出羽《でわ》長谷堂《はせどう》城で羽州探題《うしゅうたんだい》・最上義定《もがみよしさだ》を破って妹を正室に送り込んで支配下に置き、永正17（1520）年に義定が死去して後継者不在となった状況を利用して、出羽の上山《かみのやま》城、山形《やまがた》城、天童《てんどう》城を矢継ぎ早に落として、最上《もがみ》郡・村上《むらかみ》郡を占領している。

長女の婿である相馬顕胤《そうまあきたね》を可愛がっていた稙宗は、相馬氏に伊達の所領の一部を割譲しようとし、更に稙宗の母が越後守護《えちごしゅご》・上杉房定《うえすぎふささだ》の娘（定実《さだざね》の姉）であったことから、定実に嗣子がいないところに目を付けた稙宗が、三男の実元《さねもと》を養子として送り込むべく越後へ軍事侵攻をしたことが発端となり、長男の晴宗と対立した。

遂に天文11（1542）に鷹狩り帰りの稙宗を晴宗が襲撃して西山城へ幽閉してしまった。伊達一門にして稙宗の忠臣・小梁川宗朝《こやながわむねとも》（伊達持宗《だてもちむね》の息子の小梁川盛宗《こやながわもりむね》の息子）によって救出された稙宗は、自らの婚姻ネットワークを使って奥州の諸将に呼び掛け、晴宗との抗争が始まった。奥州を疲弊させる大戦争となった**「天文の乱」**は、足掛け6年にも及び、最終的には14代将軍・足利義輝《あしかがよしてる》の呼び掛けによって稙宗の隠居と晴宗の当主相続という結果で収束したが、稙宗によって従属させることに成功した「国人」たちが自立することになり、晴宗が継承した伊達氏は大いに力を落としてしまうことになった。

因みに越後守護になりそこねた伊達実元は、異母兄・晴宗の次女、即ち姪を正室に迎え、晴宗、輝宗、政宗に仕えて伊達氏の筆頭重臣となった。息子の成実《しげざね》は政宗の右腕として活躍した名将となり、亘理《わたり》伊達《だて》氏の祖となっている。

その成実が、政宗の亡き後に仕えた仙台藩2代藩主・伊達忠宗は、父方母方から繋がる高祖父8人のうちの3人までが稙宗である。

▲伊達稙宗の墓
（福島県福島市・陽林寺）

▲伊達晴宗の墓
（福島県福島市・宝積寺）

86

信念に従って筋を通す

天下《てんか》の政事《まつりごと》には信《しん》ということを失《うしな》ってはならぬ

【本多 正純　1565~1637】

譜代としては破格の下野宇都宮《しもつけうつのみや》藩10万石を領して権勢を振るった**本多上総介正純**《ほんだかずさのすけまさずみ》は、元和8（1622）年に11ヶ条の嫌疑をかけられて失脚しました。まさに『平家物語』の一節 ―驕《おご》れる人《ひと》も久《ひさ》しからず― を直ぐに連想させる「名将」の一人です。

改易された正純は秋田の佐竹義宣《さたけよしのぶ》へ預けられ、13年間にも及ぶ幽閉生活を余儀なくされた上でその地で亡くなりました。

大きな権力を握った者が、頭脳明晰さから正論を吐けば、周りの組織の幹部たちから支持など受けられないのは当然ですし、清廉潔白であっても、非難轟轟《ひなんごうごう》で蛇蝎《だかつ》の如く嫌われてしまいます。「鼻もちならぬエリート」さにおいては正純は、石田三成《いしだみつなり》と非常に似ているタイプの人物です。

そんな正純ですが、江戸で大火があった際に正純の屋敷にも燃え移りそうになった時、家来たちが必死で延焼を防いで難を逃れたことがあります。それを眺めながら顔を曇らせている正純に、ある人がその理由を尋ねたところ、正純は次のように答えました。

――諸士を自分の手足のように思っている。骨を折ってくれたが、大切な身を怪我しては困ると思ったからだ。

中文 治理天下，不可失信于人。

その言葉を聞いて誰もが感心したそうです。

坂崎《さかざき》出《で》羽守《わのかみ》直盛《なおもり》が「**千姫事件**」で屋敷に立て籠もって幕府に反旗を翻した時、勇将の坂崎を恐れた幕府の首脳たちは、坂崎の家老に対して「主人を自害させて降伏すれば、後継者への相続を認めて家を残す」という手紙で降伏を勧告するという一計を案じました。その策に対して、

「本当に坂崎の家を残すのか」と正純が尋ねます。

「謀反人の家など、存続させる訳には勿論いかない」との答えを聞いた正純は憮然として、

「坂崎の不忠を罰するために、その家来に不忠を勧めるのは、天下の下知《げち》としてあるまじき」

と断言して本項フレーズを述べます。続けて正純は、

「速やかに兵をもって鎮圧すべし。いやしくも人の教えに反することを述べて、偽《いつわ》りをなし、天下の風儀を乱すべきではない」

と迫ります。しかしながら、幕府の首脳は一致して手紙を送ることに決めます。正純は署名を断りました。手紙に従って坂崎の家臣たちは出羽守を殺害して降伏しましたが、家臣たちは全員処刑され、坂崎家は改易処分となりました。この時、柳生《やぎゅう》但馬《たじま》守《のかみ》宗矩《むねのり》は、

「正純の他の事はともかくとして、この一言は天下の名言である」

と賞賛しています。正純が「リーダーたる者」であったことの証左でしょう。正論を純粋に貫くという名前の通り、正純なりのマネジメントに対する筋の通った矜持があったことが窺えます。

▲本多正純の墓（秋田県横手市・正平寺）

英文 Don't lose faith in the management affairs of our organisation.

87

忍耐強くボトムアップを図れ

さては敵《てき》なり、何心《なにこころ》もなくて火《ひ》を燈《とも》したりしが巧者《こうしゃ》ありて消《け》させたるならん

【堀　直寄　1577〜1639】

——丹後《たんご》守は器量ある者なり、父兄と共に国政を聞くべし。

と豊臣秀吉から、堀秀治《ほりひではる》の与力として父の直政《なおまさ》と共に堀丹後守直寄《ほりたんごのかみなおより》は、越後坂戸《えちごさかと》城2万石を与えられました。直寄は13歳の時に秀吉の小姓となって仕えて以来、父に劣らず剛勇な武将として名が知られるようになりました。

「大坂夏の陣」の際、大和口《やまとぐち》の大将・水野日向守勝成《みずのひゅうがのかみかつなり》が直寄に先陣を命じた際、夜更けに、

「敵が寄せて来るようだ。松明《たいまつ》がたくさん見える。警戒を怠らないように」

と伝令を寄越して来ました。これを聞いた直寄は、

「日向守は物事に詳しいと聞いていたが、どうも優れた者ではないな。寄せて来る敵がどうして松明を照らすだろうか。敵にあらず」

と答えました。そこへ勝成から再び使者が来て、

「松明が全て消えたので、敵ではない」

と今度は告げて来たのを聞いた直寄は、本項フレーズを述べて戦闘態勢を取るように命じまし

中文 那是敌人，他们点火不怀好意，但有高手将火扑灭了。

た。その時の敵の大将は、まさに名将・後藤又兵衛《ごとうまたべえ》（58項）でした。

元和2（1616）年に徳川家康は亡くなる直前、わざわざ寝所まで直寄を呼び寄せて、**「大坂の陣」**での活躍ぶりについて改めて誉め讃えてから、

――我《われ》、死《し》せし後《あと》、若《も》し国《くに》が乱《みだ》せば、藤堂高虎《とうどうたかとら》を将軍《しょうぐん》の一陣《いちじん》とし、井伊直孝《いいなおたか》を二陣《にじん》とし、汝《なんじ》は両陣《りょうじん》の間《あいだ》に屯《たむろ》して、其《そ》の横《よこ》を打《う》ちて是《これ》を破《やぶ》るべし。必《かなら》ず忠義《ちゅうぎ》に懈《おこた》るべからず。

と絶大なる信頼と共に遺言を残しました。直寄はなかなか魅力的な武将であったらしく、秀吉から大いに可愛がられただけでなく、家康からの評価も高く、秀忠も一目を置き、後に直寄の江戸上野の屋敷に家光を連れて訪ねている程の信頼ぶりです。

直寄は人を使うコツをよく心得ていて、また人を取り立てるのも上手く、優れた人財を多く抱えていると評判でした。直寄のところから他へ転職した人も転職先で出世して大変に評価が高い者たちばかりで、直寄に仕えていたという老人に、ある人が直寄の人事マネジメントの秘訣を尋ねると、**「特別に人の使い方が変わっていた覚えはありません。ただ、何事についても下の者を言い負かしたりすることはなく、むしろ下の言うことを尊重することを専ら好まれました。これは世の中の他のトップと違うところでしたでしょうか」**

と答えたそうです。現代でも十分に通じるマネジメントの手法です。但し、直寄のように器が大きな「リーダーたる者」でなければ、なかなか容易に真似をすることは出来ないはずです。人財育成において、忍耐程トップに求められる資質はありません。

▲堀直寄の供養塔
（和歌山県高野町・高野山奥之院）

英文 That was the enemy. Why would they light the fire without a plan? Someone more mindful must have let it extinguish.

88

命を懸けた最後の諫言

登《と》城《じょう》は致《いた》しけれども、是《これ》より退出《たいしゅつ》致《いた》すなり

【中山 信吉 1577~1642】

徳川家康の11男・鶴千代《つるちよ》、後の水戸中納言頼房《みとちゅうなごんよりふさ》の傅役《もりやく》を命ぜられた**中山備前守信吉**《なかやまびぜんのかみのぶよし》は、武蔵の「国人《こくじん》」・中山家範《なかやまいえのり》の次男として生まれました。父の家範は後北条氏に仕え、豊臣秀吉の「**小田原征伐**」に際して「**八王子城攻防戦**」で戦死し、戦後に「関八州《かんはっしゅう》」の新しい支配者となった家康が後北条氏の遺臣を採用したことから、信吉は兄と共に家康に出仕します。

ある時、京・伏見屋敷にて家臣たちに紛れて家康の佩刀を盗もうとした者を見付けた信吉が、これを素手で捕まえたことがありました。喜んだ家康が黄金を褒美として差し出すと、

――**賊《ぞく》を獲《とら》し者《もの》、某《それがし》一人《ひとり》にあらず、願《ねが》わくは皆《みな》に之《これ》を賞《しょう》せられよ。**

と辞退したところ、家康にもっと功を称えられました。また、駿府城で火災が起き、混乱して城門が開かずに多数の死傷者が出る中、信吉が守る中門だけは提灯を掲げて将兵も隊伍を崩さずに控えていたことから、それを見た家康が大いに感心します。こういったことから、

慶長11(1606)年に頼房が3歳にして常陸下妻《ひたちしもづま》10万石に封ぜられた際、その「附家老《つけがろう》」に信吉が家康より指名されます。その3年後に頼房が常陸水戸25万石に転封となると、信吉は加増を受けて1万5000石を常陸松岡(茨城県高荻市)で与えられ、幼少の頼房に代わって、信吉が

中文 虽然上城了，但现在要告退了因为可能出问题。

▲中山信吉の墓
（埼玉県飯能市・智観寺）

水戸と江戸を往復して領地のマネジメントを行い、その手腕が高く評価されました。

健やかに成長した頼房ですが、大変に腕白で悪戯なティーンエージャーとなり、信吉の度重なる諫言に耳を貸さず、派手な刀や衣装を好む「傾奇者《かぶきもの》」の真似をして江戸市中を徘徊するようになり、2代将軍・秀忠から顰蹙を買います。遂に老中から信吉の許に、「明日四ッ時（午前10時）に登城すべし」と出頭命令が参ります。登城した信吉に対して老中たちは、自分たちも用件は何も知らず、将軍から直々にお話があると伝えられると信吉は、**「将軍の御前に召されることについて、某《それがし》には心当たりがございます。主人を訴えることや、何も知りませんと申し上げて悪事を隠すことは、将軍に対して不忠となります」**と説明して本項フレーズを述べて席を立ちます。驚いた老中たちが引き留めようとすると、「御意に逆らってのお仕置きは覚悟しております」と退城して行きました。信吉の帰りを案じて待っていた頼房に対して、信吉は切腹を覚悟した上での最後の諫言をして、**「死んで魂となっても離れませんぞ」**と言って別れの盃《さかずき》を所望します。流石の頼房も観念して、派手な装飾を施した刀を全て小姓に分け与え、身を改めることを誓いました。

一方、信吉が退出したと聞いた秀忠は、次の言葉を述べて不問に付しています。

「備前守がそのような態度であれば、頼房の態度も改まるであろう」

後に信吉は水戸光圀が6歳の時、その器量を見出して後継者として頼房に推挙しています。

英文 I came into the castle, but I will leave now because it will cause some inconvenience.

89

メンバーに寄せる全幅の信頼

某《それがし》の家来《けらい》に一人《いちにん》も盗心《とうしん》ある者《もの》、之《これ》なく候《そうろう》

【秋元 泰朝 1580~1642】

「小田原征伐」の際、当時13歳だった**秋元但馬守泰朝**《あきもとたじまのかみやすとも》は、父と共に武蔵深谷《ふかや》城に籠って小田原落城まで持ち堪えたことから、井伊直政の目に留まり、その推挙を得て文禄元（1592）年、徳川家康に仕えることになりました。三河以来の先祖代々に仕えた者ではない泰朝が、新参者にもかかわらず**「譜代」**に名を連ねているのは、江戸開府前に家康直々に召抱えられたからです。

武蔵の**「国人《こくじん》」**秋元氏は関東管領《かんとうかんれい》の上杉氏の配下にあったことから、**「会津征伐」**の際に泰朝の父の長朝《ながとも》は上杉所縁《ゆかり》の者として上杉景勝への使者を務めました。**「関ケ原」**後に再び会津への使者となって景勝に降伏を受諾させた功績で、上野総社《こうずけそうじゃ》藩1万石で大名に列せられます。一方、泰朝は家康の近習として**「関ケ原」**の本戦に出陣し、500石を賜っています。

秀忠に将軍職を譲って大御所となった家康は、泰朝、松平正綱《まつだいらまさつな》、板倉重昌《いたくらしげまさ》3人を「会長特命チームメンバー」とも言うべき御近習出頭人《ごきんじゅうしゅっとうにん》に指名します。因みにこの3人と本多正純は、元和2（1616）年に家康が臨終の際、久能山《くのうさん》へ葬るよう遺命を受け、翌年の日光への遷葬《せんそう》の際には天海《てんかい》にも供奉しています。

泰朝は**「大坂冬の陣」**後の大坂城総堀の埋立ての際、迅速で巧みな工事の指揮ぶりで家康に評

中文 我的家臣中，没有一个人存有盗心。

価されます。緻密な工程管理の出来るマネジメント能力に秀でた泰朝は、日光東照宮の元和3（1617）年からの第一期工事の監督を命ぜられ、また寛永11（1634）年に3代将軍・家光が日光東照宮を大造営した際には、惣奉行《そうぶぎょう》に任ぜられました。

「費用は幾ら程かかるか」と家光から下問を受けた泰朝は、「100万両」と咄嗟に予算より多めに答えました。1年半で陽明門《ようめいもん》を始め豪華絢爛の東照宮を完成させた際、家光から改めて費用総額を尋ねられ、本当に100万両も掛かってしまった泰朝は、冷汗をかきながら、

「急ぎの工事でございましたので、100万両も掛かってしまいました」

と恐る恐る答えたところ、家光は「思いのほか掛からなかった」と満足気だったそうです。

泰朝はいつも居間の炬燵や棚の上などに、小金を紙に包んで置いておき、御用を務めた者にすぐにチップとして渡せるように準備していました。

「そんな保管の仕方では、ついぞ出来心で手を出す者がいるでしょう」

とある人が忠告すると泰朝は、本項フレーズを述べてから、次のように続けます。

「たとえ金が無くなるようなことがあったとしても、自分の近習の仕業では絶対ありえない」

これを聞いたスタッフたちは感激して、職務に一層励んだことは言うまでもありません。

組織マネジメントの秘訣は、まずはトップがメンバーを信頼することに始まるということでしょう。

▲秋元泰朝の墓
（群馬県前橋市・光厳寺）

英文 None of my staff members has the heart to steal.

90

善悪《ぜんあく》ともに落着《らくちゃく》の首尾《しゅび》合《あ》う合《あ》わぬにて御勘弁《ごかんべん》あるべき儀《ぎ》かと

【立花 宗茂 1567～1642】

カッコ良い戦国武将ランキングで間違いなく上位を占めるのは、**立花左近将監宗茂《たちばなさこんしょうげんむねしげ》**でしょう。戦に強く筋を通す武将として、そして**「関ケ原」**で改易されながらも旧領に復帰を果たした唯一の大名として、そのしぶとさと幸運に歴史好きが唸りたくなるような「生《い》き様《ざま》」です。

宗茂という諱《いみな》は人生後半の30年ばかりに使われただけで、統虎、鎮虎、宗虎、正成、親成、政高、尚政、俊正、経正、信正と何度も名前を変えています。ゲンを担いで改名をしたのかも知れませんが、自分の諱《いみな》にはあまり拘りがなかったのでしょうか。恐らく官途名の「左近《さこん》」がピッタシで、誰からもそう呼ばれていたので、単に不便がなかったのかも知れません。

宗茂の勇猛さは、実父の高橋紹運《たかはしじょううん》（19項）と養父の立花道雪から受け継ぎ、秀吉の**「朝鮮出兵」**の際には大活躍して、日本武士の名を中国大陸の彼方《かなた》まで鳴り響かせます。

文禄２（１５９３）年、現在の韓国ソウルの郊外で李如松《りじょしょう》将軍が率いる明の大軍と激突した**「碧蹄館《へきていかん》の戦い」**の際、先鋒を務めた宗茂率いる立花勢の大奮戦によって日本軍に大勝利がもたらされた時、総大将の小早川隆景《こばやかわたかかげ》が次のように絶賛しました。

中文 善恶能否分明尚不可知，但还请网开一面。

——立花勢3000は、1万に匹敵する。

この時に大敗を喫したことから明軍は、日本との決戦は諦めて講和策に転じた程です。

「関ケ原」の際に宗茂は、重臣たちからは家康に従うことを勧められますが、

「勝敗に拘らず、秀吉公の恩義を忘れてはならぬ」

と断言して4000の兵を連れて上洛します。ここで機を見て家康に唯々諾々と従っていたら、どんなに戦《いくさ》に強くても、宗茂の人気は今日のように高くはなかったでしょう。ただの強い男であるだけでなく、筋を通した宗茂のリーダー哲学にこそ、その「生《い》き様《ざま》」が表れるからです。

「関ケ原」で改易後、慶長8（1603）年に江戸に下って赦免《しゃめん》の機会を得るべく、親交の深い本多《ほんだ》忠勝《ただかつ》の世話になります。豊臣秀吉に、

——東の忠勝、西の立花。

と勇猛で名高い先輩武将と並び称えられて以来、親しく付き合いがあった縁です。忠勝は何事についても年少の宗茂に一目を置いていました。忠勝の推挙で早くも翌年に御書院番頭《おしょいんばんがしら》（護衛隊長）として5000石を与えられ、強い武将好きの2代将軍・秀忠に大いに気に入られ、慶長11（1606）年には、陸奥《むつ》棚倉《たなくら》藩1万石の大名に復帰します。

「大坂の陣」では秀忠の参謀として出陣し、元和6（1620）年、遂に筑後《ちくご》柳川《やながわ》藩10万9000石に復帰を果たします。旧領主の凱旋帰国に、領民たちは感涙して総出で迎えたと伝わっています。

▲立花宗茂の供養塔
（和歌山県高野町・高野山奥之院）

英文 I don't know if there will be a settlement between the good and bad, but I'd like you to forgive me.

コラム㉞

「ポスト戦国時代」の潔い出処進退

「ポスト戦国時代」、つまり江戸時代初期の外様大名には、池田忠継《いけだただつぐ》・忠雄《ただかつ》、伊達忠宗《だてただむね》、細川忠利《ほそかわただとし》、黒田忠之《くろだただゆき》、山内忠義《やまうちただよし》、蜂須賀忠英《はちすかただてる》などの国持大名がいた。

天下に名を轟かせた名将たる偉大な父や祖父・伯父の跡を継ぐことは、並大抵のプレッシャーではなく、常に比較対象とされて批評に晒されるものである。世の中が太平ともなれば、華々しい武勲を挙げる機会もなく、地味で凡庸な人物に見られるのは当然のことだ。

2代目として組織に守成の務めを手堅く果たした「リーダーたる者」と言えば、2代将軍・徳川秀《とくがわひで》忠《ただ》であろう。秀忠こそが、父から受け継いだ江戸幕府260年の基礎を築いた。

「ポスト戦国時代」の諸大名は、秀忠と同じく多くが2代目で、彼らの多くは秀忠から「忠」の偏《へん》諱《き》を受けている。冒頭に挙げた2代目の外様大名は成功例だが、家を存続させることが出来なかった加藤忠広《かとうただひろ》、福島忠勝《ふくしまただかつ》、堀尾忠晴《ほりおただはる》、中村忠一《なかむらただかず》など多数の失敗例もある。

リレー競争の第二走者とも言うべき2代目は、結果として家を潰してしまった場合にしても、無事に次世代に家を継承させることが出来た場合にしても、組織を維持して発展させるために何もしなかった訳ではなく、次へのバトンを渡すことへの苦心と配慮が窺える逸話が沢山残っている。

戦国時代の猛将で知られた立花宗茂《たちばなむねしげ》の跡を継いだ甥の**立花左近将監忠茂**《たちばなさこんしょうげんただしげ》（1612~1675）は、元和8（1622）年に2代将軍・秀忠の御前で11歳にして元服して「忠」の偏諱と太刀を賜った。将軍のアドバイザー役を務める養父・宗茂に代わって、早くから筑後柳川藩10万9000石のマネジメントを任された忠茂は、**「島原の乱」**で活躍する機会をかろうじて得ることが出来たため、伯父の宗茂、父の立花直次《たちばななおつぐ》、母方の祖父である筑紫広門《つくしひろかど》といった戦国武将の後継者に相応しい片鱗を見せている。

守成の組織マネジメントを40年近くにわたって見事に務め上げた忠茂が、寛文4（1664）年に四男の鑑虎《あきとら》に藩主の座を譲って隠居する際、手紙を残している。

――先月三日《せんげつみっか》に申《もう》し渡《わた》し候《そうろう》ごとく、万事《ばんじ》その日《ひ》その方《ほう》へ相渡《あいわた》し候上《そうろううえ》は、我《われ》ら義《ぎ》は先月三日《せんげつみっか》に死人《しにん》に罷《まか》り成《な》ると固《かた》く覚悟《かくご》を相極《あいき》め申《もう》し候《そうろう》。

現代企業で言えば、代表権も会長職も返上して相談役となったので、組織トップの座を継承した者は、前任者に気兼ねせずに思うように自由にやりなさいと宣言している。死人と同じという言い回しは、武将らしい出処進退の潔さを示すフレーズである。この言葉一つとっても、忠茂（立花好雪）が祖父（立花道雪）・伯父（立花立斎）・父（立花道白）に劣らぬ優れた「リーダーたる者」であった証が窺える。

福岡県大牟田《おおむた》市にある法雲《ほううん》寺に「仙台奥さん」と呼ばれる墓がある。墓前の霊水を塗るとイボが治る「イボ観音」として知られている。祀られているのは、イボで悩んだ忠茂の後室で、「ポスト戦国時代」の名君の一人・伊達忠宗《だてただむね》の長女・鍋姫《なべひめ》だ。その母は池田輝政の正室・督姫なので、鍋姫は徳川家康の外孫にあたる。晩年まで仙台での生活を懐かしんでいたと伝わっている。

▲仙台奥様（伊達鍋姫）の墓（福岡県大牟田市・法雲院）

▲立花忠茂が葬られた寺（東京都文京区・徳雲寺）

我等《われら》は末々《すえずえ》までも人《ひと》に替《か》わりなき所《ところ》を考《かんが》えて平等《びょうどう》にする故《ゆえ》、能《よ》く覚《おぼ》えしなり

【青山 忠俊　1578〜1643】

たとえ組織の末端に属す者であっても、一度会って名前を聞けばその人のことを覚え、次に出逢った際には必ず名前を呼んで会釈する**青山伯耆守忠俊**《あおやまほうきのかみただとし》の記憶力の良さには、誰もが驚く程でした。ある人がその秘訣を尋ねると、**「勤め人ならば当然のことだ」**と忠俊は応えました。ならば普通の記憶力の人間はどう練習すれば出来るようになるのか、と尋ねると、忠俊は笑いながら、

「誰もが御三家をはじめとして大大名の名前はすぐに覚えても、小大名や身分が低い者を侮って、覚えようとしないからだけでしょう」

と答えて本項フレーズでコツを説明しました。江戸時代の初期に、人間はどのような身分であっても人間であることに変わりなく、等しく対応するべきであるという精神を持つ武士がいたということは、驚きに値するのではないでしょうか。「リーダーたる者」の心掛けは、いつの時代であっても清々しい不変の哲学のようです。

三河《みかわ》の「国人《こくじん》」であった青山氏は、徳川家康の高祖父の代から従う譜代の家柄で、忠俊の父である青山播磨守忠成《あおやまはりまのかみただなり》は、家康からの信頼が極めて厚く、秀忠の傅役《もりやく》を務めました。「関東移封」に

中文 即便是末端的人，我也一视同仁地考虑他人，只是牢记这一点而已。

▲青山忠俊の墓
（神奈川県相模原市・天応院）

際しては、家康から初代の江戸町奉行に任ぜられました。その時に原宿村から渋谷村、赤坂村までの土地を与えられ、その屋敷の所在地が現在の東京都港区青山の地名となりました。忠成は更に「関東総奉行《かんとうそうぶぎょう》」を経て老中を務め、常陸江戸崎《ひたちえどさき》藩2万5000石の初代藩主となりました。

父の跡を継いだ忠俊は、2代将軍・秀忠の信頼厚く、慶長12（1607）年に土井利勝《どいとしかつ》や酒井《さかい》忠世《ただよ》と共に、家光の傅役《もりやく》に任ぜられます。忠俊は家光を大変に厳しく躾け、度重なる諫言を行いました。しかしながら、元和9（1623）年に家光が3代将軍となるや、忠俊は老中を解任され、大名の地位も追われて相模《さがみ》郡高座《たかざ》郡で蟄居となります。後に自らの誤りを悔やんだ家光が、忠俊に再出仕を命じますが、その命に対して忠俊は次のように応じます。

「もはや某《それがし》がお側におらずとも、私の言葉をお聞き届けになっているのと同じでしょう」

まさに「三河武士」の意地とも言うべきところでしょうか。松平忠昌《まつだいらただまさ》（92項）が、

「食《しょく》は人命《じんめい》を繋《つな》ぐと雖《いえど》も、多食《たしょく》すれば即《すなわ》ち胃《い》を傷《いため》る、万事《ばんじ》、皆然《みなしか》り、過《す》ぐれば即《すなわ》ち及《およ》ばざるが如《ごと》し、人臣《じんしん》、君《きみ》を諫《いさ》むる者、国賓《こくひん》なりと雖《いえ》も、亦復く然《しか》り、雅樂《うた》（酒井忠次《さかいただつぐ》）讃岐《さぬき》（酒井忠勝《さかいただかつ》）の如《ごと》きは塩梅《あんばい》。節《せつ》に応《おう》ずと謂《い》うべし、伯耆《ほうき》（忠俊）矩《のり》を踰《こえ》ゆ、却《かえっ》て身《み》を害《がい》す、是《こ》れ乃《すなわ》ち食傷《しょくしょう》と同《おな》じ」

と忠俊の躾けの行き過ぎについて、『**名将言行録**』の中で述べています。

忠俊に代わって出仕した息子の宗俊《むねとし》は、大坂城代まで出世して、最終的に遠江浜松藩《とおとうみはままつはん》5万石を与えられて青山氏は大名に復帰しています。

英文 Even to the lower-class persons, I just try to think of the best they can do and memorise them equally well.

92

虚心坦懐に過ちを認める

昼間《ひるま》の事《こと》、吾《われ》、甚《はなは》だ汝《なんじ》に恥《は》ず、汝《なんじ》、幸《さいわ》いに吾《われ》過《す》ぎ恕《ゆる》せよ 否《いな》ざれば則《すなわ》ち食《しょく》、喉《のど》を下《くだ》らず

【松平 忠昌 1598~1645】

徳川家康の次男・松平秀康《まつだいらひでやす》のそのまた次男である**松平《まつだいら》伊予守《いよのかみ》忠昌《ただまさ》**は、父や兄の忠直《ただなお》と同じく勇猛な武将でした。「**大坂夏の陣**」では元服したばかりの少年大名ながら、忠昌は兄の忠直に従って奮戦して大坂城に一番乗りの大功を挙げています。

2代将軍・秀忠から可愛がられた忠昌は、叔父の松平忠輝《まつだいらただてる》が改易された信濃《しなの》松代《まつしろ》藩12万石を継ぎ、更に兄の忠直が不行跡で改易されると越前《えちぜん》福井《ふくい》藩50万石が与えられました。

忠昌は人を見る目が確かで、優れた家臣を登用していました。その中の一人である杉田《すぎた》壱岐《いき》という者は、元は足軽身分でしたが、才覚によって家老にまで出世します。忠昌が在国中に鷹狩を行った際、忠昌は家臣たちの働きぶりに満足して、帰城後に軽口を叩きました。

「これならば、もし出陣するようなことがあっても、いつでも十分な働きが出来るだろう」

上機嫌な忠昌に家臣たちは「仰せの通り」と追従していましたが、末席にいた杉田は、

「今のお言葉は嘆かわしい。家臣らは殿の御手討ちを恐れ、妻子と暇乞いをして鷹狩に参加しております。このように家臣から恐れ疎まれていて、万一の時を頼めるはずがありません」

中文 白天的事情让我对您深感惭愧。幸好您原谅了我的过失。否则，食物就难以下咽了。

と諫言するや、忠昌は大激怒します。杉田が忠昌の手討ちに遭う危険を察した周りの同僚の者たちは、即座に退席するよう勧めます。すると杉田は開き直って、

「皆は鷹狩の役に立つのが奉公なのだろうが、某《それがし》は違う。余計なことは申すな」

と言って自らの脇差を抜いて後ろへ投げ捨ててから、忠昌の前に出て、

「どうぞ御手討ちになさって下さい。この先、殿の運が衰えていくのを見るよりは、いま御手討ちにされるほうが忠義というものです」

と平伏して首を差し出しました。すると忠昌は、何も言わずにそのまま奥へ引っ込んでしまいました。周囲にいた同僚たちは、直言するのも程々にせよと忠告すると、杉田は、

「殿の為を思って意見するのに、殿の機嫌を窺う必要はない。その上、軽輩から取り立てられて家老になった自分など、いつでも御手討ちになってもよい」

と言い張りましたので、誰もがその覚悟に感じ入りました。自邸に帰った杉田は直ぐさま切腹の用意を始め、糟糠《そうこう》の妻に別れを告げ、**「殿を恨むことがないように」**と伝えました。その日の夜更けに登城を命じられた杉田は覚悟を決めます。登城した杉田を忠昌が寝所に招き入れると、

「昼間に言われたことが心に残り、眠れなかった。なので、急に呼び出した」

と告白して本項フレーズで自らの不明を恥じ、脇差を与えました。杉田は感涙して一層の忠勤に励みました。

自らの過ちを認めて反省できるトップこそ、まさに「リーダーたる者」の証です。

▲松平忠昌の墓
（福井県福井市・大安禅寺）

英文 I'm really embarrassed with what happened during the day. Would you forgive me with mercy for what I did. If not, my food is not going down the throat.

コラム㉟

剪定されてしまった3人の「松平」

260年近くの長期にわたって続いた江戸幕府の基盤をつくり上げたのは、初代将軍・家康と2代将軍・秀忠であり、多くの一門を「御三家」「親藩大名」という体制に組み込み、幹を育てるために枝葉を切り取るかのように、無常にも切り捨てられた者たちの犠牲の上に成り立った見事な「松」であると言えよう。

幕府が開かれる前に遡れば、天正7（1579）年に20歳で切腹させられた家康の長男・**松平《まつだいら》三郎《さぶろう》信康《のぶやす》**（1559～1579）が、徳川幕府体制における一門の犠牲者第1号と言っても過言ではないだろう。武田家への内通説、父へのクーデター説など様々な疑惑が呈されているが、父の家康と僅か16歳ばかりしか離れていないことも考えると、信康が武将として一人前になった頃から新しい求心力が徳川氏の中で働き、家康との権力闘争の末に父に敗れて排除されたということであろう。甲斐・武田氏の場合は、息子の晴信（信玄）のクーデターが成功して、父の信虎が追放されている。

慶長3（1598）年に7歳になった六男の顔を初めて見た家康が、

「死んだ三郎にそっくりで恐ろしい」

と言って「鬼っ子」と呼んで、捨て子扱いしたと言われるのが**松平《まつだいら》上《かず》総《さ》介《のすけ》忠輝《ただてる》**（1592～1683）である。家康は二男の秀康と同じく、この忠輝のことも容貌を理由に毛嫌いしている。忠輝は兄にして2代将軍・秀忠（家康三男）から家康没後の僅か3ヶ月で容赦なく改易されている。配流先の信濃諏訪にて忠輝は、天和3（1683）年、92歳という天寿を全うしている。

その秀忠の娘婿にして秀康の嫡男であった**松平《まつだいら》越前守忠直《えちぜんのかみただなお》**（1595～1650）も、元和9（1623）年の「乱行」を理由に秀忠から蟄居を命ぜられ、越前北庄《えちぜんきたのしょう》藩主67万石の地位を追われた。

忠直は父譲りの勇将で、叔父の忠輝と同じく「**大坂冬の陣**」に参陣、「**夏の陣**」では真田幸村らとの激戦を制して大坂城一番乗りを果たして武名を挙げている。しかしながら戦後の論功行賞に不満を抱いて、酒に溺れて参勤交代も拒否するような反抗的態度を続けて処分された。

　隠居を命ぜられた忠直は出家して「一伯」と名乗り、豊後《ぶんご》府内《ふない》藩（大分県大分市）に預けられ、30年近くを配流先で過ごした。その名言となる言動や辞世の句は残されていない。

▲岡崎三郎信康の首塚
（愛知県岡崎市・若宮八幡宮）

▲松平一伯（忠直）の廟（大分県大分市・浄土院）

▲松平忠輝の墓（長野県諏訪市・貞松院）

93

適材適所の人財活用術

家中《かちゅう》の者共《ものども》は、将棋《しょうぎ》の駒《こま》を思《おも》うべし

【細川 忠興 1563〜1646】

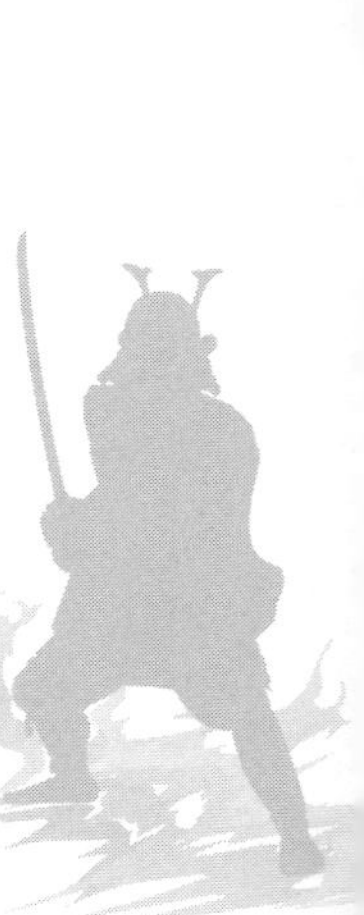

日本将棋には、王将・飛車角・金銀将・桂馬・香車に歩と8種類の駒がありますが、それぞれに動きが決められている動きがあります。人間もまた同じであるということを言っているのが、**細川越中守兼左近衛少将忠興**《ほそかわえっちゅうのかみけんさこのえのしょうしょうただおき》です。

元和6（1620）年に剃髪して**三斎**《さんさい》と称した忠興が、後継者の忠利《ただとし》に豊前小倉藩《ぶぜんこくら》39万9000石を譲る際、本項フレーズで組織マネジメントの秘訣を伝授しています。

「桂馬は頭に歩を置かれると、取ることも逃れることも出来ない駒だが、一枚隔てて筋違い飛びの働きをする。それは飛車でも角行でも及ばない。一つの役目で上手く出来ない者でも、他のことでは役立つことがあるかも知れない」

と前置きして『論語』微子第十八に記されている古代中国の名君・周公旦《しゅうこうたん》が、息子の伯禽《はくきん》を魯《ろ》公《こう》に封じる際の訓戒の一つ、

——無求備於一人（備《そな》わるを一人《いちにん》に求むることなかれ）。

という言葉を引用してから、

「全て一人で出来るオールマイティの者など、100人に一人もいないのだから、トップたる者

中文 家中之人，就如同将棋的棋子一般。

は、それをよく心得て組織をマネジメントせよ」

と晩年の忠興が息子に説いています。

織田信長《おだのぶなが》・信忠《のぶただ》、豊臣秀吉《とよとみひでよし》・秀頼《ひでより》、徳川家康《とくがわいえやす》・秀忠《ひでただ》と戦国時代の三英傑とその父子に仕える程、誰よりも長生きした忠興ですが、４００年前の80歳は現代で言えば１００歳でしょうか。戦国時代を生き抜いての長寿ですから、忠興は非常に頑健な身体の持主だったのでしょう。実は文化人で名高い父の幽斎《ゆうさい》も、大変に健康に恵まれて頑丈だったと伝わっています。

その父・幽斎から息子の忠興に語った逸話が、**『名将言行録』**の**「細川藤孝《ほそかわふじたか》の条」**に残されています。忠興の次の言葉が、そこに記されています。

――齢八十にして、親父の言うこと、ようやく心得たり。

藤孝こと幽斎は歌人としても名高い戦国時代きっての「文武両道」の名将でしたが、武芸一辺倒で気の荒い息子の忠興を見かねて、「少しは和歌でも学んで教養を身に付けよ」としばしば薦めました。自分が歌を詠んでもオヤジの名声を落とすだけだと頑なに拒んでいた忠興に対し、

「お前の下手な和歌で、ワシの歌人としての名を落とすようなことはないから、安心しろ」

と父の藤孝に言われた忠興は一念発起して、和歌、茶道、能楽などを学び、晩年には父に劣らぬ「文武両道」の名将となりました。その忠興もようやく80歳になってから、父のアドバイスの効用を悟ることが出来た訳です。

▲細川忠興の供養灯籠
（京都市北区・大徳寺）

英文 You should think of all the staff members as shogi pieces.

コラム㊱ 悲運のリーダー・細川興秋

細川忠興《ほそかわただおき》は正室のお玉（洗礼名・ガラシャ）との間に、三男二女を授かった。前野長重《まえのながしげ》の正室となった長姉、稲葉一通《いなばかずみち》の正室となった末妹の二人の女子に挟まれて長男・与一郎忠隆《よいちろうただたか》（1580生）、次男・与五郎興秋《よごろうおきあき》（1583年生）、三男・内記忠利《ないきただとし》（1586年生）の三人兄弟がいた。言うまでもなくこの5人は、細川幽斎《ほそかわゆうさい》と明智光秀の孫たちにあたる。

中でも興秋は父の忠興に似て優れた武将であり、小倉城代に任ぜられていた。「**関ケ原**」の際にも忠興に従って出陣したが、末弟の忠利は早くから秀忠の近習ということで、徳川への人質として出されて覚え愛でたいことから、忠興は長男の忠隆から忠利へ嫡子を変更した際、次男の興秋は出奔して京都の建仁寺に入った。

祖父である細川幽斎の京都の隠居先の屋敷で、悠々自適に過ごす兄の忠隆に倣って、興秋もその文化薫る風流な空間に転がり込んだのである。そのまま京都の高貴な文化人として穏やかな生涯を終えることが出来たはずの興秋だが、慶長19（1614）年の「**大坂の陣**」の際、浪人募集に武士の血が騒いだのか、徳川への反発心のせいか、奮起して大坂へ入城した。

興秋は豊臣方の大将の一人として奮戦して名を挙げたが、落城すると離脱して、伏見の稲荷山東《いなりやまとう》林院《りんいん》という細川氏所縁《ゆかり》の寺に潜伏した。忠興の長年の功績から、徳川家康は赦免しようとしたが、忠興がそれを断って興秋に切腹を命じたという。

しかしながら、実はこの興秋は、僧形となって密かに肥後天草《ひごあまくさ》に逃れたという伝説がある。弟の忠利が肥後熊本に封ぜられたのは、寛永9（1632）年なので、慶長20（1615）年の段階で天草は細川家とは縁の無い地であったが、興秋は母の影響で洗礼名・ジョアンというキリシタンであったことから、フランシスコ・ザビエルによる日本キリスト教の草創期まで遡ることが出来るキリシタンの多い地で匿われて安住の地としたのであろう。

興秋は「**天草島原の乱**」の時に血が騒ぐことはなかったのであろうか。寛永14（1637）年11月、天草四郎の率いるキリシタンや農民を含む一揆軍は、天草下島東端にある本渡《ほんど》城を攻撃し、天草領を支配していた唐津藩の代官である三宅藤兵衛重《みやけとうべえしげ》利《とし》(1581〜1637)が戦死している。

　重利の父は明智秀満《あけちひでみつ》、母は明智光秀の娘であり、天正9(1981)年生まれであったので、母方で従兄弟同士となる2歳下の興秋が参戦していないことに疑問が残るが、50歳を超えて病気や隠居の身であったのか、枯れてしまっていたのであろうか。

　興秋は天草において亡くなり、その子孫は天草の大庄屋となった。11代目の長岡五郎左衛門興就《ながおかごろうざえもんおきなり》は、自然災害と年貢に苦しむ農民たちの窮状を救うべく、富岡代官所に訴えるものの退けられたことから、弘化2(1845)年に江戸へ上って老中・阿部正弘《あべまさひろ》に直訴に及んだ。興就は天草の民を助けた義民として、現在でも尊敬されている。

　興就の義侠心と勇気を見ると、興秋を通じて細川忠興の血が流れていることに疑念はなくなる。

　因みに、幽斎が信長から長岡京に領地を与えられた時、室町時代の名門「細川」を名乗ることは織田信長に対して僭越であると遠慮して、幽斎は元亀4(1573)年から「長岡」を姓とした。幽斎の没後、徳川家康の命で忠興が「細川」に復姓した。それ以来、分家や重臣たちに「長岡」姓を名乗らせるようになった。

　興秋と共に天草まで落ち延びて定住した二人の家臣・長野幾右衛門と渡邊九郎兵衛の墓に挟まれて、興秋の墓が現在も天草に残されている。

▲三宅藤兵衛重利の墓
(熊本県天草市本渡町)

▲長岡興就の像
(熊本県天草市・五和支所前)

▲細川興元主従の墓(熊本県天草市・芳證寺)

94

冷静に状況を把握せよ

君《きみ》、人《ひと》となり、褊急《へんきゅう》なり、能《よ》く自《みずか》ら省察《しょうさつ》せらるべし

【阿部 正次 1569~1647】

徳川家康《とくがわいえやす》が未だ竹千代《たけちよ》と呼ばれた6歳の頃、駿河《するが》の今川義元《いまがわよしもと》の許《もと》へ人質として向かう際、竹千代の1歳年長の阿部徳千代《あべとくちよ》が、「遊び友達」として同じ籠に乗せられました。岡崎から船で三河湾を渡って田原《たはら》へ着いたところで、三河田原《みかわたわら》城主・戸田宗光《とだむねみつ》に裏切られて、竹千代が1000貫文で尾張の織田信秀《おだのぶひで》のところへ売り飛ばされてしまった話はよく知られています。この戸田は竹千代の父・松平広忠の後妻の父でしたので、言うまでもなく竹千代は邪魔な存在でした。

阿部徳千代は竹千代に随行して尾張熱田《おわりあつた》で2年の幽閉生活を送り、更に駿府・今川氏の許へ移送された際も従いました。駿府城において今川義元を烏帽子親《えぼしおや》にして竹千代が元服して、義元の姪を妻に迎えた際、徳千代も元服して阿部善九郎正勝《あべぜんくろうまさかつ》と名乗り、今川氏の家臣・江原定次《えはらさだつぐ》の娘を娶りました。その間に誕生したのが、**阿部備中守正次**《あべびっちゅうのかみまさつぐ》です。

正勝は家康の初陣から全ての合戦に従い、「関東移封」の際に武蔵《むさし》足立《あだち》郡鳩ケ谷《はとがや》で5000石を与えられます。「**関ケ原**」の起こる年に亡くなり、家督を相続したばかりの正次が本戦で活躍したことから、5000石を加増されて武蔵鳩ケ谷藩が立藩されました。

正次は「**大坂冬の陣**」で大坂城に一番に突入して一番首を取るという大きな武功を挙げ、上総《かずさ》

中文 阁下为人太过急躁，要好好反省自己。

大多喜《おおたき》藩3万石、相模小田原《さがみおだわら》藩5万石を経て、寛永《かんえい》3（1626）年には加増を受けて武蔵岩槻《むさしいわつき》藩8万6000石にまで出世しました。更に正次は岩槻《いわつき》藩主を務めながら、大坂城代を命ぜられ、現在の兵庫県伊丹《いたみ》市内で3万石が加増されます。

「島原の乱」が勃発した際、大坂城は江戸と九州の中間にあることから、正次が西国大名との調整を行って前線を支えます。やがて幕府から島原へ派遣される司令官・板倉重昌《いたくらしげまさ》が大坂城に立ち寄った時、異教徒は信仰のために一心を投げ出しているので、これを平定するのは容易でないことを指摘してから、正次は本項フレーズで重昌の血気の勇を戒めました。

「褊急《へんきゅう》」とは、最近ではあまり聞かなくなりましたが、短気で心が狭いことです。自信溢れる重昌の顔を見ながら、一瞬にしてその性格を見抜いて自重を促した訳です。その2ヶ月後に重昌は、頑強に抵抗する反乱軍が籠る原城に、突撃を敢行して戦死を遂げてしまいました。

正次は22年の長きにわたって大坂城代を務め、大坂城で亡くなりました。遺言により、正次が非番の折に釣りのために度々訪れた猪名川が流れる自領内の酒井村（伊丹市口酒井《くちさかい》）で荼毘に付され、松源《しょうげん》寺に葬られました。正次が愛したという風光明媚な酒井村は、現在の伊丹空港から車で僅か数分の工場・倉庫地帯になっています。既に寺院は破却されてしまっていますが、伊丹市の史跡に指定されていた正次の供養塔は辛うじて残されました。現在の繁栄する大阪の基礎を築いた正次の供養塔の上を分単位で、離着陸する航空機が飛び交っています。

▲阿部正次の墓
（兵庫県伊丹市・松源寺跡）

英文 Your personality is too hurried and rushed, please take your time to reflect on yourself.

95

時流に逆らわずに対応する

相構《あいかま》えて通屈《つうくつ》なき者に遠《とお》かり給《たま》うべし

【吉村 宣充 1576～1650】

「**文禄の役**」で福島正則《ふくしままさのり》の小姓として17歳で朝鮮に渡海した時、現地兵の急襲を受けて、橋の上で敵に組伏せられた**吉村又右衛門宣充**《よしむらまたうえもんのぶみつ》は、正則が見守っている中、何とか敵を押しのけて相手の首を挙げました。以来、武功を重ねた宣充は、福島家中を代表する武士として知られるようになります。

「**関ケ原**」で家康の勝利に最も貢献した正則は、家康より大いに感謝され、安芸広島《あきひろしま》城と備後《びんご》鞆《とも》城で49万8000石を与えられて大大名となりました。「**大坂の陣**」の前夜、豊臣恩顧大名の筆頭である正則が、家康の命で江戸に留め置かれた際、秘かに駆けつけた宣充は、

――大坂《おおさか》さへ落去《らくきょ》せば、御家《おいえ》の大変《たいへん》の前兆《ぜんちょう》とこそ存《ぞん》じ候《そうら》へ。

と大坂が落城した暁には、戦勝祝いとして安芸備後の領地のうち、備後を幕府に返上すべきだとアドバイスしますが、正則に却下されました。幕府は必ずや正則を改易すると宣充は予想していたのです。実際に元和5（1619）年に安芸広島藩から大幅減封された正則は、信濃川中島藩4万5000石へ移封されてしまったことはよく知られています。

福島氏が改易となり、浪人して苦汁を舐めた後、伊勢桑名《いせくわな》藩主・松平定綱《まつだいらさだつな》の家老になった宣充

中文 对于难相处的人，要敬而远之。

▲吉村宣充の墓
（三重県桑名市・顕本寺）

が、安芸広島《あきひろしま》時代の知人の家に立ち寄る機会がありました。深夜まで酒を酌み交わして帰る時、門の外まで送ろうした知人に対して宣充は、

「命あらばまた逢おう」と別れの言葉を言いながらも、「またいつ会えるか、分からない」と名残惜しそうに言うので、知人は二、三町ばかり宣充と語らいながら歩いていると、宣充が、

「人が終わろうとする時は、必ず一言を残すものだ」

と自分より年下の君には一つだけアドバイスしておこうと前置きして述べたのが、本項フレーズです。そのフレーズの中の、

――通屈《つうくつ》なき者《もの》
とは、意固地で他人からの意見を聞き入れないような気質のことを指す言葉で、宣充はそういう者とは付き合わないことが大切だと指摘して、続けて次のようにも述べました。

「貴人も賎しきも、人を知るということを心得るべきだ」

その知人はいつまでも、宣充のこの言葉が耳から離れなかったそうです。

武士の意地を通して、戦国の世から太平の世にスムーズに乗り換えられない、時代に遅れた男たちが多くいました。宣充もその一人で、浪人してから傘張をしたり、辻番人《つじばんにん》になったり、火葬場で働いたりして、自らの意地を通し続けたことから、辛酸を舐め尽くしました。

不器用な武士の心に固執した宣充は、自戒を込めながら「自分自身を知り、柔軟な思考であれこれ切り替えながら、世の中を渡るべきである」という結論に至ったのでしょう。

英文 Keep away from people who are troublesome to you.

96

誇り高いトップの論理思考

大将《たいしょう》となりての第一《だいいち》の嗜《たしな》みは、諸臣《しょしん》の諫言《かんげん》を聞《き》きて用《もち》うることぞ

【徳川 義直 1600〜1650】

徳川家康《とくがわいえやす》の九男にして、晩年の息子の一人として大変に可愛がられた**尾張徳川大納言《おわりとくがわだいなごん》**と称された**源朝臣義直《みなもとあそんよしなお》**は、「文武両道」に優れた名君でした。甥の3代将軍・家光からすれば大変に煙たく、また幕府の要人たちも神君家康の息子であるという誇り高い義直には、手を焼いていました。

既に天下人となった父の家康から、4歳で甲斐《かい》藩府中《ふちゅう》25万石を与えられて、7歳の時に元服した義直は、兄・松平忠吉《まつだいらただよし》(44項)の遺領である尾張清洲《おわりきよす》藩を受け継ぎました。慶長15(1610)年、加藤清正《かとうきよまさ》、福島正則《ふくしままさのり》、池田輝政《いけだてるまさ》が天下普請《てんかぶしん》で精魂込めて築城した名古屋城へ移り、義直の尾張名《おわりな》古屋《ごや》藩は加増を受けて最終的には62万石となりました。

「大坂冬の陣」で徳川・豊臣の和睦がなった後、江戸に戻った家康は、義直が浅野幸長《あさのよしなが》の娘との名古屋城での婚儀に出席するという理由を付けて再び江戸を出立、婚礼後にそのまま西上し、**「大坂夏の陣」**に突入して、豊臣家を滅ぼしてしまいます。

義直は筋の通らないことが嫌いで、剛直にしてしかも論理的な人でした。

寛永元(1624)年に将軍・家光が危篤との噂があった際、幕府に許可なく将兵を率いて江

中文 为首领者首要谨记的，就是虚心听取众人劝谏并加以采纳。

戸へ東上し、また寛永8（1631）年に大御所・秀忠が病に伏したと聞くや名古屋を出立、相模大磯《さがみおおいそ》まで至った時、秀忠からの「大事ではない」という書状を受け取ってから、ようやく名古屋へ戻りました。何かと用意周到、準備万端でその動きも拙速でしたが、義直にはついぞ将軍となる出番は回ってきませんでした。

4歳下の甥の3代将軍・家光とは仲が良くなく、意地の張り合いをしたようです。上洛帰りの家光のために名古屋城で宴の用意をしていたところ、家光が急用を理由に素通りした際には大激怒して、江戸への参勤を辞めて引き籠もり、家光が使者を送ってなだめた程でした。また家光の息子の竹千代、後の4代将軍・家綱が、寛永19（1642）年に山王社《さんのうしゃ》（東京千代田区の日枝神社）に初詣する際、義直ら御三家も随行するよう通達が来ました。

「無位無官の者に、大納言の官位にある者が付き従う前例はない」

と憤然とした義直が拒絶したところ、松平伊豆守信綱《まつだいらいずのかみのぶつな》は、

「無位無官でも竹千代君は、将軍の世子《せいし》です」と説明すると、義直は、

「親の官位を言うなら、我ら3人（義直《よしなお》・頼宣《よりのぶ》・頼房《よりふさ》）は家康公の息子、尚のこと従えない」

と返答しました。「知恵伊豆《ちえいず》」は、御三家が先に神社へ詣でて形ばかり迎えるということで義直の説得に成功します。幕府首脳も義直の剛直振りには、大いに頭を抱えたそうです。

因みに、それから3年後に家光の子供は、義直と同じ従二位・権大納言に叙任されています。

▲徳川義直の墓
（愛知県瀬戸市・定光寺 源敬公廟）

英文 The first thing a top leader should know is to listen carefully to advice from everyone and make the most of it accordingly.

97

リーダーはユーモアを忘れるな

其許《そこもと》はいつの頃《ころ》より「鼻付《はなつけ》」を仰《おお》せられしや「御目付《おめつけ》」は目《め》を用《もち》うる役《やく》ならずや

【堀田 正盛　1609〜1651】

幕末に三家の譜代大名を出した堀田《ほった》氏は、江戸時代前期に徳川家光《とくがわいえみつ》に格別な寵愛を受けて老中に取り立てられ、下総佐倉《しもうささくら》藩11万石を拝領した**堀田加賀守正盛**《ほったかがのかみまさもり》です。

堀田氏は尾張の弱小「国人《こくじん》」であったと伝わり、正盛の父である堀田正吉《ほったまさよし》は、織田信長《おだのぶなが》、浅野《あさの》長政《ながまさ》、小早川隆景《こばやかわたかかげ》・秀秋《ひであき》に仕えましたが、秀秋が没して改易となると、500石で幕府に出仕しました。身分の低い父親がいては、将軍・家光の覚え目出度い息子の正盛の足を引っ張ると考えた正吉は、寛永6（1629）年に59歳で自害します。家光が病没後、正盛が速やかに殉死したのは、父の自害という事実が幾らか影響してもいるかもや知れません。

正吉の妻は稲葉正成《いなばまさなり》の娘で、正成の二度目の妻が後に春日局《かすがのつぼね》となったことから、義理の孫にあたる正盛の利発さに目を付けた春日局が、家光の近習として推挙しました。家光は5歳下の正盛を大いに気に入り、昨今話題となっているLGBTをベースにした関係が正盛との間に出来ました。家光は早くから女性に興味を抱かず、女装癖もあり、現代から見てもかなりセクシャリテイな面では先進的でした。

中文 监察官什么时候开始到处嗅探了？

その家光が慶安4（1651）年に亡くなると、その日のうちに正盛は切腹して、殉死を遂げています。男色によるトップとの格別な寵愛によって立身出世した者は、次のトップには邪魔者でしかなく、他の組織のメンバーからは厄介者と見做されるため、自死することで自らの家族、つまり組織の存続が叶ったのです。ですので、正室である酒井忠勝《さかいただかつ》の娘との間に出来た5人の息子の将来は、正盛の自害によって確固たるものとなりました。

殉死に際して正盛は、嫡男・正信《まさのぶ》に対して、

——家中《かちゅう》の者《もの》は皆《みな》、汝《なんじ》の手足《てあし》と思《おも》い大切《たいせつ》にすべし、また常《つね》に武備《ぶび》を怠《おこた》る勿《なか》れ。

という言葉を残し、三男の正俊《まさとし》には、次の警告の言葉を残しています。

——汝《なんじ》、行《ゆ》く行《ゆ》く大器《たいき》とならん、至《いた》る所《ところ》、測《はか》るべからずや。剛者《つよきもの》は必《かなら》ず傷損《しょうそん》し、矜《つつしま》らざる者《もの》は其《そ》の禍《わざわい》を免《のがれ》かかるものなり、汝《なんじ》は必《かなら》ず此《こ》の言《げん》を忘《わす》るること勿《なか》れ。

と正俊が後に大老まで出世して、江戸城中で暗殺されるという悲劇を正盛は予言していました。

正盛は自らの立場をよく弁えて人柄も良く、分け隔てなく誰とでも親しく接したことから、多くの人より敬われました。

▲堀田正盛の墓
（東京都品川区・東海寺）

ある時に正盛が江戸城内の見廻りをした際、城内禁止のタバコの匂いに気付いた目付役《めつけやく》の喜多《きた》見重勝《みしげかつ》（正盛の妹婿）が、大きな声で「ご法度のタバコの匂いがして怪しからん」と叫ぶと、そこを通りかかった正盛が、ユーモアたっぷりで応えたのが本項フレーズです。正盛が柔軟にして、気配りが出来て、度量のある「リーダーたる者」であったことが窺えます。

英文 When did you start sniffing around rather than seeking out while being appointed to be an inspector?

98

組織を守るということの重み

御《お》約《やく》束《そく》申《もう》し上《あ》げたることを黙止《もくし》して存命《ぞんめい》すべきことにあらず

【阿部 重次　1598～1651】

3代将軍・家光が亡くなった時、前項の堀田正盛《ほったまさもり》が幕府幹部の者たちに向かって、

「某《それがし》はご存知の通り、格別なお取立とご厚恩に預かった者として、お供致したい。皆々に申し上げるまでもないが、幼君（家綱《いえつな》）をしっかりと補佐されて忠勤に励まれたい」

という言葉を残して、別れを告げようとした時、**阿部対馬守重次《あべつしまのかみしげつぐ》**がいきなり進み出て、

――**某《それがし》もお供《とも》申《もう》すべし。**

と言ったところ、その場の一同が驚きました。**「自分も格別なことなので、兼ねてより覚悟を決めていた」**という重次の言葉に、正盛が「要職にある者の第一の忠節は幼君をお守りするべきであろう」と指摘すると、他の幹部たちも「その通りだ」と同意しました。すると重次は、

「成程、ご不審はご尤もです。某は命を家光様に捧げることを誓っており、このことは父（94項の阿部正次）も知らないことで、家光様と某しか知る者は外にいません」

と前置きしてから、本項フレーズを述べました。**「ここで黙っていれば、誰も知らない約束なので、履行しなくても誰からも責められることはないが、それでは自分が許せないのだ」**と主張する重次が、今だから話せることがあると言って説明を始めました。

中文 既然已许下承诺，我就没打算食言而生。

「家光様の治世の初め、弟君の忠長《ただなが》様が高崎藩主・安藤重長《あんどうしげなが》のところへ蟄居させられておりましたが、自害を勧めよとの内命で高崎へ参ったところ、将軍のお墨付きが無ければ応じられないと重長が申したので、江戸に立ち帰って、自ら筆を執られたお墨付きを頂戴し、再び高崎へ参りました。お墨付きを見て、重長は承知したと応えたので、某は江戸へ帰りましたが、その往復の際に色々と思案し、将軍の弟君の命を奪うことに関与した責任を取るべく、一命を捧げると将軍に申し上げたところ、その了承を得た次第です」

家光が死んだ今、自分が生き永らえる必要はないと断言し、誰もがそれならば致し方ないと納得し、重次は正盛と共に暇乞いをして城を後にしました。

正盛が切腹した際、堀田家の決まりで、介錯した者が追い腹を切ることは許されませんでしたが、重次の家臣たちは重次を介錯した荒井頼母《あらいたのも》が返す刀で自害したのに続いて、その場にいた50人の家臣たちも肌脱ぎになって刀に手を掛けました。すると老臣が阿部家を誰が守るのかと一喝し、兼ねてより決めていた5人だけが殉死しました。

重次が普段から家中の者を如何に大切していたかの証拠と『**名将言行録**』に記されていますが、

▲阿部重次の墓
（東京都台東区・現龍院）

現代人にとっては何とも不条理な「武士道精神」にやり切れない思いです。

将軍家の将来の禍根を断つために、将軍家光に弟・忠長を自害させたのは、実は重次の案だったのでしょうか。その良心の呵責を長年にわたって持ち続けて、重次は家光に奉公をしていたのではないでしょうか。

英文 I have no intention of living after ignoring the promise I made.

99

メンバーをやる気にさせる手腕

一生《いっしょう》の中《うち》に侍百万《さむらいひゃくまん》、手足《てあし》を置《お》きせず使《つか》いたきものなり

【松平 定綱 1592~1652】

「関ケ原の戦い」の際、江戸城内の「於大《おだい》の方《かた》（徳川家康の母）」の邸宅あたりで、ボヤ騒ぎがありました。お城のそばの田安代官町《たやすだいかんちょう》の松平定勝《まつだいらさだかつ》の屋敷からも炎が大きく見え、出征中の父に代わって幼い3人の息子が田安門《たやすもん》に駆け付けます。門番が怪しんで遮ると、

——松平亀松《まつだいらかめまつ》兄弟、苦しからざる者なり。

と名乗りますが、門番はそれは誰だと頑なに通しませんでした。すると亀松は刀を抜いて、

「我らは於大の方様の孫にて、警備のために参った。通さなければ後日に罪を問うぞ」

と門番に突き付けて開門させました。この時、亀松は9歳、後の**松平越中守定綱《まつだいらえっちゅうのかみさだつな》**です。

定綱の父である定勝は、家康の実母「於大の方」が再婚した久松俊勝《ひさまつとしかつ》との間の四男でしたので、定綱は家康の甥に当たります。年の離れた従兄の秀忠に可愛がられた定綱は、慶長9（1604）年に下総山川《しもうさやまかわ》5000石を賜ります。定綱の正室には、浅野長政《あさのながまさ》の末娘が迎えられました。

「大坂の陣」で軍功を挙げた定綱は、大名として昇進を重ねて、寛永12（1635）年に、伊勢《いせ》桑名《くわな》藩11万3000石を与えられます。しかしながら、常に倹約を守り、着物も羽織も質素のままの定綱は、5000石取りの頃と同じライフスタイルを晩年まで堅持したそうです。

中文 毕生梦想是能指挥百万将士，如同手足一般。

定綱は武芸だけでなく、農政にも力を示し、学問を好んで儒学を尊び、

――国家《こっか》を治《おさ》むるには、第一《だいいち》、民《たみ》を牧《ぼく》することを専一《せんいち》にすべし。

と寛永12（1635）年に桑名城朝日丸《くわなじょうあさひまる》に学問所（子孫の陸奥白河《むつしらかわ》藩主・松平定信《まつだいらさだのぶ》が開いた立《りっ》教館《きょうかん》の前身）を設けて、家臣の子弟たちに「文武両道」を奨励しながら、平時におけるマネジメント能力のある人財育成に注力しました。

組織の上下を問わず、そこに属するメンバー一人ひとりの得意とするところ全てを定綱が把握していたことから、馬の世話係や小間使いまで、出世を目指してよく働いたそうです。そんな定綱が本項フレーズを口にしているのを聞いた人々は、次のように定綱を称えました。

「5ヶ国、10ヶ国のマネジメントをなさっても、お困りになることはないだろう」

改易された福島家の浪人で**「1万石でないと仕官しない」**と豪語していた吉村宣充《よしむらのぶみつ》（95項）と些か縁のあった定綱が、ある大名の門番のバイトをしていた宣充と遭遇した時、改めて**「ウチへ来ないか」**と誘います。

▲松平定綱の墓
（三重県桑名市・照源寺）

「1万石でないと仕官しないというのはご存じでしょう。越中守様は僅《わず》か11万石では？」

と笑って答える宣充に、定綱は次のように応じました。宣充を召抱えました。

「**1万石の家臣を持つのは、ワシの身の丈を超えているが、お前なら必ずや1万石に値する仕事をしてくれるであろう**」

と定綱は宣充を桑名藩家老に任じました。

英文 I wished that I had commanded a million soldiers like they are my hands and feet within my lifetime.

100

身《み》の肉《にく》をそぎて上《うえ》を救《すく》うに腹《はら》の充《みつ》る時《とき》は、則《すなわ》ち身《み》の終《お》わる時《とき》に同《おな》じかるべし

【伊丹 康勝　1575～1653】

摂津《せっつ》伊丹《いたみ》城を拠点とする有力「国人《こくじん》」の伊丹氏が滅んで、難を逃れた当主の息子が諸国を流浪した末、駿河《するが》・今川義元《いまがわよしもと》に仕え、武田氏を経て徳川家康《とくがわいえやす》の家臣となったのが伊丹康直《いたみやすなお》です。その三男・**伊丹播磨守康勝《いたみはりまのかみやすかつ》**は、元服すると徳川秀忠《とくがわひでただ》に出仕し、勘定方《かんじょうがた》に配属されます。

幕府の財政を担当してトントン拍子に出世した康勝は、寛永10（１６３３）年に甲府城番となり、加増を受けて甲斐《かい》徳美《とくみ》藩1万２０００石の大名に取り立てられます。２年後には佐渡奉行に任じられ、このポストに最長記録となる20年近くも在任しました。10年在任した大久保長安が死後に不正蓄財で大きな事件となったことから、佐渡奉行は3年程で転任させられていましたので、康勝の有能ぶりを推し測ることが出来ます。

康勝が甲府城番をしていた頃、幕府に運上金《うんじょうきん》、即ち営業許可税を納めて、甲府幕府領でつくられる**鼻紙**（ティッシュ）の商売を独占している商人がいました。それを見ていた別の商人が「運上金を１０００両ばかり上乗せして納めるので独占させて欲しい」と申し出て来ました。老中たちにも覚え目出度い豪商の提案でしたので、認可されようとした時、甲府で康勝だけが反対してい

中文 如果割下自己身上的肉充饥，吃饱了恐怕就该去死了吧。

ると聞いた老中が、呼び出して念のためにその理由を問い質しました。康勝は、

「我が国が外国に優れる物は、紙製品です。中でも小紙は富裕層から貧困層まで1日も欠かすことが出来ない日用品です。その値段が安いからこそ、誰でも使うことが出来、世の中のためになっています。1000両を増すとの件ですが、その金はどこから出て来るのでしょうか。小紙の価格にその1000両分を上乗せして販売するのでしょう。1、2銭が値上がりしたところで富裕層には関係ないでしょうが、貧困層にとっては大きいものです」と指摘して、

——凡《およ》そ一物《いちぶつ》の価《あたい》が益《ま》す時は、万物《ばんぶつ》の価《あたい》も同《おな》じく貴《たか》くなること甚《はなは》だし。

と説きます。続けて康勝は、

「物価が高騰すれば貧困層は飢えて寒さで死んでいます。その前に1日でも長く生きるために盗みも増えます。盗みは貧しさから起きます。幕府は人々に利益を争わせてはいけません。善人が利益を求めるようになっては、実際に盗みを働く者よりもっと盗むでしょう。天下を安全に保てば、全てが天下の宝になりますから、幕府がちょっと節約すれば、1000両はおろか、相当な利益を得ることが出来ます。たった1000両で盗賊を天下に増やすことは」と言って、

「自分の身を切って食べて腹一杯になって死ぬのと同じ」

と本項フレーズで指摘しました。農商に通じて民の利を考えた康勝が、天下を見据えたマネジメントを行ったことは、江戸時代において多くの人々の記憶に残りました。

1日でも早く、令和の康勝が現れることを願って止みません。

▲伊丹康勝の供養塔
（新潟県佐渡市・法然寺）

英文 If I scrape off my own flesh and eat it until I am full, I will probably be dead.

おわりに

「始めに言葉ありき」は『新約聖書（ヨハネによる福音書1：1）』の冒頭で知られる有名な一節です。『新約聖書』はコイネー・ギリシア語で書かれ、長年にわたってローマ・カトリック教会では、そのラテン語訳本が使われていました。

日本語では「言葉」となっている部分ですが、英語ではword、ラテン語ではverbum、ギリシア語ではlogosとなっています。その「ロゴス」を辞書で紐解けば、言葉、言語、言論、会話、議論、理論、思案、思慮、思考、分別、理論、理屈、道理、原理、原則といった訳語が並びます。

『新約聖書』におけるこの「言葉」には、様々な解釈があり、ここでいう「言葉」とはつまりイエス・キリスト自身のことであるというのが、正しい意味であると指摘されています。いわゆる言語としての一般的な言葉を指すのではなく、箴言を述べる存在とその「意志」のことだそうです。

有名な一節がイエス・キリストの御言葉であるであろうことを否定はしませんが、人間が「万物の霊長」として地球上の他の生物と一線を画している第一の理由は、「言語を発することが出来ること」つまり「思考すること」が出来る点であることは言うまでもありません。

『書経・泰誓上』を出典とする「万物の霊長」は、古代中国・周の文王が孟津《もうしん》（河南省洛陽市）に諸侯を集めて会盟した際に発した言葉とされていますが、あらゆる生物の中で最も優れているのが人間であると高らかに宣言されたのは、まさに「言葉」があったからこそであります。

古来より日本人は、「言霊」を信仰する民族でした。現代に生きる私たちも、不吉なことを言語化することに対して極めて敏感です。

そういう背景を持った私たちにとって、先祖または先輩たる人々の中で、優れたリーダーシップを持った先駆者の言葉を知ることによって、その思考を学ぶことは、人生という旅を最後まで歩み続ける上での指針となることは間違いありません。人間にとって最も大切なのは、「言語によって自分で深く考える」ということを常に意識することです 。即ち「哲学」することであると、筆者は考えています。

『名将言行録』は岡谷繁実《おかのやしげざね》によって江戸末期から明治初期にかけて、様々な史料から長期間を費やし苦心して収集し、まとめられた金言集です。

既に200年から300年を経た言葉は、本当にその人物が語ったものなのか、大いに疑問が呈され、歴史研究者からは『名将言行録』に収録されている内容が、一次史料に確認されないことや一次史料にある記述と不整合があり、正確な史実に基づいた内容を反映していないという点から、**『名将言行録』**には歴史的価値がないという指摘がなされています。

しかしながら、筆者はそれで全く構わないと思っています。若い頃に歴史研究者を志した者、正確には夢想した者の一人として、一次史料、原文に依拠して史実を掘り下げて検証することの重要性については、骨の髄まで染み入るほど理解していますが、だからといって歴史の伝説やロマンを決して否定する訳でもありません。

ましてやエンターテイメントとしての歴史小説も大いに読まれ、楽しまれるべきであるというスタンスから、一人でも多くの現代に生きる人間が歴史や過去の人々の足跡、先祖の恩恵に関心や興味を持ち、感謝するきっかけとなればそれで良いのではないかと個人的には考えています。

『**名将言行録**』に収録されている言葉の中で、本当にその人物がそんな言葉を発したかどうか疑問視されるものも少なくないでしょうが、筆者はこの本を書くにあたってはそれを詮索しないことにしました。それを探究するのはその分野の専門家にお任せするとして、筆者は実際にその人が発した言葉であろうことを前提として、またこの人物ならば言ったであろうという期待と憶測、願望や希望に基づいて執筆するスタンスを取っています。

「この人ならこういう言葉を発したに違いない」と類推されるからこそ、強い説得力と共に後世の多くの人々がそれを信じ、何世紀をも経た現代の私たちに語り伝えられ、そしてこれからも何百年と残されていくのかも知れません。

逆に、その名言に相応しくない者が選ばれていたならば、今日まで残ることはなかったはずです。この点だけをもってでも『**名将言行録**』の価値は不変であり、日本民族の記憶として残されるべきものであると確信しています。

同じ言葉でも、「誰が言うか」「いつ言うか」「どこで言うか」「何に対して言うか」で言葉の意味は変わりますが、歴史に名を残す人物の言葉は、現代人にとっても将来のビジョンを示唆してくれます。偉人の名言は古今東西に残されており、先行き不透明で困難な時代に生きる私たちにとって、霧の中の微かな灯台の曙光と同じく、人生の指針となることは間違いありません。

２０２１年に『**「名将言行録」に学ぶリーダー哲学**』を上梓した際、１００の名言を選別し魅力ある名将の言葉を厳選したという自負がありましたが、出版後に改めて『**名将言行録**』を読み返す度に、それが驕りであったと痛感させられる言葉に多く出遭いました。特に、項目92に掲げた「松平忠昌の条」を読み、『続篇』を書かねばならないと強い思いを抱きました。

それから『続篇』をどのようにまとめるべきか試行錯誤していましたが、『続篇』に収め切れない場合は、コラムを書き加えて『続々篇』も出せば良いとアドバイスされ、心晴れて本書をまとめることが叶いました。「愁眉が開ける」とはまさにこのことだと存じた次第です。これは全て、ものつくり大学・教養教育センター教授の井坂康志先生のお陰であり、本書には「はじめに」をお寄せ下さいましたこととも合わせて、深く感謝を申し上げます。

また出版事情が極めて厳しい現在において、今回も快くお引き受け下さいました東洋経済新報社・寺田浩取締役には、心より感謝を申し上げます。また本書の編集や装丁デザインに携わって下さった多くの方々に厚く御礼を申し上げます。

そして尊敬する文筆家の石山順也氏のご添削ご指導なくば、本書が出版に耐え得るものでないことを申し添えると共に、深謝申し上げる次第であります。

令和六年八月一日

川﨑　享

参考文献

現代語訳 名将言行録 軍師編	加来耕三	新人物往来社	1993年
戦国史の新論点	渡邊 大門	講談社	2024年
戦国武将ものしり事典	小和田哲男	新人物往来社	1976年
戦国武将名言集	桑田忠親	廣済堂出版	1983年
童門冬二の名将言行録	童門冬二	日本実業出版社	1999年
名将言行録　前後編全四冊	岡谷繁実	文成社	1910年
名将言行録	江崎俊平訳編	社会思想社	1968年
名将言行録　全三巻	北小路健他訳	ニュートンプレイス	1980年
名将言行録 乱世を生き抜く知恵	谷沢永一・渡部昇	PHP研究所	2002年
名将言行録を読む	渡部昇一	致知出版社	2010年
明良洪範	増誉	国書刊行会	1912年
武士道全書　全13巻	佐伯有義他	国書刊行会	1999年
武将の一言	風巻絃一	日本文芸社	1973年

【著者紹介】
川﨑享（かわさき　あつし）
1965年4月、東京都渋谷区生まれ。慶應義塾大学経済学部卒業。ミシガン州立大学大学院史学修士課程修了（中国研究・国際政治）。電機メーカー及びコンサルティング会社代表を経て、2013年5月より日本製造業一業種一社による業際集団「NPS研究会」の運営母体・㈱エム・アイ・ピー代表取締役社長。
著書（共・編著を含む）に『英国紳士 vs. 日本武士』（創英社／三省堂書店、2014年）、『リーダーたる者の極意』（プレジデント社、2015年）、『NPSの神髄』（東洋経済新報社、2017年）、『「貞観政要」に学ぶリーダー哲学』（東洋経済新報社、2018年）、『「十八史略」に学ぶリーダー哲学』（東洋経済新報社、2019年）、『「三国志」に学ぶリーダー哲学』（東洋経済新報社、2021年）他。

『名将言行録』に学ぶリーダー哲学　続篇

2024年10月8日発行

著　者――川﨑　享
発行者――田北浩章
発行所――東洋経済新報社
〒103-8345　東京都中央区日本橋本石町 1-2-1
電話＝東洋経済コールセンター　03(6386)1040
https://toyokeizai.net/

装丁・ＤＴＰ…アスラン編集スタジオ
編集協力………渡辺稔大
印刷・製本……藤原印刷

Printed in Japan　　ISBN 978-4-492-96238-1